AF571530

LE ROMAN CONTEMPORAIN

Janus postmoderne

5-7, rue de l'Ecole polytechnique, 75005 Paris

http://www.librairieharmattan.com
diffusion.harmattan@wanadoo.fr
harmattan1@wanadoo.fr

ISBN : 978-2-296-07330-2
EAN : 9782296073302

Michel LANTELME

LE ROMAN CONTEMPORAIN

Janus postmoderne

L'Harmattan

Du même auteur

La Grande pitié des monuments de France, Septentrion, 1998.
Malraux. Portrait avec mains, Septentrion, 2003.
Écrivains de la préhistoire (éd.), P.U. Toulouse-Le Mirail, 2004.
Jean Rouaud, Bordas, coll. « Écrivains au présent » (à paraître, 2009)

Pour ma mère

De clones et de fossiles

Dans *Les Absences du capitaine Cook* (2001), Éric Chevillard se propose de nous conduire sur les rivages qui ont échappé au zèle du célèbre explorateur. Beau programme pour un livre inclassable qui, alliant humour et débauche d'imagination, explore quelques-unes des potentialités du roman postmoderne. Comme à son habitude, Éric Chevillard nous offre ainsi les délices d'une prose incisive, érudite, tout entière fondée sur la plus pure jouissance du texte. Parmi tous les éléments qui distinguent ce roman, une facétie en particulier a toutes les chances de frapper l'imagination du lecteur. En son milieu, le roman réserve une surprise même à ceux qui sont accoutumés à l'œuvre de Chevillard. Au chapitre dix-neuf en effet, le héros sans nom, désigné d'une simple périphrase — « notre homme » — décide tout bonnement d'adopter la marche en arrière, « la nuque, le dos, les fesses, les mollets et les talons constituant pour changer le côté face de notre individu, son côté présentable [...] »[1]. Ce mode de déplacement favorise, paraît-il, les rencontres imprévues. Et c'est ainsi que toute la seconde moitié du roman se parcourt à reculons, nous obligeant — exercice spirituel autant que physique — à faire machine arrière. Mouvement de ressac d'autant plus irrésistible que le lecteur avait été emmené jusque-là sur un rythme endiablé et se sait désormais exposé à une nouvelle palinodie et aux caprices de ce personnage évocateur de Janus, le dieu romain doté de deux visages, l'un tourné vers l'avant, l'autre vers l'arrière. Et de fait l'œuvre romanesque de Chevillard dans son ensemble manie l'art de la volte-face. Il y a là de quoi donner le tournis au lecteur le plus avisé : on franchira désormais aisément les millénaires, en deux enjambées comme en

---

[1] Éric Chevillard, *Les Absences du capitaine Cook*, Éd. de Minuit, 2001, p. 125.

deux phrases et la peinture abstraite voisinera avec l'art rupestre, le cinéma avec l'âge du bronze. Pour autant, le phénomène ici décrit n'est nullement anecdotique. Bien au contraire, ce mouvement est celui-là même de la littérature française contemporaine. Laquelle nous fait sans cesse osciller entre la fuite en avant et la fuite en arrière, et présente deux visages distincts. Une partie de la production littéraire, tournée vers le futur, fait volontiers résonner les trompettes de l'Apocalypse, tandis qu'une autre partie, engagée dans un travail archéologique, s'emploie à ressusciter le passé le plus lointain de l'espèce.

De ces deux tendances, la première est sans doute la plus familière. Comme chacun le sait, la perspective du changement de millénaire tant anticipé dans la dernière décennie du XXe siècle a donné naissance à de nombreuses œuvres de fiction traitant du thème de la fin. Ces œuvres présentent bien des points communs avec la littérature *fin-de-siècle* de la dernière décennie du XIXe : le culte de la décadence (Virginie Despentes), du simulacre et de la fête (Frédéric Beigbeder), allié à une sexualité débridée (Caroline Lamarche, Catherine Millet), et la peinture de la déchéance morale contemporaine (Michel Houellebecq, Pascal Bruckner) ne sont pas sans évoquer Huysmans et ses contemporains. Pourtant la production littéraire des années 90 se distingue de celle du siècle précédent par la nature même de ce qui est en cause. Tandis que le XIXe siècle était le grand siècle de l'Histoire, faisant de celle-ci une science positiviste, la fin du XXe siècle va s'employer au contraire à instruire le procès de l'Histoire.

Le mythe de la fin touche à plusieurs domaines qu'il convient de distinguer pour la clarté de l'analyse, même si les interférences sont nombreuses. On peut en effet avancer que les vingt dernières années ont été placées sous le quadruple signe de la fin des idéologies, de l'homme, de l'Histoire et de la littérature. Laquelle littérature, comme nous serons amenés à le vérifier, ne s'excepte évidemment pas de ce climat de fin de partie, qu'elle contribue plutôt à entretenir.

Que l'effondrement du communisme soit apparu comme un tournant est une chose suffisamment évidente pour qu'il soit inutile de s'y appesantir ici. Avec la disparition de la seule idéologie ayant été historiquement capable de s'opposer à lui et de proposer une alternative à son modèle d'organisation économique et sociale, le capitalisme s'est retrouvé presque du jour au lendemain sans adversaire à sa mesure et a pu s'étendre à la majeure partie de la planète. La chute du mur de Berlin et la fin de l'empire soviétique ont certes été vécues comme une réelle avancée de la démocratie. Pour autant la perte des repères entraînée par l'effondrement du communisme a bien vite été ressentie comme un défi. Pour le meilleur ou pour le pire, nous vivons à l'heure de la globalisation, notre existence étant plus que jamais dictée par l'économie de marché. Si les tenants du progrès se sont empressés, dès les années 90, de mettre à l'ordre du jour la thèse de la fin de l'Histoire (Francis Fukuyama), d'autres se sont employés à réfléchir sur l'après du communisme et l'héritage de Marx (Jacques Derrida, Jean-Luc Nancy), à une époque où le rêve d'une société égalitaire et fraternelle apparaît plus improbable que jamais, voire même suspect. La désillusion occasionnée tant par le système capitaliste que par l'échec des révolutions transparaît de façon manifeste dans *Les Anges mineurs* (1999) d'Antoine Volodine. Et ce n'est sans doute pas un hasard si les personnages de cet écrivain attiré par les cultures asiatiques (chamanisme, Bouddhisme) n'appartiennent à aucun monde particulier mais errent plutôt dans le « bardo » tibétain, l'espace intermédiaire qui succède à la mort. Le « bardo » n'est-il pas une autre manifestation de l'entre-deux, un autre nom pour désigner cette hésitation, cet état de suspens entre un avant et un après, symptomatique de la littérature contemporaine ?

La situation politico-économique de la fin du XXe siècle s'est vue doublée d'une nouvelle menace, cette fois-ci d'ordre éthique. Depuis la seconde guerre mondiale et la multiplication des armes atomiques, nous savions l'homme capable d'autodestruction. Les progrès sans précédents de la biologie et les manipulations que celle-ci autorise, même si ces possibilités restent pour l'heure — mais pour combien de temps encore ? — du domaine théorique, nous font entrevoir un scénario apocalyptique encore plus effrayant peut-être que la menace nucléaire ou terroriste. Depuis le clonage de Dolly (1996) et le déchiffrage de l'ADN, nous vivons avec le spectre d'une mutation génétique fatale pour l'espèce humaine. D'où le ton volontiers apocalyptique adopté par le roman français. Si l'on en croit Maurice G. Dantec, « l'Apocalypse est bien notre Époque. Elle s'est forgée au XXe siècle, elle est née d'Auschwitz et de Hiroshima, de Gagarine et de Armstrong [...], elle s'accomplit dans les nouvelles “formes de vie” du clonage et du génodécryptage [...] »[1]. Avec le clonage, l'espèce humaine apparaît aujourd'hui comme la seule espèce ayant organisé les conditions de sa propre disparition. Nous serions, en somme, guettés par le même destin que celui des habitants de l'île de Pâques, condamnés nous aussi à l'extinction. Ce scénario particulièrement anxiogène fournit à Michel Houellebecq l'argument central des *Particules élémentaires* (1998). Maniant le spectre d'une science coupée de tout contrôle éthique, ce roman exemplifie l'impression de fin de partie qui caractérise la période.

Plus que jamais le scénario de la fin de l'homme hante donc les imaginations, d'autant qu'il bénéficie d'un apport considérable : le calendrier. A la perspective du très mythique An 2000, les chimères millénaristes se sont tout naturellement réveillées, et avec elles quelques-uns de nos vieux démons. Les scénarios apocalyptiques sur le thème de la fin de l'Histoire sont devenus monnaie courante à l'approche du nouveau millénaire. On retrouve ce motif de la fin dans divers courants littéraires, aussi bien le roman dit minimaliste (*Le Démarcheur* d'Éric Chevillard) que le roman néo-naturaliste (*Les Particules élémentaires* de Michel Houellebecq), le récit satirique (*Truismes* de Marie Darrieussecq) ou la science-fiction (*Globalia* de Jean-Christophe Rufin, *Babylone babies* de Maurice G. Dantec). Lionel Ruffel a récemment consacré un ouvrage à la littérature de la fin, qu'il propose d'aborder sous l'angle du « dénouement », un concept critique sur lequel nous serons naturellement amenés à revenir puisqu'il permet de contester l'idée même de fin en lui opposant un paradigme théâtral[2] : le dénouement prépare et anticipe la fin, avec laquelle il ne se confond toutefois pas. Envisagée sous ce rapport, la mise en scène de la fin, telle qu'elle apparaît par exemple dans *Le Démarcheur* d'Éric Chevillard, apparaîtra plutôt comme une stratégie narrative ou une ressource ro-

---

[1] Maurice G. Dantec, *Laboratoire de catastrophe générale. Journal métaphysique et polémique, 2000-2001*, Gallimard, coll. « Folio », 2003, p. 438.

[2] Lionel Ruffel, *Le Dénouement*, Verdier, coll. Chaoïd, 2005.

manesque permettant paradoxalement d'instituer un (re)commencement.

Passé le tournant du millénaire, le 11 septembre, qui a inspiré un certain nombre de romans apocalyptiques, est venu complexifier encore davantage la donne. Preuve pour les uns que l'Histoire était loin d'avoir touché à son extrémité, l'effondrement des tours du World Trade Center n'a fait pour les autres que confirmer le diagnostic et sceller un peu plus le mythe de la fin. Il faut s'en convaincre, Marc-Edouard Nabe n'était certainement pas seul à relire l'Apocalypse de saint Jean devant sa télévision « en flammes »[1] : les attentats perpétrés contre les tours jumelles sont une invitation supplémentaire à considérer l'Histoire d'une façon johannique.

La littérature elle-même n'est pas épargnée par le mythe de la fin, tant s'en faut. De Richard Millet à Tzvetan Todorov, nombreux sont ceux qui, cédant au complexe de Cassandre, s'évertuent à décliner sur le mode mélancolique la complainte de la fin de la littérature. C'est à qui annoncera la fin avec le plus de force de conviction. Il y a des raisons à cela, qu'on peut démêler. Le mythe de la fin de l'art s'origine en partie dans le deuil de la liaison entre littérature et Révolution, proclamée par les avant-gardes. La modernité a été reléguée au musée et nul ne croit plus guère aux avant-gardes ; le mot même est du reste tombé en désuétude. D'où le ton non seulement mélancolique, mais parfois teinté de rage, qui imprègne une partie de la production littéraire contemporaine. Car les écrivains souffrent dans le même temps de ne plus être entendus. Le chant du cygne de la littérature est le fait de ceux qui, croyant sentir la perspective de la fin proche, refusent d'entériner l'acte de décès dont ils se croient cependant porteurs. C'est ce qu'on appellera le syndrome de Zidane, en référence à *La Mélancolie de Zidane* (2006) de Jean-Philippe Toussaint : la rage est l'un des moyens inventés par l'écrivain contemporain pour ne pas conclure, prêt à se sacrifier plutôt que de prendre une retraite anticipée.

La perspective de la fin de la littérature est d'autant plus tenace qu'elle est confortée par le mythe de la fin de l'Histoire, toujours à

[1] Marc-Edouard Nabe, *Une Lueur d'espoir*, Éd. du Rocher, 2001, p. 13.

l'ordre du jour, selon des modalités différentes. A la version apocalyptique de la fin de l'Histoire (guerre nucléaire à échelle planétaire, catastrophe écologique globale, autodestruction de l'homme par voie scientifique), vient s'ajouter une autre théorie de la fin de l'Histoire qui s'exprime, elle, sur un mode différent. Philippe Muray figure parmi les tenants de ce qu'on pourrait appeler la fin molle de l'Histoire. En fait, l'Histoire serait déjà derrière nous ; nous serions sortis de l'Histoire à notre insu, sans même nous en rendre compte. Telle est la thèse défendue dans *Après l'Histoire* (1994). Il n'y a aujourd'hui plus d'événements et *homo festivus*, notre contemporain anesthésié, immergé dans la féerie festive, désœuvré comme un personnage de Frédéric Beigbeder, sans morale ni valeurs, se contente de survivre dans une civilisation tout entière gouvernée par la consommation et l'organisation du loisir. Les festivals et kermesses de tous ordres qui rythment son calendrier ont pour but de garantir à *homo festivus* sa fuite hors du temps. Même si de toute évidence elle demande à être nuancée après le 11 septembre, une telle analyse est symptomatique du malaise actuel de la civilisation occidentale, au moment même de son triomphe puisqu'elle a paradoxalement réussi à imposer son modèle dans beaucoup d'autres régions de la planète.

On assiste donc à un phénomène singulier, la fin des idéologies ayant donné naissance à ce qui ressemble à une doctrine de la fin, tant celle-ci semble s'imposer dans le discours dominant. Jean Baudrillard a soumis à examen cette idéologie de la fin, pour en souligner le caractère mythique. Dans un essai intitulé *A l'ombre du millénaire ou le suspens de l'An 2000*, Baudrillard s'attarde sur le sort de l'horloge de Beaubourg. Plusieurs années avant le changement de millénaire, une horloge numérique décomptant le temps restant avant le passage à l'An 2000 avait été installée au pied du Musée d'Art moderne, ce musée qui, aux yeux de Ponge, évoquait les « piles électriques » que l'on accole au cœur de certains patients en sursis, pour les aider à survivre[1]. Moyennant pièce, le passant pouvait obtenir une petite carte sur laquelle figurait le temps restant, à la seconde près, au moment précis où il appuyait

[1] Francis Ponge, « L'Écrit Beaubourg », *Œuvres complètes*, vol. 2, Bibliothèque de « La Pléiade », 1999, p. 910.

sur le bouton. Or, quelques mois avant qu'elle n'affiche zéro, l'horloge en question a été déplacée vers une réserve, où elle continuait son inexorable décompte, mais cachée aux yeux de tous. Cette disparition aux raisons obscures est, pour Baudrillard, symptomatique d'un escamotage bien plus important : « Au Centre Beaubourg [...], l'An 2000 n'aura pas lieu »[1]. Entendez : « on est déjà au-delà de la fin »[2], soit que l'Histoire a déjà pris fin, absorbée par l'information (cette dernière, ayant pris le relais de l'Histoire, s'est mise à produire elle-même de l'événement), soit que nous avons déjà quitté la réalité, celle-ci ayant été remplacée par le virtuel. Dans un cas comme dans l'autre, nous nous retrouvons désormais amputés d'une chose précieuse : privés de l'Histoire, nous avons du même coup perdu la possibilité d'une fin de l'Histoire, celle-ci pouvant désormais se prolonger à l'infini, sans queue ni tête. Nous serions donc confrontés non à la fin de l'Histoire, mais au contraire à « l'impossibilité d'en finir »[3].

Or, constate Baudrillard, cette disparition de l'Histoire (de sa fin, de sa finalité), s'accompagne d'un phénomène de retour aux sources, aux origines. « A mesure que le futur nous échappe, la quête de l'origine, de notre scène primitive, en tant qu'individu comme en tant qu'espèce, est devenue notre obsession majeure »[4]. Par cette remarque Baudrillard est l'un des rares penseurs à avoir eu la lucidité de mettre en relation la fin et les origines. L'analyse demande à être poussée et surtout à être appliquée au champ littéraire car celui-ci est travaillé, au tournant du millénaire, par deux mythes concomitants.

La littérature française contemporaine offre en effet, nous l'avons dit, deux visages. Au mythe de la fin répond un autre mythe, non moins puissant : le mythe des origines. Si les ouvrages cités ci-dessus ont connu pour la plupart un immense succès de librairie, tout un autre pan de la littérature, au ton plus feutré, certainement moins médiatisé, adoptait la posture inverse. Sourds aux trompettes du Jugement dernier, un certain nombre d'écrivains

---

[1] Jean Baudrillard, *A l'ombre du millénaire ou le suspens de l'An 2000*. Sens & Tonka, 1998, p. 7.
[2] *Ibid.*, p. 6.
[3] *Ibid.*, p. 23.
[4] *Ibid.*, p. 17.

contemporains se tournent résolument vers le passé le plus reculé de l'espèce, à la recherche des origines. Michel Chaillou, Pierre Michon, Richard Millet ou Pierre Bergounioux sont représentatifs d'une autre tendance, qu'on n'ose qualifier de « régionaliste » tant le mot est lourd de connotations péjoratives, et donnent l'impression de vouloir ancrer le roman dans le terroir. En apparence seulement, car ces romans « de la terre » nous entraînent surtout dans un mouvement arrière opposé aux romans du « dénouement ». Tournés vers les origines, ils dépeignent volontiers une civilisation rurale immémoriale, quasi inchangée depuis le néolithique, et campent des personnages venus du fond des âges. Le destin de personnages tels que Miette, Jean Pythre ou Jeanjean semble conditionné par l'atavisme le plus immémorial. Comme pour confirmer cette tendance, à l'orée du nouveau millénaire un grand nombre de romans prennent pour cadre la préhistoire et prétendent faire revivre nos ancêtres du paléolithique, les chimères préhistoriques faisant en quelque sorte pendant aux chimères millénaristes. Au tournant du millénaire, une grande partie de la production littéraire se scinde ainsi en deux tendances. Tantôt attirée par les scénarios d'anticipation à caractère apocalyptique (le post-historique), tantôt préférant le retour aux origines (le préhistorique), la fiction hésite sans cesse entre le *post-* et le *pré-*, deux préfixes auxquels il va désormais falloir s'accoutumer, d'autant qu'ils sont inséparables.

Que la littérature française contemporaine nous fasse ainsi faire le grand écart, partagée entre l'ultime et l'inaugural, ne doit pas nous surprendre. Ce retour aux origines, concomitant du mythe de la fin, doit en effet être mis en relation avec un phénomène de grande ampleur qui touche au *sentiment* que nous avons de l'Histoire. Depuis une vingtaine d'années en effet, nous sommes les témoins d'un étrange caprice de l'Histoire en vertu duquel il est désormais clair pour le sens commun que celle-ci ne suit pas (ou ne suit plus, pour ceux qui auraient été tentés d'accréditer cette thèse) une ligne droite. Mieux : le sens de l'Histoire (si celle-ci en avait un) donne l'impression de s'être inversé. Dans un ouvrage récent rassemblant une série d'articles publiés entre 2000 et 2005, Umberto Eco partage son étonnement face à ce phénomène étrange dont nous sommes les témoins. Comme il le remarque, depuis la chute du mur de Berlin, il a d'abord fallu exhumer les vieux atlas pour retrouver les frontières oubliées, ces vieilles cartes datant de la guerre de 1914 où figuraient la Serbie et le Monténégro, et mettre au pilon celles, désormais désuètes, représentant des pays qui n'existent plus, tels que l'Union soviétique, l'Allemagne de l'Est ou encore la Yougoslavie ; le spectre d'un affrontement entre Islam et Chrétienté, qu'on pensait révolu, est en outre revenu à l'ordre du jour, tandis que d'aucuns brandissent la menace turque, si bien que l'on se dirait revenu au temps des Croisades et des guerres de religion ; l'antisémitisme est de nouveau à la mode, tandis que, sous la pression des fondamentalistes chrétiens, l'anti-darwinisme opère également un retour en force ; enfin le contentieux que l'on croyait pourtant bien enterré entre l'État et la religion est également en train de resurgir dans certains pays occidentaux. Au terme de quoi il apparaît à Umberto Eco que le sens de l'Histoire s'est bel et bien inversé, et que celle-ci a adopté « la marche de l'écrevisse », c'est-à-dire qu'elle avance « à reculons»[1].

Cette métaphore de l'écrevisse reprend, en la déplaçant, l'idée émise par Jean Baudrillard dans *L'Illusion de la fin* selon laquelle, ayant atteint son « solstice » à un moment qu'il situe dans les années 80, l'Histoire aurait pris « son virage dans l'autre direction »[2]. Métaphore de l'écrevisse ou « rétroversion » de l'Histoire, de quelque manière qu'on le désigne, ce phénomène nous permet de mieux apprécier le rapport parfois si paradoxal qu'entretiennent certains écrivains avec le passé. Comment en effet comprendre qu'un Pascal Quignard puisse prétendre écrire pour « être lu en 1640 »[3], si ce n'est à la lumière de ce scénario de réversion de l'Histoire ? On aurait tort, du reste, de voir dans cet étrange souhait l'expression isolée d'un caprice ou d'une quelconque préciosité. Pascal Quignard n'est en effet pas le seul écrivain à s'être imaginairement exilé dans le passé. Pierre Bergounioux ne se considère-t-il pas lui-même comme « un des derniers représentants du

[1] Umberto Eco, *A reculons, comme une écrevisse* [trad. Bouzaher, Fusco, Laroche, Ménard et Nigro], Grasset, 2006, pp. 7-12.
[2] Jean Baudrillard, « La Réversion de l'histoire », *L'Illusion de la fin*, Galilée, 1992, p. 23.
[3] Pascal Quignard, *Petits traités* I, Gallimard, coll. « Folio », 1998, p. 282.

néolithique »[1] ? Ils sont décidément nombreux les écrivains qu'on pourrait accuser de n'être ainsi pas de leur temps, si du moins l'auteur du *Sentiment de la langue* ne nous donnait l'occasion de mieux apprécier ce qu'il faut entendre par cette expression courante. Dans la belle définition qu'en donne Richard Millet, et qui s'applique à merveille à tous ces écrivains fascinés par les temps anciens autant qu'à lui-même, « écrire c'est habiter de façon anachronique l'échelle des siècles »[2].

Ce processus de « réversion », de « rétroversion » ou de « rétrocourbure de l'histoire »[3] est à relier, selon l'auteur de *L'Illusion de la fin*, à la « mélancolie rétrospective de tout revivre pour tout corriger »[4]. Ce « moratoire de fin de siècle » ressemble, selon Baudrillard, à un travail de deuil *raté*, qui consiste à tout revoir, tout réécrire, tout restaurer, tout ravaler, pour produire [...], dans un élan paranoïaque, une comptabilité parfaite [...], un bilan universellement positif »[5], par peur du bilan terrifiant que l'humanité s'apprête à offrir en l'An 2000. « La Première poule » de Jacques Jouet exemplifie dans l'ordre de la fiction ce travail de révision de l'Histoire lié au phénomène de rétroversion décrit par Baudrillard. Dans cette nouvelle au titre évocateur, puisqu'il fait allusion au paradoxe de l'œuf et de la poule et donc à la question des origines, Jacques Jouet déroule le film de l'Histoire à l'envers, de la façon la plus drôle et la plus significative : « Un poilu regoupille sa grenade fraîchement reconstituée qu'il reçoit d'en face. Albert Einstein a fini de se pencher par la fenêtre d'un train qui traverse la nuit à reculons, il ne comprend plus rien aux divers points d'observation de la chute d'un corps. Cézanne efface une pomme qui devient sein. Stéphane Mallarmé écrit : “Le hasard n'abolira jamais un coup de dés”. Lesseps ensable le lac Timsah. Le duc d'Aumale donne l'Algérie aux Algériens »[6], etc. La liste est lon-

---

[1] Entretien avec Pierre Bergounioux, *Le Magazine littéraire*, n° 319, mars 1994, p. 71

[2] Richard Millet, *Le Dernier écrivain*, fata morgana, 2007, pp. 15-16.

[3] *L'Illusion de la fin*, p. 24.

[4] *Ibid.*, p. 25.

[5] *Ibid.*, p. 26.

[6] Jacques Jouet, « La première poule » in *Actes de la machine ronde*, Julliard, 1994, pp. 20-21.

gue, et la jouissance narrative contagieuse. Mais il est sans doute inutile ici d'aller plus loin. Ces quelques lignes suffisent : elles illustrent à merveille le désir de récrire et corriger l'Histoire pour s'absoudre des crimes commis. A l'approche de l'An 2000 l'Occidental rêve de se blanchir des crimes dont il se sait coupable. La première Guerre, et avec elle les monuments aux morts de nos villages, ainsi que la colonisation et ses conséquences à long terme se trouvent imaginairement effacés, gommés de notre mémoire, puisque dans la fable que nous propose Jacques Jouet ces deux événements tragiques qui ont pesé de tout leur poids sur le XXe siècle n'auront pas eu lieu. C'est dire à quel point l'imaginaire de nos écrivains est hanté par la mauvaise conscience. Comme le souligne Dominique Viart, « notre époque est ainsi une époque de *réhistoricisation de la conscience subjective* »[1].

Les siècles passés ne sont cependant pas les seuls à être ainsi ressuscités. Car à force de remonter le temps et de faire ainsi tourner les aiguilles de l'horloge à l'envers, comme Pierre Bergounioux nous le laissait entendre, ce sont les temps les plus reculés qui, au tournant du millénaire, viennent hanter l'imaginaire de nos romanciers.

L'intérêt pour la préhistoire n'est certes pas nouveau. Célébrée par Bataille au lendemain de la seconde guerre mondiale, devenue depuis « lieu de mémoire » sous Malraux, la grotte de Lascaux n'a cessé d'être la caisse de résonance de toutes les angoisses et interrogations du XXe siècle. Tout au long du siècle, les écrivains ont manifesté une véritable fascination pour la préhistoire et les sublimes peintures des grottes ornées. Méditation sur les origines, interrogation sur le rôle de l'art, mise en question de la notion même d'humanité ou de l'idée de progrès : les cavernes préhistoriques ont servi de chambres d'écho aux grandes questions qui ont traversé le siècle, notamment en périodes de crise[2]. C'était déjà

[1] Dominique Viart, « Écrire avec le soupçon » in *Le Roman français contemporain* (ouvrage édité par Michel Braudeau, Lakis Proguidis, Jean-Pierre Salgas et Dominique Viart), Ministère des Affaires étrangères-adpf, 2002, p. 149.
[2] Voir à ce sujet *Écrivains de la préhistoire*, textes réunis par André Benhaïm et Michel Lantelme, Presses Universitaires du Mirail, coll. « Cribles » (dirigée par Pierre Glaudes), 2004.

vrai lorsque Georges Bataille publie son *Lascaux ou la naissance de l'art* (1955) et Malraux ses *Antimémoires* (1967). Les considérations sur l'animalité de l'homme dans le commentaire de la célèbre peinture de l'homme du puits par Bataille doivent être lues à la lumière des atrocités récentes de la seconde guerre mondiale. Quant à Malraux, il ne nous conduirait peut-être pas dans Lascaux si la France ne traversait une autre période de crise, au moment de la perte de sa dernière grande colonie, l'Algérie, et ne cherchait à se donner une nouvelle mission — qu'elle trouvera en se dotant d'un ministère des Affaires culturelles et en s'érigeant en gardienne des Arts du monde entier.

A l'approche de l'An 2000, cette passion du spéluncal est alimentée par d'autres anxiétés. Et ce n'est sans doute pas un hasard si l'année même où Michel Houellebecq publie *Les Particules élémentaires*, roman tourné vers l'avenir de l'espèce et dont le scénario apocalyptique ouvre des perspectives vertigineuses et inquiétantes sur notre destin, Andrée Chedid met en scène Lucy, notre ancêtre Australopithèque. A l'aube du troisième millénaire, le calendrier est propice aux méditations sur l'aventure de l'espèce, et de Chedid à Houellebecq, c'est l'épopée humaine — rien de moins — qui prétend se réfléchir de part en part. Dans la dernière décennie du vingtième siècle on assiste en effet en l'espace de quelques années, à une multiplication des fictions sur la préhistoire : *Préhistoire* d'Éric Chevillard (1994), *Le Paléo circus* de Jean Rouaud, *La Grande Beune* de Pierre Michon (1996) et *L'Origine rouge* de Valère Novarina (1999) ; dans le même temps, l'œuvre de Pascal Quignard explore elle aussi les origines (*La Haine de la musique*, 1996). La préhistoire continuera d'être à l'ordre du jour avec d'autres ouvrages : *Dormance* de Jean-Loup Trassard (2000), *Préhistoire* de Claude Ollier (2001) et *L'origine de l'homme* de Christine Montalbetti (2002), tandis que Jean Rouaud persiste et signe en publiant *Préhistoires* (2007).

Dans *L'Illusion de la fin*, Jean Baudrillard avance une hypothèse qui mérite d'être ici consignée dans la mesure où elle nous permet de mettre en perspective cette inflation de fictions préhistoriques. « Peut-être l'homme en train de perdre la trace de son Histoire est-il saisi par la nostalgie des sociétés sans Histoire, dans le pressentiment obscur d'en revenir au même point ? »[1] Assurément, les cavernes fournissent le prétexte à une réflexion postmoderne sur notre appréciation de l'Histoire.

Car ces romans, même s'ils mettent en œuvre ce qui ressemble à une fuite en arrière, ne sont, il faut s'en convaincre, nullement passéistes. Ils entretiennent plutôt des rapports étroits avec les grandes questions contemporaines. Ce qui se donne à lire en filigrane dans ces romans « préhistoriques » qui nous entraînent volontiers au fond des cavernes n'est autre qu'une interrogation persistante sur notre propre identité (qui sommes-nous ? d'où venons-nous ? où nous allons-nous ?) ainsi que sur ce qu'on appelle l'Histoire, et bien sûr sur la littérature elle-même. Ce sont donc les mêmes questions qui hantent le roman apocalyptique et le roman des origines, ce dernier offrant ce qu'on pourrait appeler, par référence à *Mémoires dans un souterrain* de Dostoïevski, un point de vue par en dessous.

Avec ses recoins et son obscurité, la grotte dans laquelle nous conduit Christian Oster dans *Mon bel appartement* est-elle si étrangère qu'il y paraît à première vue aux tours du World Trade Center décrites par Marc-Edouard Nabe dans *Une Lueur d'espoir*? La question peut paraître saugrenue. Et serait même franchement déplacée, si du moins Nabe lui-même n'en suggérait l'inattendue parenté. Dans son roman consacré au 11 septembre, comme pour suggérer à quel point les attentats, balayant le discours consensuel sur le nouvel Ordre mondial, nous ont fait reculer dans le temps, ce dernier décrit ce qu'il reste des célèbres tours jumelles, ces morceaux d'acier curieusement dressés au milieu des ruines, comme les « thorax défoncés de squelettes de dinosaures », et compare les vains efforts des sauveteurs à la recherche d'improbables survivants aux « fouilles archéologiques » des spéléologues[2]. La rencontre n'est nullement fortuite, loin s'en faut. Car les exemples abondent. D'où vient par exemple que Philippe Muray, lorsqu'il brosse le portrait de l'homme contemporain occidental, ce « bipède » dépolitisé et désœuvré, emprunte au vocabulaire des préhistoriens et choisisse, justement, de baptiser ce dernier *homo*

---

[1] *L'Illusion de la fin*, p. 110.

[2] *Une Lueur d'espoir*, p. 26.

festivus, l'affublant ainsi d'une appellation à résonance anthropologique, calquée sur la terminologie de la science préhistorique ? Est-ce encore un hasard si Maurice G. Dantec présente l'économie de marché comme « une fatalité d'ordre naturel au même titre que la bipédie dans le processus d'hominisation »[1] ? Et pourquoi ce penseur de la fin qu'est l'auteur du *Laboratoire de catastrophe générale* s'emploie-t-il à faire l'éloge d'une anthropologue, Anne Dambricourt-Malassé, si ce n'est que nous avons affaire là à une rencontre qui, pour être étonnante, n'en est pas moins logique ? On aura vite fait de s'en convaincre, il ne saurait y avoir de fin sans commencement. Le mythe de la fin appelle le mythe des origines, sans lequel celui-ci ne serait pas seulement concevable. Ou, pour le dire autrement, cette fois-ci avec Jean-François Lyotard, « l'eschatologie réclame une archéologie »[2]. En vertu de quoi l'Apocalypse peut bien, comme chez Nabe, côtoyer les dinosaures. Et le doit, même. Le présent essai n'a d'autre ambition que de mettre les deux mythes en regard, d'examiner comment ils s'étayent, s'appuient l'un sur l'autre, se travaillent et se nourrissent mutuellement, et aussi comment l'un et l'autre sont parfois contestés, exposés pour ce qu'ils sont : des mythes.

Jean-François Lyotard a souligné à quel point la modernité laïque avait maintenu le dispositif du « grand récit » hérité du christianisme : qu'il s'agisse de la loi de Dieu (religion), de la loi de la Nature (écologie), du culte du Progrès (les Lumières) ou de la société sans classes (marxisme), l'Histoire est commandée par une eschatologie et orientée vers une émancipation. « C'est toujours un passé immémorial qui se trouve promis comme fin ultime. Il est essentiel à l'imaginaire moderne de projeter sa légitimité en avant, tout en la fondant dans une origine perdue »[3]. Le roman postmoderne interroge cependant ce concept d'historicité, tout entier orienté par une eschatologie. *Sans l'orang-outan* (2007) d'Éric Chevillard est un roman qui jouit par exemple de ne se savoir guidé par aucune fin ; dépourvu de tout privilège, l'humain lui-même apparaît dans le récit comme une forme transitoire : l'homme n'est

---

[1] *Laboratoire de catastrophe générale*, p. 47.

[2] Jean-François Lyotard, *Moralités postmodernes*, Galilée, 1993, p. 91.

[3] *Ibid.*

pas au centre de l'univers, il est plutôt une espèce zoologique parmi d'autres, et aurait pu ne pas advenir, tout comme le récit.

Si le mythe de la fin est désormais bien connu et a fait l'objet de nombreuses analyses, philosophiques (Jacques Derrida, Jean Baudrillard, Philippe Muray, Francis Fukuyama) ou littéraires (Lionel Ruffel), son pendant a été plus négligé[1]. Et surtout le mythe de la fin n'a guère été mis en relation avec celui des origines. L'affaire est d'autant plus étonnante que, répétons-le, l'un ne saurait exister sans l'autre. Restait donc à mettre face à face *Australopithecus afarensis* et *homo festivus*, à susciter les conditions d'une rencontre aussi improbable qu'inéluctable entre l'homme de l'An 2000 et celle qu'on a baptisée « Lucy », notre ancêtre qui vécut il y a 3 millions d'années, dans la dépression de l'Afar, située à l'est de l'Afrique.

Tout porte à croire qu'*Australopithecus afarensis* et *homo festivus* ne sont en effet pas aussi dissemblables qu'on pouvait a priori le penser. Ils entretiennent plutôt une étrange parenté. Car si, comme chez Éric Chevillard, le monde ancien affleure sans cesse à la surface — « quotidiennement le paysan qui sarcle exhume un primitif »[2] —, c'est qu'à l'évidence l'intervalle est moins grand qu'il n'y paraissait d'abord. « Nous nous sommes exagérés l'importance des [...] révolutions : nous appartenons bien à cette même époque que l'avenir jugera, où l'homme presque simultanément isola le feu et l'atome, où il apprit à domestiquer l'animal [et] à vaincre l'apesanteur »[3].

Jean Baudrillard a bien noté ce paradoxe dans son essai sur l'An 2000, et résumait à sa manière la condition postmoderne lorsqu'il remarquait que « nous sommes coincés entre nos clones et nos fossiles »[4]. Le diagnostic vaut d'être étendu à la littérature du tournant du millénaire. Car nous avons bel et bien affaire en matière de littérature à une sorte de Janus *bifrons*. La méditation sur l'avenir de l'espèce en appelle immanquablement aux origines, tandis que la fiction préhistorique s'apparente pour sa part à la

[1] Voir le récent ouvrage de Marc Guillaumie, *Le Roman préhistorique*, Presses Universitaires de Limoges, coll. « Médiatextes », 2006.

[2] Éric Chevillard, *Le Démarcheur*, Éd. de Minuit, 1988, p. 46.

[3] Éric Chevillard, *Préhistoire*, Éd. de Minuit, 1994, p. 76.

[4] *A l'ombre du millénaire ou le suspens de l'An 2000*, p. 20.

science-fiction. Hésitant sans cesse entre deux mouvements opposés, l'anticipation et la rétrospection, la littérature contemporaine ressemble au personnage des *Absences du capitaine Cook*, « notre homme ». Lequel, on l'aura sans doute compris, et parce qu'il est emblématique de notre propos, sera un peu notre saint patron, notre ange à nous. Dans le domaine du roman, Janus *bifrons* est la figure tutélaire de l'An 2000.

Cette sorte de schizophrénie littéraire contemporaine, qui implique un va-et-vient constant entre le passé et le futur, revêt une dimension supplémentaire, particulièrement frappante. Fictions apocalyptiques et romans des origines présentent en effet comme point commun de n'être pleinement intelligibles que si on les réfère à des données spécifiquement hexagonales. Qu'il s'agisse de nous mettre sur les traces d'un chasseur du paléolithique (*Dormance* de Jean-Loup Trassard) ou d'imaginer une série d'attentats terroristes en plein Paris (*Supplément au roman national* de Jean-Éric Boulin), la fiction intéresse dans les deux cas la France contemporaine. Dans le premier ouvrage, la mise en scène de la préhistoire peut en effet apparaître comme participant d'une volonté nostalgique d'ancrer le roman dans le sol national au moment même où le mythe de la nation est en train de s'effriter. De Maurice Dantec à Richard Millet en passant par Pascal Bruckner et Philippe Muray, nos « mécontemporains » — selon le néologisme d'Alain Finkielkraut[1] — n'en finissent pas de porter le deuil de la France. L'immense scepticisme éprouvé à l'endroit de l'idée de Progrès universel se double en effet d'un autre désenchantement qui, lui, demande à être rapporté à l'imaginaire français contemporain. Pour Jean-Éric Boulin par exemple, la France est « en manque de mythes honorables »[2], et la culture nationale n'est pas assez forte pour nourrir l'espoir d'un destin commun à tous les Français. *Supplément au roman national* (2006) se complaît dans la description de la fin de la nation : « La mort d'une identité est quelque chose de grandiose », admet volontiers Boulin[3]. Même s'il est modulé différemment d'un écrivain à l'autre, le long thrène

---

[1] Alain Finkielkraut, *Le Mécontemporain : Péguy, lecteur du monde moderne*, Gallimard, coll. « Folio », 1999.

[2] Jean-Éric Boulin, *Supplément au roman national*, Stock, 2006, p. 112.

[3] *Ibid.*, p. 122.

tragique que donnent à entendre nos nouveaux moralistes relativement au destin de la France prend appui sur un même constat : la grandeur appartient au passé, un passé irrémédiablement perdu. Richard Millet estime par exemple que « la France est entrée dans la fadeur du reniement de soi »[1]. Mais qui incriminer ? ou quel événement ? On s'ingénie de nos jours à instruire le procès de Mai 68, jugé responsable de tous les maux (Muray, Dantec, Houellebecq, Bruckner). Mais si, aux yeux de nos déclinologues, la France est morte, ce qui nous intéresse ici au premier chef est qu'elle soit jugée morte en tant que nation littéraire. C'est encore au même Richard Millet qu'il revient d'avoir exprimé de façon saisissante le lien qui, aux yeux des « mécontemporains », unit la nation et la langue dans un même destin tragique. Déplorant l'état dans lequel est tombé la langue française dans l'usage qui en est fait aujourd'hui, y compris parmi les écrivains, Richard Millet relève ce paradoxe à propos de l'émoi que suscite régulièrement l'utilisation abusive de vocables étrangers dans la langue française : « Il est étrange que la phrase française demeure un enjeu national au sein d'une nation qui n'existe plus en tant que telle ». Et l'auteur du *Dernier écrivain*, disciple de Bossuet et Pascal, de rajouter : « La France est une phrase, et celle-ci est mourante »[2]. Un tel diagnostic méritera, bien sûr, d'être mis en question, contesté, et l'on sera plutôt tenté de souligner l'effervescence de la littérature française contemporaine, de plaider pour une formidable renaissance de cette littérature, particulièrement évidente au tournant du millénaire.

L'Apocalypse est donc, comme on vient de le suggérer, volontiers hexagonale. La mise en scène par Marie Darrieussecq d'un tyran qui ressemble à Jean-Marie Le Pen, dans *Truismes*, n'a de chance d'être pleinement appréciée que si l'on se souvient de la constante progression du Front national sur la scène politique française, au milieu des années 90. Le scénario d'une insurrection « françarabe » imaginé par Jean-Éric Boulin nous poussera, lui, à

---

[1] *Le Dernier écrivain*, p. 31.

[2] *Ibid.*

nous interroger sur le statut réservé aux minorités sur le territoire national.

Serait-on tenté, comme Jacques Jouet dans *Actes de la machine ronde*, de rembobiner le film de l'Histoire et de décrire le duc d'Aumale rendant l'Algérie aux Algériens, abolissant du même coup le cycle de la violence, par effacement imaginaire de sa cause, le diagnostic n'en serait que davantage confirmé. Ce militaire chargé de la conquête de l'Algérie, que l'on croise régulièrement sous la plume de nos écrivains, apparaît comme le symbole de la mauvaise conscience nationale. Il incarne le sentiment de culpabilité lié à la colonisation (le complexe du colonisateur, envers du complexe du colonisé) et à ses conséquences à long terme, qui se font sentir aujourd'hui encore, jusque dans le profil démographique et ethnique de la France. Pour être purement fantasmatique, un tel renversement n'est en pas moins éloquent : il signale à quel point la France demeure hantée par ses vieux démons, qu'elle n'a fini de côtoyer, loin s'en faut. La preuve en est que de vieilles querelles sur les effets de la colonisation ont été récemment ravivées.

Mais cette aptitude à se nourrir d'éléments empruntés à la scène politique contemporaine n'est pas le privilège des seuls romans apocalyptiques. Le roman préhistorique offre lui aussi à sa manière un commentaire sur des faits de société contemporains. Ainsi la mise en scène de « Lucy » et le discours qui l'accompagne (Andrée Chedid) pourront mieux s'apprécier si l'on tient compte des attaques portant contre la laïcité, qui constitue l'un des fondements de la République. Pareillement, dans *La Grande Beune* de Pierre Michon, les références au conflit du dernier quart du XIXe siècle opposant partisans de la Genèse et tenants de l'évolution s'éclairent d'une lumière singulière si l'on accepte de les considérer sur fond de remise en question du darwinisme, la théorie de l'évolution étant elle-même aujourd'hui frappée de soupçon et subissant une remise en question, à l'instar des grands récits de légitimation. Dans le même esprit, la place peu enviable qui est dévolue à l'écrivain dans la société d'aujourd'hui permettra de mieux apprécier la mise en scène par Jean Rouaud des tout débuts de l'art paléolithique et du sort réservé à l'artiste préhistorique par le reste de la tribu, ainsi que ses considérations sur la tentative de mainmise sur l'art par le pouvoir. La réhabilitation de l'homme de Néandertal et la description qui en est donnée par le même Jean Rouaud, celle d'un individu habité par le chagrin, fourniront en outre de précieux renseignements sur l'image que nous avons de nous-mêmes — ou que l'écrivain a de lui-même.

Depuis une vingtaine d'années environ, la France traverse une crise d'identité profonde dont les symptômes, largement relayés par les médias, sont bien connus. Aux effets pervers de la globalisation (affaiblissement du pouvoir de l'État), à la crise de confiance dans le politique et au déclin de l'engagement qui l'accompagne, sont venus s'ajouter l'affaire du foulard et la crise des banlieues. Sous l'effet de l'européanisation, la perte des paramètres traditionnels de la souveraineté (la monnaie et les frontières nationales) a aggravé un sentiment de crise latent. Avec le déclin de l'idée de nation et la mise en question de la laïcité, ce sont les piliers mêmes de la République qui ont été ébranlés. Dans ces conditions, la mise en scène par nos écrivains du passé et du futur a une valeur réflexive. L'un et l'autre tiennent lieu de miroirs grossissants et fournissent le prétexte à un commentaire décalé et métaphorique sur l'état actuel de la France. Qu'il s'agisse d'une stratégie narrative délibérée ou non importe peu ici. Le préhistorique et le post-historique se rejoignent en ce qu'ils ne portent, au fond, que sur le présent, et offrent une méditation sur l'actualité la plus brûlante, aussi bien que sur l'état de la littérature. Serait-ce pour cette seule raison, la réunion d'*Australopithecus afarensis* et d'*homo festivus* ne pouvait guère être différée plus longtemps.

D'un ton apocalyptique

L'homme à l'ère de sa reproductibilité

Dans *La Goutte d'or* (1986) Michel Tournier nous fait assister à un événement prodigieux mettant en scène un immigré berbère. Pour mieux cibler sa clientèle, Tati a en effet décidé d'exposer dans ses vitrines parisiennes des mannequins de type nord-africain. Ayant accepté de servir de modèle, Idriss pénètre dans la cellule de moulage qui va être remplie d'alginate, « une substance glaireuse formée au contact de l'eau par le mucilage de certaines algues brunes »[1]. Aussitôt que la pâte a pris la consistance désirée et avant qu'elle ne durcisse trop, Idriss est extrait de la cellule :

> – Trapèze ! commanda le chef de laboratoire.
>
> Il avait dégagé les bras d'Idriss, et l'aidait à refermer ses mains sur la barre du trapèze. A l'étage supérieur, deux hommes tiraient à toute force la corde du palan. Le trapèze remontait lentement. Ils étaient deux maintenant à maintenir les poings d'Idriss crispés sur la barre. La masse d'alginate laissait émerger le corps nu en produisant de terribles bruits de pets, de succion et de déglutition.
>
> – On croirait assister à la naissance d'un enfant, prononça Bonami.[2]

Le chapitre se clôt sur l'enthousiasme du concepteur : « dans moins d'un mois, une vingtaine d'Idriss, qui se ressembleront comme des frères jumeaux, vont peupler mes vitrines »[3]. Le mannequin ici décrit possède toutes les caractéristiques de « l'œuvre d'art à l'ère de sa reproduction mécanisée » telle qu'elle a été analysée par Walter Benjamin dans son célèbre essai, et il y a tout à parier que Michel Tournier songe à lui lorsqu'il écrit *La Goutte d'or* et met en scène une naissance sans mère.

---

[1] *Ibid.*, p. 185.
[2] *Ibid.*, p. 188.
[3] *La Goutte d'or*, p. 189.

Ce fantasme de la reproduction en série, en dehors de toute sexualité, se retrouve dans *Les Particules élémentaires* (1998) de Michel Houellebecq, où il est thématisé sous l'angle du clonage. Roman d'anticipation, *Les Particules élémentaires* propose un scénario apocalyptique fondé sur la fin de l'espèce humaine, l'humanité étant « la première espèce animale de l'univers à organiser elle-même les conditions de son propre remplacement »[1]. Avec le clone, l'homme caresse l'ambition — faustienne — de construire son double immortel. Ce faisant, il met bien sûr en question les fondements mêmes de la culture et se condamne par là à disparaître à une plus ou moins brève échéance, les clones prenant peu à peu la place des humains. C'est la raison pour laquelle le roman de Houellebecq, « dédié à l'homme », se présente comme un « dernier hommage »[2] à une humanité en voie de disparition.

A la veille du nouveau millénaire, Houellebecq occupe le devant de la scène littéraire française et son roman connaît une succès de librairie sans équivalent. On peut juger une telle médiatisation excessive. Le succès des *Particules élémentaires*, disproportionné par rapport au nombre d'autres productions de qualité, condamnées à rester dans l'ombre, tient cependant à une autre raison. A la veille de l'An 2000, tandis que se réveillent toutes les chimères millénaristes, le roman de Houellebecq réactive le spectre de l'Apocalypse et alimente nos anxiétés les plus souterraines avec d'autant plus d'efficacité que le sujet paraît beaucoup moins irréaliste qu'il ne l'était dix ans plus tôt. La naissance de la brebis Dolly à laquelle on a récemment assisté, en 1996, a certainement ouvert des perspectives inquiétantes et vertigineuses, nous rapprochant un peu plus du scénario du *Meilleur des mondes*. Le clonage est donc l'application du principe de la production en série à la biologie. Mais surtout, et c'est ce qui distingue essentiellement Houellebecq de Tournier, *Les Particules élémentaires* exploite pleinement les thèmes millénaristes de la fin de l'Histoire et de la fin de l'homme qui, à partir des années 90, hantent la scène contemporaine. De *La Goutte d'or* aux *Particules élémentaires*, en

---

[1] *Ibid.*, p. 315.
[2] *Ibid.*, p. 317.

une douzaine d'années, un glissement s'est donc opéré du grand récit d'initiation soutenu par le mythe au désenchantement romanesque contemporain sous-tendu par une idéologie de la fin.

On ne saurait rêver scénario plus provocateur, mieux approprié au tournant du millénaire. Le ton même de l'hommage rendu à l'homme dans les dernières pages et la compassion qui s'y donne à lire — alors que le reste du roman cultive le sarcasme — donne le vertige. Le lecteur y retrouve, rassemblées sous forme fictive, mais qui se veut réaliste, toutes les considérations touchant à la fin, véhiculées depuis quelques années déjà non seulement par les biocatastrophistes, mais aussi par le discours dominant. Le troisième millénaire sera-t-il celui de la disparition de l'espèce ? *Homo sapiens sapiens* a-t-il signé son arrêt de mort ? A-t-il conclu un pacte avec le diable ? La magie des chiffres aidant, à la veille de l'An 2000 le calendrier est propice à ce genre d'interrogations.

On ne sera donc pas surpris si un an après Houellebecq, Maurice G. Dantec pousse un peu plus loin le scénario dans l'un de ses romans. A mi-chemin entre polar et science-fiction, *Babylon Babies* (1999) raconte l'histoire d'un mercenaire chargé de convoyer à Montréal une certaine Marie. Celui-ci ignore cependant que le corps de la jeune femme est une arme biologique. Souffrant de schizophrénie et décrite dans le roman comme « une chaman du XXIe siècle »[1] parce qu'elle est dotée du privilège de pouvoir entrer en communication avec l'autre monde, comme les chamans de la préhistoire qui œuvraient au fond des grottes, la jeune femme incarne le vieux rêve de la duplication humaine et de l'immortalité dynastique et génétique : cette mère porteuse abrite en effet des bébés humains clonés. Avec Dantec, l'avenir de l'humanité se joue donc sur les rives du Saint-Laurent, en 2013.

Mais il se joue aussi et surtout *in utero*. Il faut à ce sujet, et pour mieux prendre la mesure du phénomène, relire l'éloge d'Anne Dambricourt-Mallassé tel qu'il apparaît dans *Théâtre des opérations* (2000). S'appuyant sur l'étude de fœtus fossiles, cette anthropologue a récemment créé le scandale dans la communauté scientifique en postulant l'existence de « mutations critiques »

---

[1] Maurice G. Dantec, *Babylon Babies*, Gallimard, coll. « Folio Science-Fiction », 2001, p. 557.

dans les fœtus, à l'intérieur du ventre de leurs mères. De telles mutations intra-utérines « signifie[raient] que les influences directes de l'environnement sont en ce cas extrêmement réduites »[1]. Comme le souligne Dantec, la théorie de Dambricourt-Mallassé s'oppose au darwinisme orthodoxe. On remarquera au passage combien il est tentant, pour nos penseurs de la fin, de se tourner du côté de la préhistoire. C'est ce que fait Maurice Dantec dans les pages de son journal consacrées à l'origine de l'homme. Lorsqu'il oppose la thèse d'une origine commune et celle d'un « buisson évolutionniste », Dantec en profite pour souligner le caractère idéologique de nos représentations traditionnelles de l'homme préhistorique. Balayant la vision « humanitariste » qui campe l'homme préhistorique en bon sauvage incapable de guerre ou de violence, Dantec nous rappelle que « le crime est à l'origine de toute société »[2].

Une partie de *Babylon Babies* est donc tout naturellement consacrée à une méditation sur le sort de l'espèce humaine, condamnée là aussi à l'extinction. L'apparition de cette créature nouvelle issue des manipulations biotechnologiques et plus avancée que l'homme qu'est l'« homo sapiens neuromatrix » suffit à rendre la fin de l'humanité inévitable, car des deux espèces rivales, la plus avancée l'emportera. Comme il le reconnaît volontiers lui-même, Dantec projette donc sur le XXIe siècle un scénario tout droit sorti du haut paléolithique. Considérant la révolution anthropologique qui se prépare et l'éclosion d'une nouvelle espèce zoologique, il estime en effet que les clones « nous supplanteront comme nous avons supplanté les néandertaliens »[3]. La préhistoire tient donc lieu de paradigme au discours sur la fin.

Fin de l'homme et fin de l'Histoire, c'est-à-dire fin du monde tel que nous le connaissons : le topos est incontournable. Il faut dire que la biologie effectue depuis un quart de siècle des progrès si fulgurants que la philosophie elle-même, à la lumière des dernières avancées, ne pouvait faire l'économie d'une réflexion sur les manipulations génétiques.

---

[1] Maurice G. Dantec, *Théâtre des opérations. Journal métaphysique et polémique 1999*, Gallimard, coll. « Folio », 2002, p. 370.

[2] *Ibid.*, p. 361.

[3] *Ibid.*, p. 699.

Dans son essai *L'Avenir de la nature humaine*, Jürgen Habermas se montre conscient de l'importance fondamentale du phénomène du clonage et des risques qui lui sont associés. Déjà le débat opposant partisans et adversaires de l'avortement prouve combien il est difficile de prétendre fixer un commencement à la vie humaine, à quel point le statut de la vie « anté-personnelle » est ambigu, les premiers considérant que la vie à proprement parler ne débute qu'avec la socialisation, les seconds estimant que l'embryon est déjà une personne à part entière. Le clonage relance donc le débat entre nature et culture. S'employant d'abord à distinguer entre eugénisme négatif — destiné à épargner les malformations graves — et eugénisme positif — visant à l'amélioration de l'espèce — Jürgen Habermas n'hésite pas à comparer l'impact de la révolution biotechnologique à celui des révolutions introduites successivement par Copernic et Darwin. Leurs travaux avaient en leur temps révolutionné les images géocentrique et anthropocentrique du monde. Les manipulations génétiques préparent le terrain à une nouvelle révolution. En effet, si une intention étrangère s'immisce dans notre biographie, nous ne serons plus en mesure de nous considérer comme responsables de notre vie personnelle, ni comme les auteurs de notre propre biographie. Les manipulations génétiques portent ainsi « atteinte à l'image que nous nous étions constituée de nous-mêmes »[1] et transforment la compréhension que nous avons de l'espèce humaine du point de vue de l'éthique. Ces manipulations affectent donc l'identité de l'espèce. Elles mettent en question non seulement le concept de « nature humaine », référence absolue pour toutes les théories du contrat social, mais également certains fondements de l'organisation sociale, tels que la filiation ou la législation en matière de transmission et de transfert de propriété.

Si le clone est tellement subversif, c'est assurément qu'il élimine le mode naturel qui préside à notre incarnation corporelle. Qui plus est, il met radicalement en question la cellule familiale sur laquelle nos sociétés sont fondées. Dans *Célébrations*, Tournier se montre conscient des implications de ce bouleversement :

[1] Jürgen Habermas, *L'Avenir de la nature humaine. Vers un eugénisme libéral ?*, Gallimard, coll. N.R.F « essais », 2002, p. 64.

« si le clone tue son parent, il s'agira certes d'un parricide, mais aussi d'un fratricide et en même temps d'un suicide... »[1]. Mais le propos de Tournier demeure étranger au motif de la fin. « Le clonage humain n'est pas pour demain », estime-t-il dans le même ouvrage[2]. Et, comme Aldous Huxley dans *Le Meilleur des mondes*, Tournier s'obstine à concevoir les éventuels clones du futur sur le modèle des jumeaux, séparés par une génération.

Une distinction s'impose cependant entre les jumeaux de Tournier et les clones de Houellebecq, représentés dans *La Possibilité d'une île* par la série des Daniel, chacun se distinguant par le numéro accolé à son prénom. Unis par une ressemblance physique et psychique, les jumeaux donnent l'image d'une cellule complète. Mais cette harmonie n'est souvent qu'apparente et les jumeaux sont dans une relation de rivalité, si ce n'est dans une lutte fratricide. Tournier en donne maints exemples dans *Les Météores*, notamment lorsqu'il évoque Jacob et Esaü. Les deux frères jumeaux étaient déjà en compétition dans le sein de leur mère puisque Jacob retenait son frère « par le talon »[3], lui disputant ainsi le droit d'aînesse. Une telle rivalité existe chez Houellebecq, mais entre pères et fils, souvent en compétition pour la même femme. Or le clone se définit, anthropologiquement, par l'absence de filiation naturelle. La nouvelle espèce inaugurée par les clones se distingue essentiellement par son caractère « asexuée et immortelle »[4]. Le lien entre sexualité et mortalité était consigné par Michel Tournier dans *Vendredi ou les limbes du pacifique,* où l'acte de procréation est présenté comme le « sacrifice de l'individu à l'espèce » : la sexualité est « la présence vivante, menaçante et mortelle de l'espèce même au sein de l'individu. Procréer, c'est susciter la génération suivante qui innocemment, mais inexorablement, repousse la précédente vers le néant », si bien que « l'instinct qui pousse les sexes l'un vers l'autre est un instinct de mort »[5]. Houellebecq avalise le verdict lorsqu'il souligne dans *La Possibilité*

[1] Michel Tournier, *Célébrations*, Gallimard, coll. « Folio », 2000, p. 83.
[2] *Ibid.*, p. 82.
[3] Michel Tournier, *Les Météores* (1975), Gallimard, coll. « Folio », 2005, p. 249.
[4] Michel Houellebecq, *Les Particules élémentaires*, p. 308.
[5] Michel Tournier, *Vendredi ou les limbes du Pacifique* (1972), Gallimard, coll. « Folio », 1990, p. 131.

d'une île que « toute espèce sexuée [est] nécessairement mortelle »[1].

La Possibilité d'une île est du reste une histoire de générations. Dans ce roman, l'objectif poursuivi par les membres de la secte des élohimites est « l'élimination de la filiation naturelle » [2]. Houellebecq nous fait donc miroiter l'An I de la révolution biologique, rétablissant paradoxalement, par le biais du principe de la sélection, les privilèges de la naissance. On touche ici à un point important de la reproduction puisque, selon Bruno Viard, le sujet des romans de Houellebecq est précisément « la crise de la transmission, de la parentalité, de la filiation »[3]. La scène dans laquelle Michel pleure devant une photographie sur laquelle il apparaît en compagnie de sa grand-mère est éloquente. Comme le rappelle fort justement Bruno Viard, depuis *La Chambre claire* de Barthes, la photographie fournit l'occasion privilégiée de retrouver un lien de filiation. S'attardant sur le culte du souvenir des êtres aimés, Walter Benjamin en son temps avait déjà souligné le statut spécial du portrait photographique, « dernier refuge » de l'aura[4]. Mais le portrait n'est apte à préserver l'aura que d'une manière fugace, limitée dans le temps. Bientôt le photographe Atget, connu pour ses clichés de rues désertes du Paris de 1900, « qu'il photographiait comme le lieu d'un crime », atteste un phénomène de retrait de la figure humaine. Il faut relire dans cet esprit le récit de la journée du 1er juillet 1998 — autre fin de siècle, mêmes clichés — au début des *Particules élémentaires*. Djerzinski nous est décrit à la veille de son congé sabbatique, au volant de sa voiture : « En direction de Paris, l'autoroute du Sud était déserte. Il avait l'impression d'être dans un film de science-fiction néo-zélandais, vu pendant ses années d'étudiant : le dernier homme sur Terre, après la disparition de toute vie ».[5] A un siècle d'intervalle, ce sont donc des obsessions comparables qui reviennent : on a une fois de

[1] Michel Houellebecq, *La Possibilité d'une île*, Fayard, 2005, p. 297.
[2] *Ibid.*, p. 360.
[3] Bruno Viard, « Houellebecq du côté de Rousseau », in *Michel Houellebecq. Études réunies par Sabine van Wesemael*, Amsterdam, Rodopi, 2004, p. 136.
[4] Walter Benjamin, « L'Œuvre d'art à l'époque de sa reproduction mécanisée » *in Écrits français*, Gallimard, N.R.F., « Bibliothèque des Idées », 1997, p. 150.
[5] *Les Particules*, p. 14-15.

plus décroché les lampions de la fête, et tous les cent ans Paris semble voué à afficher le même air lugubre de fin de partie.

Dans le roman de Houellebecq, la photographie de la grand-mère entretient donc la nostalgie de l'aura. Celle-ci est magnifiée, et l'est à proportion exacte du manque d'amour dont souffre le personnage. Pour ce qui est de la famille, on sait à quoi s'en tenir avec Houellebecq. Dans *Les Particules élémentaires*, les deux demi-frères Michel et Bruno, malgré leurs différences — l'un et l'autre incarnent deux visions radicalement différentes de l'homme : la raison positiviste d'un côté, la subordination au désir de l'autre[1] — possèdent néanmoins un point commun. Nés de pères différents et confiés à leur grand-mère, ils sont donnés comme représentatifs de la génération des enfants des « soixante-huitards ». Pour le narrateur, comme pour Bruno, l'amour paternel est « une fiction, un mensonge »[2], et toute la vindicte des enfants du libéralisme sexuel en mal d'amour se traduit par un cri de désespoir, un cri accusateur aux résonances chrétiennes : « Mon père, pourquoi m'as-tu abandonné ? »[3]

En grande partie articulée autour du scénario de la fin de l'homme, l'œuvre romanesque de Houellebecq fait la part belle au thème du déclin de l'Occident. Rien d'étonnant donc à ce que le savant Djerzinski des *Particules élémentaires* trouve la mort en Irlande, à la « pointe extrême du monde occidental »[4], si l'on accepte de se souvenir avec Jacques Derrida que cette géographie particulière traduit une caractéristique fondamentale de la culture européenne. Ce cap suppose une direction, mais aussi une eschatologie : « L'Europe a [...] confondu son image [...] avec celle d'une pointe avancée [...], donc d'un cap [...] pour la civilisation mondiale ou la culture humaine en général. L'idée d'une pointe avancée de *l'exemplarité* est *l'idée de l'idée* européenne, son *eidos*, à la fois comme *arkhé* — idée de commencement mais aussi de commandement (le cap comme la tête [...]) — et comme *telos*

[1] Voir à ce sujet l'article de Kim Doré, « Doléances d'un surhomme ou la question de l'évolution dans *Les Particules élémentaires* » paru dans *Tangence*.
[2] *Les Particules élémentaires*, p. 169.
[3] *Ibid.*, p. 130.
[4] *Ibid.*, p. 304.

— idée de la fin [...] »[1]. Si l'Europe se tient pour une avancée, « l'avant-garde de la géographie et de l'histoire »[2], le motif de la « pointe extrême » est donc aussi consubstantiel à l'idée de déclin et à celle de fin, inventions européennes.

Or le plus remarquable est que ce déclin se trouve, chez Houellebecq, systématiquement associé à la sexualité, dont son œuvre offre de toute évidence une image bien piètre. Dans *La Possibilité d'une île*, le narrateur se lamente du manque de rigueur de son sexe : « maintenant ma bite était morte et j'étais en train de la suivre dans son déclin funeste »[3]. L'association entre déclin de la virilité et déclin de l'Occident était au cœur du roman de Romain Gary, *Au-delà de cette limite votre ticket n'est plus valable*, un auteur lui-même producteur de doubles auquel Houellebecq doit beaucoup (Emile Ajar est un peu le clone de Romain Gary, son *alter ego*) :

> [...] si vous débandez, c'est la perte de face, la fin d'une réputation de grand baiseur, la dévalorisation, monsieur, la dévalorisation. Vous êtes acculé à l'aveu, obligé de déposer votre bilan, et lorsqu'elle vous dit alors avec douceur, en caressant votre front : « Ça ne fait rien, chéri », c'est la haine, la haine, et il n'y a pas d'autre mot. Vous pouvez évidemment vous agenouiller et vous mettre à la lécher, si vous n'êtes pas chevalier de la Légion d'honneur, mais alors vous léchez en vaincu, monsieur, vous léchez en débandade, le front est écroulé, vous ne savez même plus où sont vos troupes et votre artillerie [...].[4]

Comment, dans ces conditions, parer à la défaillance et l'impuissance sexuelle ? La solution qu'imagine le personnage de Romain Gary va consister à se chercher un substitut capable de satisfaire sa femme. « L'Europe a perdu son Histoire. Elle n'a plus de vitalité propre. Nos matières premières, à quatre-vingts pour cent, sont chez les autres. [...] Toutes nos sources d'énergie, de vitalité — nos couilles, quoi — sont dans le tiers-monde, chez nos

---

[1] Derrida, Jacques. *L'Autre cap*, Editions de Minuit, 1991, p. 28-29.
[2] *Ibid.*, p. 50.
[3] *La Possibilité d'une île*, p. 352.
[4] Romain Gary, *Au-delà de cette limite votre ticket n'est plus valable*, Gallimard, coll. « Soleil », 1975, p. 122.

anciens colonisés… »[1]. Ce diagnostic est établi par Romain Gary en 1975, période où selon Houellebecq, le libéralisme s'est étendu de l'économie au domaine sexuel, et où la libéralisation des mœurs accélère le déclin de l'Occident. La période, inaugurée en 1968 — époque où Idriss, dans *La Goutte d'or*, effectue sa traversée de la Méditerranée[2] — correspond en effet à une libéralisation des mœurs sans précédent, « nouveau palier dans la montée historique de l'individualisme » dont Houellebecq offre la caricature en quelques pages incisives dans *Les Particules élémentaires*[3]. C'est l'époque où la majorité civique est abaissée à 18 ans, l'époque des *Valseuses* et d'*Emmanuelle*, du sexe et de la violence, du divorce par consentement mutuel, de la légalisation de la contraception, de la pilule en vente libre et de la loi Veil sur l'avortement.

L'Europe vieillissante ayant perdu sa vitalité, le personnage de Romain Gary va donc trouver une solution pour palier à son impuissance. A défaut de tourisme sexuel, comme dans *Plateforme*, la solution qu'il trouve n'est pas indifférente à notre propos. Dans quel autre quartier de Paris en effet son imagination peut-elle se ravitailler si ce n'est celui qui, peuplé d'immigrés, a donné son nom au roman de Tournier, la Goutte-d'Or ? Point de rencontre entre l'Occident narcissique et décadent, hanté par son image, et la figure de l'immigré, la Goutte-d'Or entrouvre la possibilité d'un phénomène inattendu : le métissage. Ce phénomène se confirme dans *La Possibilité d'une île*, au moins sous forme de soupçon. A cause de son « faciès d'Arabe », Daniel1 met en doute la fidélité de sa mère et se demande s'il n'a pas « pour géniteur un Mustapha quelconque »[4]. Et comme, dans la logique du roman, la série des Daniel, ces néo-humains, est fondée sur la ressemblance, ce que suggère Daniel25 lorsqu'il explique : « Daniel1 revit en moi, son corps y connaît une nouvelle incarnation […]; son existence se

[1] *Ibid.*, p. 50.

[2] Parmi les toutes premières images de la France entrevues à bord du navire *Tipasa* qui le conduit en France, Idriss découvre le spectacle des bombes lacrymogènes et des combats entre C.R.S. et étudiants, dans le Quartier Latin (p. 103-104).

[3] *Les Particules élémentaires*, p. 116.

[4] *La Possibilité d'une île*, p. 23.

prolonge réellement en moi... »[1], il faudrait alors pouvoir se figurer un clone métissé...

La chose peut paraître d'autant plus étonnante que les personnages de Houellebecq tiennent souvent des propos ouvertement racistes, et que le reste de l'œuvre travaille au contraire à stigmatiser l'Autre, l'étranger, celui qui n'est pas de chez nous, et s'emploie à creuser le fossé entre les pays occidentaux et le reste du monde. Loin d'être anecdotique, ce métissage (qui, avec « créolisation », figure parmi les mots honnis des contempteurs de la démocratie telle que nous la connaissons) est le produit d'une donnée historique. Richard Millet, par exemple, y voit un effet différé de la décolonisation. Le métissage racial est selon lui ce « à quoi semble condamnée l'Europe », en vertu d'un vaste mouvement de « repentance historique »[2]. Ce phénomène de métissage, contemporain de la déchristianisation de l'Europe, et sur lequel nous aurons l'occasion de revenir pour examiner sa dimension française (notamment grâce à Jean-Éric Boulin) serait associé, toujours selon Richard Millet, à un sentiment de culpabilité d'un type nouveau. « Les postchrétiens ont remplacé le péché originel par la culpabilité historique » (le complexe du colonisateur), devenant du même coup « les victimes de leurs victimes »[3]. Le lexique semble conforter un peu plus cette interprétation puisque le verbe « culpabiliser » a fait son entrée dans le dictionnaire français en 1966, c'est-à-dire au lendemain de la guerre d'Algérie, le substantif « culpabilisation » datant lui de 1968[4].

Voudrait-on l'oublier, tout au long des années 90 la colonisation se rappelle à nous avec insistance. En 1992, Patrick Chamoiseau retrace dans *Texaco* la lutte des Antillais pour sortir de la nuit coloniale et construire leur identité créole. Côté algérien, Rachid Boudjedra s'attarde dans ses *Lettres algériennes* (1995) sur la « dyslexie » sociale et linguistique dont est victime son pays, conséquence à long terme de la colonisation. L'année suivante, un

---

[1] *Ibid.* p. 414-415.

[2] Richard Millet, *Désenchantement de la littérature*, Gallimard, NRF, 2007, p. 34.

[3] *Ibid.*, pp. 43-44.

[4] Ce que remarque Milan Kundera dans *Les Testaments trahis*, Gallimard, coll. « Folio », 1993, p. 248.

ultime pèlerinage sur la tombe de sa mère inhumée à Alger, entrepris par un vieil écrivain sur la fin de sa vie, Jules Roy, fournira le prétexte à un petit livre poignant en forme d'adieu à la littérature, *Adieu ma mère, adieu mon cœur*, et à une méditation sur le destin si funeste de l'Algérie. Enfin, en 1998, année même de la publication des *Particules élémentaires*, qui est aussi celle des accords de Nouméa, Didier Daeninckx nous invite à revisiter le passé colonial de la France et à réfléchir sur le traitement réservés aux indigènes de Nouvelle-Calédonie lors de l'Exposition coloniale de 1931, lesquels furent parqués derrière des grilles, dans un village kanak reconstitué au milieu du zoo de Vincennes. L'intrigue de *Cannibale* est fondée sur un troc inouï : les crocodiles du marigot étant morts quelques jours avant l'inauguration officielle de l'Exposition, certains Kanak furent prêtés à un cirque allemand, en échange de quelques crocodiles !

Dans *Plateforme*, Houellebecq se montre attentif lui aussi aux relations entre l'Occident et les pays du Tiers-Monde, mais pour en tirer la plus provocatrice et la plus cynique des conclusions. Estimant que le phénomène de paupérisation affecte parallèlement la sexualité occidentale et l'économie des pays pauvres, Michel en déduit que nous sommes là dans les conditions idéales de l'échange : ton corps contre mes devises.

> Donc, poursuivis-je, d'un côté tu as plusieurs centaines de millions d'Occidentaux qui ont tout ce qu'ils veulent, sauf qu'ils n'arrivent plus à trouver de satisfaction sexuelle : ils cherchent, ils cherchent sans arrêt, mais ils ne trouvent rien, et ils en sont malheureux jusqu'à l'os. De l'autre côté tu as plusieurs milliards d'individus qui n'ont rien, qui crèvent de faim, qui meurent jeunes, qui vivent dans des conditions insalubres, et qui n'ont plus rien à vendre que leur corps, et leur sexualité intacte. C'est simple, c'est vraiment simple à comprendre : c'est une situation d'échange idéale. Le fric qu'on peut ramasser là-dedans est presque inimaginable : c'est plus que l'informatique, plus que les biotechnologies, plus que les industries des médias ; il n'y a aucun secteur économique qui puisse y être comparé.[1]

[1] Michel Houellebecq, *Plateforme* (2001), Éd. « J'ai lu » , 2003, p. 234.

A quoi l'on peut ajouter que le clonage lui-même n'échappe pas à la logique financière. Celle-ci entre au contraire pleinement en ligne de compte puisque le clonage est présenté par Houellebecq comme l'aboutissement inévitable d'un libéralisme échappant à toute espèce de régulation. Doublement victime, l'homme est ainsi d'abord appelé à disparaître dans le marché, pour être ensuite cloné et devenir lui-même marchandise.

Le clone n'aura certes pas besoin de palliatifs tels que ceux décrits dans *Plateforme*. Il se distinguera de son créateur dans la mesure où son corps, soustrait aux désirs et aux appétits de la bête, ne sera pas non plus vulnérable aux maladies, si fréquentes chez les personnages de Houellebecq. Dans *Les Particules élémentaires*, le corps, médicalisé, est volontiers décrit d'un point de vue clinique : Di Meola meurt d'un cancer généralisé, Christiane est victime d'une paralysie des jambes, Annabelle d'un cancer de l'utérus, Esther souffre d'une malformation rénale, etc. Et la jouissance liée à l'hédonisme — cette euphorie perpétuelle dénoncée par Pascal Bruckner, aussi inséparable du « devoir de mémoire » que le côté pile l'est du côté face d'une même pièce — « se brise sur la mortalité des corps »[1]. La résorption des organes de la reproduction, devenus inutiles dans l'existence du clone, fera plus que jamais de la sexualité « le dernier mythe de l'Occident »[2]. Un tel découplage de la sexualité et de la reproduction nous renvoie au *Meilleur des mondes*, où les deux sexes étaient orientés vers une personnalité androgyne moyenne. Mais la nouvelle espèce ainsi obtenue par clonage est-elle seulement humaine ?

Michel Houellebecq est volontiers décrit comme un nihiliste. La prudence est cependant de mise. Même si pour beaucoup de lecteurs, en vertu du dispositif narratif et du mélange des voix, la position affective et idéologique de Houellebecq reste « insaisissable »[3], on peut considérer avec Sabine van Wesemael que les « utopies » houellebecquiennes demandent à être lues négativement. Houellebecq ne présente nullement la fin de l'homme

---

[1] Liesbeth Korthals Altes, « Persuasion et Ambiguïté dans un roman à thèse postmoderne » in *Michel Houellebecq*, études réunies par Sabine van Wesemael, Amsterdam, Rodopi, 2004, p. 33.

[2] *Les Particules élémentaires*, p. 132.

[3] C'est le point de vue de Liesbeth Korthals Altes, éd. citée, p. 43.

comme une bonne nouvelle, tant s'en faut. L'apologie de l'eugénisme présente au contraire « toutes les caractéristiques d'une anti-utopie »[1], Houellebecq dénonçant en effet la faillite de la société contemporaine. Les paroles prononcées par le pasteur lors du mariage de Bruno, selon lesquelles l'homme et la femme « *deviendront une seule chair* »[2], tout comme le choix — étonnant de la part de l'hédoniste qu'est Bruno — de faire baptiser son fils, faisant de lui un « membre du corps du Christ » [3], placent plutôt le récit sous le régime de la mélancolie et de la perte. Pierre Jourde suggère à cet égard que le regard plein de compassion porté sur les humains en voie d'extinction par les représentants de la nouvelle espèce, à la fin du roman, relève d'un interdit. « L'autre espèce se substitue à ce qu'il n'est plus possible d'introduire aujourd'hui dans la fiction : le regard de Dieu »[4]. La fin de *La Possibilité d'une île* est également placée sous le signe de la mélancolie. S'étant échappé de la colonie utopique pour errer dans un paysage apocalyptique, Daniel25 se love nostalgiquement dans l'anfractuosité d'un rocher, imitant en cela le geste du héros de *Vendredi ou les limbes du Pacifique.*

L'épisode mérite qu'on s'y attarde car la fin de *La Possibilité d'une île* fait resurgir les temps préhistoriques Dans ce roman publié en 2005, la narration est assurée par « la série des Daniel »[5], et l'autobiographie de Daniel est commentée par ses clones néohumains. Le roman comporte ainsi plusieurs narrateurs qui se distinguent par le numéro accolé à leur prénom, dispositif conférant au livre des allures d'Évangile, mais un Évangile d'un type particulier puisqu'il n'est porteur d'aucune révélation, d'aucune « bonne nouvelle », la seule « prophétie » qu'on y peut trouver concernant l'extinction imminente de l'espèce. A la fin du roman, Daniel25 s'échappe donc de la colonie utopique des néohumains, sorte de Nouvelle Jérusalem construite sur la péninsule ibérique,

---

[1] Sabine van Wesemael, *Michel Houellebecq. Le plaisir du texte*, L'Harmattan, « Approches littéraires », 2005, p. 42.

[2] *Les particules élémentaires*, p. 172.

[3] *Ibid.*, p. 175.

[4] Pierre Jourde, *La Littérature sans estomac*, Pocket, coll. « Agora », 2005, p. 283.

[5] Michel Houellebecq, *La Possibilité d'une île*, Fayard, 2005, p. 376.

au milieu d'un décor de roche noire volcanique. Avant de s'enfouir dans une anfractuosité du relief, Daniel25 est décrit lors de sa déambulation. Dès qu'il a franchi la barrière de protection, il chemine dans un paysage apocalyptique qui porte la trace de diverses catastrophes : Madrid a été détruite par des explosions nucléaires lors des derniers conflits interhumains et la planète, victime d'une catastrophe écologique, a traversé une phase climatique de « Grand Assèchement »[1]. On peut, avec quelque raison, soupçonner l'itinéraire du protagoniste dans ces terres dépeuplées d'être moins soumis aux caprices de l'errance qu'il n'y paraît :

> Plus au nord s'étendait une zone de plateaux et de buttes calcaires, au sol creusé de très nombreuses grottes. Elles avaient servi d'abri aux hommes préhistoriques qui avaient pour la première fois habité la région ; plus tard, elles avaient été utilisées comme refuge par les derniers musulmans chassés par la Reconquista espagnole, avant d'être transformées au XXe siècle en zones récréatives et en hôtels ; je pris l'habitude de m'y reposer dans la journée, et de poursuivre mon chemin à la tombée de la nuit.[2]

Houellebecq s'emploie-t-il à décrire un paysage de fin du monde qu'aussitôt, comme on pouvait s'y attendre, les cavernes préhistoriques font leur apparition. Même phénomène que chez Wolfgang Paalen, peintre autrichien émigré au Mexique qui, dans la revue *Dyn* qu'il anime entre 1942 et 1944 (à laquelle ont contribué Breton, Picasso, Calder, Moore et Pollock), fait paraître le récit de sa visite de la grotte d'Altamira, qui eut lieu en pleine guerre d'Espagne. Cette rencontre-là n'est pas fortuite, et tout porte à croire qu'en période de troubles (seconde guerre mondiale chez Paalen, climat de fin du monde chez Houellebecq), nos écrivains, obéissant au « tropisme de descente »[3], se précipitent vers les grottes préhistoriques avec le même empressement que les po-

---

[1] *Ibid*, p. 437.
[2] *Ibid.*, p. 444.
[3] Jean-Pierre Richard, *Études sur huit écrivains d'aujourd'hui*, Gallimard, NRF, coll. « Essais », 1990, p. 150.

pulations qui couraient vers les abris à l'annonce d'un bombardement aérien.

L'épisode de *La Possibilité d'une île* est d'autant plus significatif que les grottes de la région d'Altamira, connues pour les admirables peintures rupestres qu'elles recèlent, ne servirent pas d'abris, comme voudrait nous le faire croire le narrateur. En élisant refuge dans ces grottes du nord de l'Espagne, le personnage de Houellebecq se sépare encore un peu plus des élohimites et réaffirme son appartenance à l'espèce *homo sapiens*, au moment même où celle-ci est menacée d'extinction. Au reste, le lecteur ne devrait pas être surpris de voir ces cavernes apparaître dans le récit. Leur apparition avait même été préparée dans *Les Particules élémentaires*. Quand il avait douze ans en effet, Michel avait les lectures qu'ont les garçons de son âge. Un magazine en particulier vaut d'être mentionné pour deux raisons :

> En avril 1970 parut dans *Pif* un gadget qui devait rester célèbre : la *poudre de vie*. Chaque numéro était accompagné d'un sachet contenant les œufs d'un crustacé marin minuscule, l'*Artemia salina*. Depuis plusieurs millénaires, ces organismes étaient en état de vie suspendue. La procédure pour les ranimer était passablement complexe : il fallait faire décanter l'eau pendant trois jours, la tiédir, ajouter le contenu du sachet, agiter doucement. Les jours suivants on devait maintenir le récipient près d'une source de lumière et de chaleur ; rajouter régulièrement de l'eau à la bonne température pour compenser l'évaporation ; remuer délicatement le mélange pour l'oxygéner. Quelques semaines plus tard le bocal grouillait d'une masse de crustacés translucides, à vrai dire un peu répugnants, mais incontestablement vivants.[1]

Sa grand-mère lui ayant offert pour l'anniversaire de ses douze ans la boîte du *Petit chimiste*, Michel avait pris conscience que « les bases chimiques de la vie auraient pu être différentes »[2]; d'où la tentation de les modifier. Ainsi équipé de sa valise du *Petit chimiste* — les vocations, c'est bien connu, tiennent à peu de choses — Michel va devenir l'un des artisans d'une révolution biolo-

[1] *Les Particules*, p. 36.
[2] *Ibid.*, p. 37.

gique sans précédent. Dans *Les Particules élémentaires* les travaux du biologiste Michel ressemblent ainsi à un caprice d'enfant qui aurait pris des dimensions gigantesques.

Le narrateur précise que dans le même numéro de *Pif Gadget* et pour le même prix, figurait en bande dessinée le récit des aventures de Rahan, le héros des âges préhistoriques qui se distingue par la célèbre dent de tigre qu'il porte en pendentif. C'est affublé d'une dent de tigre, en héros des époques préhistoriques, qu'il faudra donc désormais imaginer Michel Djerzinski — et, pourquoi pas ? Michel Houellebecq lui-même. S'imaginait-on l'Apocalypse sans les origines qu'il faudrait donc réviser notre jugement. L'itinéraire de Daniel25, qui trouve naturellement refuge dans une grotte préhistorique, aura achevé de lever toute espèce de doute sur la question. Il ne saurait y avoir d'eschatologie sans archéologie. Pas de clone sans la dent de Rahan. On croyait que regarder des deux côtés à la fois était impossible ; c'est pourtant bien à ce genre de gymnastique que nous convie Michel Houellebecq puisque son texte pointe dans deux directions opposées. Il faudra donc désormais s'habituer à cette double vue, d'autant que l'exercice va se répéter.

La colonie des néo-humains est en effet une zone interdite d'accès aux derniers spécimens de l'espèce humaine, des « sauvages [qui] éprouv[ent] une véritable terreur des néo-humains »[1]. Ces bandes d'humains dégénérés qui vivent à l'extérieur sont donc tenues à l'écart. Si d'aventure l'un d'entre eux quittait la horde et s'attardait près de la barrière de protection, il serait certainement abattu par Daniel24 avant même qu'il n'ait eu le temps de le voir, ce dernier s'acquittant de la mission qui lui a été confiée avec zèle : « Je suis la Porte. Je suis la Porte, et le gardien de la Porte »[2]. C'est donc, comme de juste, sous les traits de Janus, le dieu gardien des portes, bénéficiant du don de « double science », qu'apparaît le personnage de *La Possibilité d'une île*. La position qu'il occupe est emblématique de notre propos à plus d'un titre, et éloquente quant à la place dévolue à Michel Houellebecq dans le paysage littéraire contemporain. Car

[1] *La Possibilité d'une île*, p. 452.

[2] *Ibid.*, p. 71.

c'est bien Michel Houellebecq lui-même qu'il faut se représenter sur le seuil séparant « sauvages » et néo-humains, usant de son don de double vue, debout entre la préhistoire de l'après-histoire. On ne sera donc pas surpris si, au tournant du millénaire, l'écrivain le plus controversé et le plus médiatisé adopte la posture du « Gardien de la Porte », et apparaisse lui aussi sous les traits de Janus.

Un Janus cynique, aussi bien. Car les clones mis en scène dans *La Possibilité d'une île* ne sont nullement des « surhomme[s] » comme voudrait nous le faire croire Fukuyama. Même si le clone peut à certains égards évoquer le « surhumain », cette voie tracée par Nietzsche, selon qui l'espèce humaine doit viser au-delà d'elle-même, dans le roman la folle entreprise de la secte élohimite est vouée à l'échec. Et l'on peut davantage souscrire au jugement de Baudrillard selon lequel « les limites de l'humain et de l'inhumain sont bien en train de s'effacer, mais non pas vers le surhumain — vers le subhumain, vers une disparition des caractéristiques symboliques mêmes de l'espèce »[1]. On pourrait du reste ajouter que le clone, perçu dans l'imaginaire collectif comme une sorte de « photocopie »[2], sorte de « degré Xerox »[3] de l'humain, est d'autant plus conforme à notre univers que nous adorons les reproductions, les copies. Baudrillard suggère que, comme Numa, qui « fabriquait douze copies du bouclier sacré (cet objet destiné à protéger la ville contre le fléau de la maladie), une pour chaque tribu de Rome, et détruisait l'original »[4], nous œuvrons à la destruction de l'original, c'est-à-dire ici à notre propre disparition.

Tel qu'il est décrit dans *Les Particules élémentaires*, le clone s'apparente à nous d'une autre façon encore. L'épilogue du roman stipule en effet que le premier représentant de la nouvelle espèce conçue par l'homme en 2029 est « à son image et à sa ressemblance »[5]. On nous annonçait un nouveau paradigme, or nous voici encore une fois sous le coup de la double nature. « Pourquoi ces

---

[1] Jean Baudrillard, *L'Illusion de la fin ou la grève des événements*, Galilée, 1992, p. 136.
[2] Dominique Lecourt, *Humain, posthumain*, P.U.F., 2003, , p. 36.
[3] *Ibid.*, p. 109.
[4] *Ibid.*, p. 111.
[5] *Les Particules élémentaires*, p. 315.

deux mots ? » se demande Tournier, qui se livre à un commentaire des premières lignes de la Genèse dans *Gaspard, Melchior & Balthazar*[1]. « Lorsqu'il est écrit que Dieu fit l'homme à son image et à sa ressemblance, explique Tournier, j'ai bien compris qu'il ne s'agissait pas d'une vaine redondance verbale, mais que ces deux mots indiquaient [...] la ligne d'une déchirure possible, menaçante, fatale, qui se produisit en effet après le péché. Adam et Eve ayant désobéi, leur ressemblance profonde avec Dieu fut abolie, mais ils n'en conservèrent pas moins comme un vestige, un visage et une chair qui demeuraient le reflet indélébile de la réalité divine »[2]. Ces lignes nous rappellent, s'il en était besoin, à quel point le scénario proposé par Houellebecq emprunte à la religion. Quoi de plus chrétien en effet que le motif de la fin de l'homme et de l'Apocalypse ? Pour Derrida, la doctrine de la fin de l'Histoire repose essentiellement sur « une eschatologie chrétienne »[3] ; le christianisme ayant introduit le concept d'une Histoire finie dans le temps, conclue avec le Jugement dernier, l'auteur de *Spectres de Marx* en déduit que le « Dernier homme » est l'homme chrétien [4].

« Ce livre est avant tout l'histoire d'un homme qui vécut la plus grande partie de sa vie en Europe occidentale, durant la seconde moitié du XXe siècle »[5], nous prévient le prologue des *Particules élémentaires*. A quoi l'on peut rajouter que cet homme est pétri de culture chrétienne, et que sa pensée, marquée par le sentiment de la faute, du péché, est perméable à la « honte »[6]. Un homme qui souscrit en outre à l'idée que « tout ce qui se bâtit de grand dans le monde se bâtit au départ sur un meurtre »[7]. Il y a donc tout lieu de penser que le dernier homme, fils de Caïn, sera lui aussi un meurtrier.

[1] Michel Tournier, *Gaspard, Melchior & Balthazar* (1980), Gallimard, « folio », 2005, p. 47.
[2] *Ibid.*, p. 211.
[3] Jacques Derrida, *Spectres de Marx*, Galilée, 1993, p. 105.
[4] *Ibid*, p. 105-106.
[5] *Les Particules élémentaires*, p. 7.
[6] *Ibid.*, p. 60.
[7] *Ibid.*, p. 207.

Politiques de la fin

« Michel Houellebecq est-il de gauche ou de droite ? » Manifestement, le positionnement politique de l'auteur de *Plateforme*, d'une grande ambiguïté, a de quoi laisser ses lecteurs perplexes. Lorsqu'il aborde la question, Bruno Viard s'emploie à démêler ce qui, chez Houellebecq, semble hérité de l'une et de l'autre des deux traditions politiques. Par son analyse des phénomènes de paupérisation qu'engendre la loi de l'offre et de la demande, l'auteur de *Plateforme* se montre très critique envers le libéralisme économique. Mais dans le même temps, c'est une autre forme d'exclusion qui retient son attention : dans le domaine de la compétition sexuelle, comme dans celui de la compétition économique, il existe des perdants ou des laissés pour compte, phénomène amplifié par le déclin, depuis plus de trente ans, de la famille. Si bien que pour Bruno Viard, qui distingue dans les romans de Houellebecq deux voix, celle d'un « grand névrosé » mais aussi celle d'un « moraliste austère »[1], le romancier est à la fois de droite et de gauche, l'idéal houellebecquien se situant « dans le collectivisme en économie et dans la vie conjugale et familiale stable en matière sexuelle »[2]. Dans la peinture déprimante de la vie moderne qu'offre l'auteur des *Particules élémentaires*, la seule mention du « bonheur », il est vrai, concerne le couple. Sur la côte d'azur, l'hédoniste Bruno connaît une petite illumination inattendue qui est liée non à l'aspect faussement idyllique de cette caricature de phalanstère fouriériste qu'est dans le roman le Cap d'Agde, où il vient de passer huit jours en compagnie de Christiane, mais plutôt au simple fait d'être pleinement ensemble : « Je crois que je suis heureux [...]. Je crois qu'on peut être heureux, ensemble, jusqu'à la fin »[3]. C'est donc dans le couple, et de la manière la plus ordinaire qui soit, qu'un tel sentiment trouve à se manifester. Celui-ci ressort d'autant plus du tableau sombre qu'offre Houelle-

[1] Bruno Viard, « Houellebecq du côté de Rousseau » in *Michel Houellebecq*, études réunies par Sabine van Wesemael, Amsterdam, Rodopi, 2004, p. 130.

[2] *Ibid.*, p. 128.

[3] *Les Particules élémentaires*, ed. citée, p. 223.

becq de la déchéance morale contemporaine qu'il surgit de manière inattendue, et n'a pas d'autre équivalent dans le roman. Bruno Viard estime à cet égard que la pensée morale de Houellebecq peut être résumée de la sorte : « le mariage est au sexe ce que l'État est à l'argent : le moyen d'une juste répartition qui fasse échec à la sauvagerie de la loi naturelle » [1].

Mais la question du positionnement politique de Houellebecq ne tient pas seulement aux apparentes contradictions de l'auteur des *Particules élémentaires*. Elle est aussi largement motivée par le climat idéologique dans lequel baigne la littérature française de notre époque et au caractère éminemment politique de la mise en scène de la fin, sous toutes ses formes. On assiste en effet, depuis quelque temps déjà, à ce que Daniel Linderberg appelle un « retour à l'ordre ». Si la littérature avait été nourrie pendant longtemps par une pensée de gauche, la dernière décennie a incontestablement correspondu à une redistribution du littéraire sur l'échiquier politique. Dans *Le Rappel à l'ordre. Enquête sur les nouveaux réactionnaires,* Daniel Linderberg explore quelques-uns des principaux ressorts de ce revirement. En l'espace d'une génération, nous sommes ainsi passés d'un marxisme souvent doctrinaire à une pensée de type « réactionnaire ». Comme Michel Houellebecq ou Alain Finkielkraut, un certain nombre de ces nouveaux moralistes sont d'ailleurs eux-mêmes issus de l'extrême gauche. Pour cette raison, ils mériteraient sans doute d'être désignés d'une expression inventée par Régis Debray : en réponse à l'accusation, dont il est parfois l'objet, d'être lui aussi devenu un « réactionnaire », l'auteur de *Supplique aux nouveaux progressistes du XXIe siècle* revendique pour lui-même l'étiquette de « paléo-progressiste »[2] ; l'expression se marie suffisamment à notre propos, on en conviendra, pour qu'il apparaisse inutile ici de surenchérir. Selon Daniel Lindenberg, ce désir de réaction, qui s'inscrit dans une longue tradition, s'exprime à travers différents « procès » : « celui de Mai 68, celui de la culture de masse, celui des

[1] Bruno Viard, p. 128.

[2] Régis Debray, *Supplique aux nouveaux progressistes du XXIe siècle*, Gallimard, NRF, 2006, p. 49.

droits de l'homme, celui de l'antiracisme, plus récemment celui de l'Islam... »[1].

Que Mai 68 surgisse dans un roman apocalyptique n'est pas le moins remarquable. On l'a vu, la critique de Mai 68, leitmotiv de l'idéologie dominante, omniprésente dans le discours du candidat Sarkozy pendant la campagne des élections présidentielles de 2007, occupe une place importante dans *Les Particules élémentaires*. Le roman remet notamment en question la libération de l'antique division inégalitaire entre les sexes, Houellebecq considérant que cette étape correspond, justement, au début de la fin. En prenant un virage libéral, la société française aurait ainsi amorcé son déclin et se serait condamnée. Comme Houellebecq ou Maurice G. Dantec, Philippe Muray, autre « mécontemporain », remet en particulier en question l'idée selon laquelle l'émancipation des femmes aurait marqué un progrès. Si la pilule correspondait au « coït sans l'enfant », la procréation in vitro, elle, représente « l'enfant sans le coït »[2]. Et c'est du coup la figure du mâle qui se retrouve amputée de ses prérogatives, symboliquement castrée. On en a terminé avec « l'univers préhistorique du coït », surenchérit-il[3]. La libéralisation des mœurs qui a accompagné l'émancipation des femmes et abouti au PACS, considéré par Philippe Muray comme un « monstre légal si admirablement accordé à notre époque dépourvue de sens »[4], est mise à l'index dans *Les Particules élémentaires*, mais d'une façon paradoxale. Comme le remarque Daniel Lindenberg, le rappel à l'ordre revêt chez Houellebecq un caractère bien inattendu, puisque « un nouveau puritanisme s'exprime [...] par des écrits que jadis on aurait taxés de pornographiques »[5]. Sous la plume de ces moralistes qu'on appelle aussi « nouveaux réactionnaires », Mai 68 devient donc un événement monolithique, et singulièrement élagué de beaucoup de ses effets sur la société française. Ainsi par exemple, de l'autonomie des universités, tant budgétaire qu'au plan des programmes, il n'est

---

[1] Daniel Lindenberg, *Le Rappel à l'ordre. Enquête sur les nouveaux réactionnaires*, Seuil/La République des Idées, 2002, p. 11.
[2] Philippe Muray, *Après l'Histoire*, Les Belles Lettres, 1999, p. 224.
[3] *Ibid.*, p. 221.
[4] *Ibid.*, p. 223-224.
[5] *Le Rappel à l'ordre*, p. 30.

curieusement jamais question. Quant au tourisme de masse, considéré par Houellebecq comme la métaphore de la décadence contemporaine, et mis en cause dans *Plateforme* à travers la caricature de Nouvelles Frontières, on peut rappeler, avec Daniel Linderberg, qu'il n'est qu'une extension des congés payés, qui n'ont cessé de se démocratiser depuis le Front Populaire. Philippe Muray peut bien railler la dégradation de la « vraie culture » en « Carnavalgrad », son projet de « déconstruction de la modernité démocratique »[1] qui assimile le mouvement de démocratisation à une marche vers le néant n'est pas sans rappeler le discours contre la démocratie qu'en juin 1939, déjà, les maurassiens donnaient à entendre.

On peut cependant noter que même chez ceux qu'on ne saurait qualifier de réactionnaires, la démocratie est soumise à un examen critique. Après avoir triomphé dans les années 90, la démocratie commence à révéler de plus en plus un caractère potentiellement totalitaire. C'est ce que suggère *Globalia* de Jean-Christophe Rufin (2003). Dans cette fable sur la mondialisation, Globalia, « la démocratie idéale»[2] qui regroupe principalement les pays de l'hémisphère nord, apparaît comme une zone protégée par un immense dôme de verre. Pour cette raison, elle fait songer à Biosphère 2, cette colonie située dans le désert de l'Arizona où quelques hommes et quelques femmes vivent dans un milieu parfaitement aseptisé. Avec sa cloche de verre, Biosphère 2 constitue pour Baudrillard le « premier jardin zoologique de l'espèce, où elle vient se contempler en train de survivre, comme on allait voir jadis les singes en train de copuler »[3]. La création de Globalia obéit cependant à des motivations de nature plus nettement politiques. « Fonder une démocratie que l'Histoire épargnerait »[4] : tel est le désir fou, utopique, qui a présidé à la fondation de Globalia. Parce que « la plus grande menace sur la liberté, c'est la liberté elle-même »[5], il apparaît nécessaire, bien sûr, de garantir la sécurité de Globalia. Dans ce qui ressemble fort à un Panopticon, la célèbre

---

[1] *Ibid.*, p. 73.
[2] Jean-Christophe Rufin, *Globalia*, Gallimard, coll. « Folio », 2003, p. 66.
[3] *L'Illusion de la fin*, op. cit., p, 124.
[4] *Ibid.*, p. 465.
[5] *Ibid.*, p. 67.

prison inventée par Jeremy Bentham, chaque citoyen — chaque prisonnier, devrait-on dire —, convaincu d'être à tout moment observé, est un peu son propre geôlier. La vie est donc entièrement soumise à la transparence du regard policier, tandis que la pauvreté règne à l'extérieur, dans les « non-zones » où vivent des peuplades primitives, métaphore des pays sous-développés. Dans ce contexte, les opposants à Globalia s'assignent une tâche qui s'avèrera impossible : « rendre l'Histoire aux hommes »[1].

Ce roman met donc en question la prétendue fragilité des régimes démocratiques. Il fait ainsi écho à la thèse du même Jean-Christophe Rufin au sujet de la toute-puissance des démocraties, telle qu'elle apparaît dans *La Dictature libérale* (1994), selon laquelle la civilisation libérale — la nôtre — se nourrit de ce qui s'oppose à elle et tire son énergie de ce qui la menace. Marx avait en son temps annoncé qu'un spectre allait hanter l'Europe, le spectre du communisme. Et en effet, pendant plus de la moitié du XXe siècle les adversaires des bolcheviks ont vécu dans la hantise de cette Apocalypse. Après l'effondrement du communisme, qui a longtemps incarné le seul ennemi mortel de la démocratie, il a fallu s'inventer de nouveaux ennemis. « Depuis vingt ans, de nouvelles prédictions sont apparues : l'Apocalypse écologique, produit redoutable de la croissance économique et des audaces technologiques ; l'Apocalypse de l'invasion par les masses misérables des pays du tiers monde ; l'Apocalypse sociétale des nations postindustrielles minées par la crise économique et l'exclusion »[2], écrivait Jean-Christophe Rufin en 1994 — à quoi bien sûr est venue s'ajouter une autre menace, et non des moindres, l'Apocalypse terroriste. Considérés sous ce rapport, les manipulations génétiques, le clonage et la perspective d'une possible disparition de l'espèce tiendraient, ensemble, le rôle d'instruments de l'Apocalypse.

Dans le domaine du roman contemporain, l'Apocalypse peut revêtir des aspects forts différents. A l'Apocalypse de type écologique ou militaire (le « Grand Assèchement » de *La Possibilité d'une île,* consécutif à un conflit nucléaire), scientifique (le clo-

---

[1] *Ibid.*, p. 467.

[2] Jean-Christophe Rufin, *La Dictature libérale*, J.-C. Lattès, 1994, p. 17.

nage des *Particules élémentaires*) ou accidentel (une catastrophe aérienne dans *Le Jour de la fin du monde une femme me cache* de Patrick Grainville) s'ajoutent bien sûr d'autres menaces apparues plus récemment, notamment la menace terroriste ou le spectre d'une guerre de religion opposant la Chrétienté à l'Islam. Le 11 septembre, de ce point de vue, a inspiré de nombreux romans. A telle enseigne qu'en ce début de troisième millénaire un vent de terreur souffle sur les Lettres. Luc Lang *(11 septembre mon amour*), Marc-Edouard Nabe (*Une Lueur d'Espoir*), Frédéric Beigbeder (*Windows on the World*) ou Maurice G. Dantec (*Artefact*) ont les uns après les autres revisité les décombres du World Trade Center.

Dans *Windows on the World* (2003) Frédéric Beigbeder nous conduit dans le restaurant situé au sommet d'une des tours jumelles, qui a donné son titre au roman. De l'aveu même de l'auteur, celui-ci aurait du reste aussi bien pu s'intituler « END OF THE WORLD » si l'on veut bien se souvenir qu'en anglais, « end ne signifie pas seulement la fin mais aussi l'extrémité »[1]. Ce roman affectionne en effet les extrémités, et tout particulièrement les endroits élevés puisque le narrateur qui entreprend de raconter la tragédie du 11 septembre choisit, pour écrire son récit, de s'établir dans le restaurant du sommet de la tour Montparnasse.

Lorsqu'il interrompt momentanément la rédaction de son ouvrage pour effectuer le voyage entre la France et les Etats-Unis, l'écrivain de *Windows on the World* prend soin de choisir le Concorde. Capable de décoller à 10 heures du matin de Paris pour atterrir à New York 8 heures, soit deux heures plus tôt en vertu du décalage horaire, cet avion ressemble à ses yeux à la machine imaginée par H.G. Wells pour remonter le temps. Et il faut bien reconnaître que remonter le temps de la sorte est un peu ce à quoi s'emploie Frédéric Beigbeder puisqu'une partie de ce roman consacré au 11 septembre porte sur les années 70 et la fin de l'optimisme des Trente Glorieuses. A cet égard, Frédéric Beigbeder émet sur Mai 68 un jugement proche de celui de Michel Houellebecq. « Les enfants de 1968 sont des hommes sans mo-

---

[1] Frédéric Beigbeder, *Windows on the World*, Gallimard, coll. « Folio », 2005, p. 22.

dèle » ; « Il n'y a pas de solution au malheur de ma génération » ; « Je suis le produit de cette disparition du père. Je suis un dommage collatéral »[1]. Autre phénomène de rétroversion de l'Histoire : jusque-là seule superpuissance, le 11 septembre 2001 les Etats-Unis découvrent le doute ; avec les attentats de New York, « l'Amérique est entrée dans l'ère de Descartes »[2].

Windows on the World nous fait ainsi revivre pendant plus de trois cent pages les dernières minutes des employés des deux tours jumelles, pris au piège : « dans un instant, ils seront tous cavaliers de l'Apocalypse, tous unis dans la Fin du Monde »[3]. Marc-Edouard Nabe se livre lui aussi à une lecture johannique du 11 septembre, mais dirige son regard dans une direction opposée. Dans *Une Lueur d'espoir*, livre écrit pour ainsi dire sur le motif, dans les jours qui ont suivi la catastrophe, ce sont les pirates de l'air qui se confondent avec les « chevaliers du ciel de l'Apocalypse »[4], tandis que Ben Laden, décrit comme « le muezzin de l'Apocalypse »[5], pourrait presque passer pour « le Messie du millénaire »[6] : « Fini le Grand Soir, depuis le Grand Matin ! »[7]. Et, là encore, l'Apocalypse rejoint les origines de la façon la plus éloquente. Pour suggérer à quel point les attentats ont mis un coup d'arrêt au consensus sur le nouvel Ordre mondial et nous ont fait effectuer un bond en arrière, Marc-Edouard Nabe, on l'a dit, décrit ce qu'il reste des célèbres tours jumelles, ces poutres d'acier dressées au milieu des ruines, comme les thorax défoncés de squelettes de dinosaures. Et c'est la même métaphore, décidément obsédante, qui reviendra sous la plume de Frédéric Beigbeder, dans *Windows on the World*. S'attardant sur les derniers instants, avant que les tours ne s'effondrent, Beigbeder donne à entendre les bruits de l'acier en train de se déformer sous l'effet de la chaleur,

---

[1] *Ibid.*, p. 220.
[2] *Ibid.*, p. 327.
[3] *Ibid.*, p. 94.
[4] Jean-Edouard Nabe, *Une Lueur d'espoir*, Éditions du Rocher, 2001, p. 20.
[5] *Ibid.*, p. 150.
[6] *Ibid.*, p. 53.
[7] *Ibid.*, p. 74.

l'immeuble « grondant comme un dinosaure blessé, comme King Kong à la fin du film »[1].

Mais ce qui compte avant tout pour nous est la coloration volontiers politique que revêt la mise en scène de l'Apocalypse. Qu'il s'agisse d'exprimer sa solidarité avec les victimes des attentats (Beigbeder) ou de caricaturer Georges W. Bush en confrère de Ben Laden (Nabe), chacun de ces romans est lesté d'un commentaire politique. A cela, rien de vraiment étonnant. Ce qui est plus remarquable en revanche est que même lorsqu'ils prétendent rendre compte d'un phénomène aux répercussions universelles et qui intéresse l'espèce humaine dans sa totalité (tel que le clonage), les romans de la fin touchent à des questions plus spécifiquement françaises. Laïcisée, l'Apocalypse alors devient le prétexte à un commentaire sur la société contemporaine française, comme on l'a vu à propos de Mai 68 dans *Les Particules élémentaires* ou *Windows on the World.* C'est ce qu'on pourrait appeler l'Apocalypse hexagonale.

Prompts à endosser la panoplie de médecins légistes, nos « professeurs de désespoir » — selon l'expression de Nancy Huston — n'hésitent pas à diagnostiquer la nation française en état de décomposition, voire à la déclarer morte. Ainsi de Pascal Bruckner dans *La mélancolie démocratique (1991)* : « La nation n'existe plus ; l'Europe politique n'existe pas encore ; nous sommes dans le malaise de cet entre-deux. Puisque être français n'a plus de sens que culturellement et être européen qu'un sens marchand, nous vivons bien l'atrophie du sentiment d'appartenance à une collectivité »[2].

Que le sentiment d'appartenance à une communauté soit atrophié, nul ne saurait le contester. Le phénomène est d'autant plus palpable que nos écrivains n'hésitent pas à nous mettre sous les yeux l'image d'une France en déshérence, voire en deuil d'elle-même. Deux (premiers) romans « apocalyptiques » méritent à cet égard d'être mentionnés pour la place qu'y occupe la France. Publiés à dix ans d'intervalle, *Truismes* de Darrieussecq et *Supplé-*

[1] *Windows on the World*, p. 325.

[2] Pascal Bruckner, *La Mélancolie démocratique*, Seuil, coll. « Points Actuels », 1002, p. 155.

ment au roman national de Jean-Éric Boulin brossent le portrait d'une France en proie à ses démons.

Immense succès de librairie dans l'hexagone en 1996, année de sa parution, *Truismes* offre un panorama de la France à l'orée du XXIe siècle, sous la forme d'une savoureuse fable pleine d'humour qui, sur fond de métamorphose d'une femme en truie, conjugue satire sociale et politique-fiction. Darrieussecq met sous nos yeux un pays victime non plus seulement du sectarisme d'un parti xénophobe dont on a vu les succès qu'il pouvait remporter dans les années 80, lors des élections locales, mais cette fois-ci livré à l'intolérance et aux caprices d'un gouvernement fasciste, dirigé par un certain « Edgar ». Comme si les français, ayant perdu la tête, avaient élu Jean-Marie Le Pen à la présidence...

Passé le réveillon de la Saint-Sylvestre de l'An 2000, rien n'a changé, même si les francs ont été remplacés par les euros. Employée dans une parfumerie qui tient lieu de maison de passe, l'héroïne évolue dans un monde où l'aérobic tient lieu de religion. L'idéologie dominante chante les vertus d'un corps « sain » ; rimmel, mascara, épilation sont les mots d'ordre du magazine *Ma beauté ma santé*. On ne sera pas surpris de constater que les contemporains de la truie font une consommation effrénée de Tamestat et d'Excidrill. Certes, notre héroïne croise sur son chemin des individus plus radicaux, champions des valeurs morales. A l'hôpital où elle se rend pour se faire avorter, elle est amenée à côtoyer un commando anti-I.V.G. : « Il y avait un type enchaîné aux étriers de la table d'opération, il psalmodiait quelque chose, mais ce crétin s'était enchaîné trop bas et il ne gênait pas vraiment. Il a été obligé d'assister à tout, et quand la police est arrivée pour couper ses chaînes — vu qu'il avait avalé la clé — il était tout couvert de mon sang »[1]. Dans l'esprit comme dans le ton, cette sorte de satire sociale s'apparente à celle des *Lettres persanes* : on croirait plus d'une fois déceler la voix faussement ingénue d'un personnage de Montesquieu, dissertant devant nous de l'influence des idées religieuses sur la population.

---

[1] Marie Darrieussecq, *Truismes*, Gallimard, collection « Folio », 2001, p. 30. Une première version de l'analyse du roman de Darrieussecq a paru en anglais dans le n° 90/4 de la *Romanic Review* (novembre 1999), © Trustees of Columbia University in the City of New York.

Avec l'arrivée au pouvoir d'Edgar, le retour à l'ordre tant attendu par certains va effectivement avoir lieu, le pouvoir révélant en même temps son vrai visage, celui de la tyrannie. Si Edgar fait remplacer l'Arc de Triomphe par une cathédrale, la religion nouvelle dont le marabout est le représentant n'est qu'un prétexte, une façade ou une nouvelle drogue : « c'est le Tamestat du peuple »[1]. Le donneur de leçons s'avère vite n'être qu'un organisateur de partouzes, lors de soirées très privées à Aqualand.

La première mesure d'Edgar, dès son arrivée au pouvoir, est de se débarrasser des travailleurs étrangers : « les gendarmes sont venus à l'hôtel et ils ont embarqué l'homme de ménage. Je ne l'ai plus revu, sauf une fois à la télé, on le faisait monter dans un avion avec d'autres gens devant des mitraillettes et il pleurait »[2]. Le gouvernement décide de fermer toutes les parfumeries pour le respect des bonnes mœurs : « ils m'ont dit que les seuls métiers accessibles aux femmes désormais c'était assistante privée ou *accompagnatrice de travels* »[3]. La campagne sanitaire s'étend ensuite aux « clochards », ramassés par le SAMU-SDF, lequel est à son tour interdit. On se débarrasse des psychiatres, tandis que l'asile est nettoyé à grands coups de napalm. Commence alors la période des « Grands Procès »[4].

Truismes s'éclaire d'une lumière nouvelle à la lecture d'un texte bref publié par Marie Darrieussecq dans *Le Monde* du 28 mars 1998. « Une Grande Fête française » nous fait assister à la mobilisation des enfants, sous l'œil attentif des miliciens, aux environs de 2047. Les petits écoliers du groupe scolaire Jean-Marie Le Pen défilent en tête devant le président, juché sur une haute estrade barrée de flammes bleu blanc rouge : « On allait pendre les avortées, éventrer les avorteuses, égorger les professeurs traîtres, brûler vifs les journalistes vendus, empaler les bougnouls, électrocuter les avortons métèques dans le ventre des salopes, écarteler les pédés et faire rendre gorge aux derniers mauvais Français ». Le maître d'œuvre de cette « Grande Fête » à la Goya n'est autre que le leader du Front National lui-même. Et tandis qu'un débat op-

[1] *Ibid.*, p. 110.
[2] *Ibid.*, pp. 90-91.
[3] *Ibid.*, p. 93.
[4] *Ibid.*, p. 124.

pose un groupe de députés et une « ligue de vertu » sur la distance à mettre entre les yeux des enfants et les supplices, Mi-Oreille a une pensée pour sa grand-mère, une opposante au régime qui, malgré l'interdiction, lui lisait le magazine *Ecnarf* — « France » à l'envers — : non, décidément, la perspective de rejoindre les Jeunesses Frontistes cet été pour ses dix ans ne l'enchante guère... Parent de notre truie, le héros de cette petite fable porte dans son nom même l'indice d'une résistance : Mi-Oreille est né en prison en 2038 et sa mère « l'avait marqué d'un coup de dent pour le rendre inadoptable ». C'est le scénario apocalyptique décrit dans *Le Monde* — quoique énoncé en termes un peu moins crus — que Marie Darrieussecq a en tête lorsqu'elle écrit *Truismes*. Il ne faut donc pas accorder trop de crédit à l'héroïne de *Truismes* lorsqu'elle prétend n'avoir jamais eu d'opinions bien précises en politique. Le regard faussement candide que la narratrice pose sur la France renoue avec la tradition des moralistes du dix-huitième siècle. Fable morale édifiante, *Truismes* fonctionne comme une arme de guerre contre le fascisme, l'intolérance, la xénophobie.

Témoin d'un raout à Aqualand, après l'heure de fermeture, la truie n'en croit pas ses yeux lorsqu'elle assiste au spectacle que se donnent Edgar et ses fidèles, en pleine campagne électorale, entourés de gendarmes, de messieurs « très bien » et de « négresses en string ». Malheureusement pour elle, un garde du corps met la main sur notre héroïne avant qu'elle n'ait le temps de déguerpir. On ne sait trop que faire d'elle, jusqu'à ce qu'un des acolytes d'Edgar affirme avoir trouvé « la perle » :

> Ils m'ont pincée de partout, ils m'ont regardé le blanc de l'œil et des dents, ils m'ont fait tourner sur moi-même, sourire, et ils ont renvoyé les autres filles. Je me voyais déjà faire une grande carrière dans le cinéma, eh bien je n'étais pas très loin de la vérité. Figurez-vous que deux minutes plus tard il y avait un photographe avec un Polaroïd qui se déchaînait sur moi [...]. Toute la nuit il a fallu que je pose pour ses photos, et vas-y que je te change la lumière, et vas-y que je te repoudre le museau [1].

[1] *Ibid.*, pp. 66-67.

Quelques jours plus tard, traînant sa mélancolie dans la banlieue, l'héroïne de *Truismes* reconnaîtra sa photo sur une affiche électorale, avec le slogan : « Pour un monde plus sain »[1]. Sans le savoir et malgré elle, la voici devenue à son insu la « figure de proue »[2] du parti, son emblème. Elle en aura la confirmation en se reconnaissant à la télévision, le soir du vote, Edgar posant devant l'affiche, l'air réjoui.

On connaissait Marianne en combattante, cuirassée ou le sein nu, coiffée du bonnet phrygien ou d'une couronne de lauriers, Marianne en mégère embourgeoisée ou brandissant le drapeau rouge, et même, plus près de nous, Marianne dépolitisée, en vedette du folklore national — sous les traits de Brigitte Bardot, Mireille Mathieu, Catherine Deneuve ou Laetitia Casta — ; voici désormais Marianne en truie.

Si la pratique de la représentation de la République sous les traits d'une femme est attestée dès 1792, le prénom est plus récent. Non de code des sociétés secrètes sous le Second Empire, ennemies du parti de l'Ordre, et qui visaient au rétablissement de la République après le coup d'État du 2 décembre 1851, Marianne n'est entrée dans la mythologie républicaine que sous la troisième République. Encore faut-il préciser que le gouvernement d'Adolphe Thiers, soucieux de se démarquer de la Commune de Paris, avait banni des timbres et cachets officiels des mairies non seulement l'aigle impérial mais aussi le bonnet phrygien, jugé trop révolutionnaire. Avec ou sans bonnet rouge, Marianne a vite connu un destin ambigu, tour à tour porte-drapeau des républicains et copieusement moquée par les antirépublicains[3]. Si Péguy, au lendemain de la victoire dans l'affaire Dreyfus, célèbre dans son journal l'inauguration de la « Victoire de la République » de Dalou, érigée place de la Nation, les partis nationalistes n'ont pas manqué de sauter sur l'occasion pour caricaturer Marianne et la transformer en « youpine », lui préférant en fin de compte un autre symbole dont ils allaient s'accaparer la mémoire : Jeanne d'Arc.

[1] *Ibid.*, p. 86.
[2] *Ibid.*, p. 90.
[3] Sur Marianne comme support du récit politique, voir *Marianne. Les Visages de la République*, M. Agulhon et P. Bonte, Gallimard, collection « Découvertes », 1992.

« De tous les groupes politiques constitués, l'action Française a été l'héritière la plus dynamique du nationalisme antidreyfusard entre les deux guerres. Jeanne d'Arc était sa chose — l'anti-Marianne par excellence »[1]. Plus près de nous, la Sainte a connu un autre regain d'intérêt ou une autre légitimation parmi les milieux nationalistes : « Les progrès du [Front National] dans l'opinion depuis 1984 redonnent au rite annuel son caractère agressif et ménagent l'occasion de la nouvelle rhétorique nationale-populiste. Cette fois, Jeanne d'Arc est appelée à sauver la France des nouveaux "envahisseurs" c'est-à-dire les immigrés »[2]. C'est dire si l'on est loin de la « ravissante image de la patrie » évoquée naguère par Michelet ou de la « figure de pitié » célébrée par Malraux.

Privilégiant l'autre emblème de la mythologie républicaine, Marianne, Darrieussecq met en scène un personnage qui, sans en avoir l'air, se livre à une satire politique. Critique d'autant plus efficace qu'elle se présente sous la forme d'une fable pleine de fantaisie et d'humour, remarquable surtout pour son pouvoir de suggestion. D'abord simple témoin, la truie est à son tour impliquée et inquiétée. On lui vole son image pour faire d'elle « l'égérie d'Edgar »[3], et la voici qui rejoint la famille des Mariannes enlaidies. Une Marianne d'autant plus laide qu'elle est sortie des urnes. La critique est double : dans le même temps qu'elle fait tomber le masque du Front National pour exhiber son vrai visage, obligeant ses lecteurs à contempler l'image d'une France défigurée, Darrieussecq s'en prend aux représentants politiques. En faisant d'une truie l'égérie d'Edgar, le président élu, elle suggère leur faiblesse et leur part de responsabilité dans la montée du Front National depuis les années 80. De gauche comme de droite, les politiques français se sont trop souvent montrés incapables d'endiguer la montée du parti de Jean-Marie Le Pen. A telle enseigne qu'au tournant du millénaire le Front National devint un parti politique majeur, comme l'atteste la présence de son leader au second tour des élections présidentielles de 2002.

---

[1] Michel Winock, « Jeanne d'Arc » in *Lieux de mémoire* III, sous la direction de Pierre Nora, Gallimard « Quarto », 1997, p. 4462.

[2] *Ibid.*, p. 4466,

[3] *Truismes*, p. 102.

Pour apprécier tout l'écart qui sépare la France de 1996 et celle de 2006, il suffit de comparer *Truismes* et *Supplément au roman national*. On mesure, au ton infiniment plus tendu du roman de Jean-Éric Boulin, le chemin qui aura été parcouru entre-temps, à reculons. Législation sur l'interdiction des signes religieux ostentatoires à l'école, « infarctus politique » du Non au référendum sur l'Europe et flambée des banlieues ont enfoncé un peu plus la France dans le marasme. *Supplément au roman national* s'articule autour de trois portraits : celui de Kamel Barek, jeune paumé issu de l'immigration et « moudjahidin de derrière la France officielle »[1] qui se fourvoie sur le chemin du crime ; celui de François Hollande en énarque arriviste déconnecté de la réalité sociale du pays, symbole paterne d'une France immuable, celle des pots de géraniums au balcon des mairies, qui feint de croire à son caractère éternel alors que « le projet républicain est un désert »[2] ; et enfin celui de Yann Guillois, un homme sans qualité, simple RMIste animé de la volonté de jouissance, conçue en Occident comme un droit-créance.

Fondé sur l'idée particulièrement provocatrice selon laquelle « la guerre d'Algérie ne s'est pas arrêtée en 1962 »[3], le roman se concentre, pour l'essentiel, sur la question raciale. L'entrée d'Azouz Begag au gouvernement s'est produite trop tard et ne peut à elle seule empêcher la France de s'acheminer vers un « apartheid républicain »[4]. Soucieux de ne pas ignorer ce qui brûle, Jean-Éric Boulin estime qu'en descendant dans la rue, « la jeunesse saisit la France par les cheveux et lui fait regarder son fascisme dans les yeux »[5]. On retrouve dans *Supplément au roman national* le topos, déjà présent chez Romain Gary, de la rue comme lieu où l'hostilité raciale s'exprime sur un plan sexuel : « Dans la rue Saint-Denis, les races feulent l'une sur l'autre (c'est à laquelle baise le plus les autres) »[6]. La mixité existe bien, mais sous une forme différente de celle envisagée par le discours politi-

[1] Jean-Éric Boulin, *Supplément au roman national*, Stock, 2006, p. 105.
[2] *Ibid.*, p. 34.
[3] *Ibid.*, p. 37.
[4] *Ibid.*, p. 43.
[5] *Ibid.*, p. 18.
[6] *Ibid.*, p. 82.

que sur la nécessité d'une union nationale : « l'acte sexuel est le dernier recours d'une politique d'intégration qui a failli »[1]. La population beure, « françarabe » dans la terminologie de Boulin, est pleine de ressentiment et nourrit des désirs de guerre, notamment parmi les jeunes, parfois tentés par un Islam présenté comme le « cheval de Troie au cœur des cités françaises »[2]. La culture nationale n'étant pas assez forte pour entretenir la communauté de destin, c'est un pays vidé de ses idéaux que décrit Boulin, une société « en manque de mythes honorables »[3]. L'auteur de ce tombeau de la France qu'est *Supplément au roman national* ne s'attarde pas seulement sur la crise d'identité. Il va jusqu'à envisager un scénario apocalyptique lorsque, brandissant la menace d'une invasion de l'intérieur, il décrit la capitale envahie par des « Françarabes » révoltés : « Rien ne les empêchera de fondre sur Paris par le pont Alexandre III et d'encercler les Invalides. Rien. Le Quai d'Orsay sera pris sans offrir de résistance. Ils prendront les symboles. Le métro Charonne. Cognac-Jay. Le café Drouant. La place Beauvau. Les boutiques Christian Dior et les monuments aux morts. Des siècles d'accumulation française tomberont aux mains de la racaille. Et partout des drapeaux verts seront hissés »[4].

Le récit prospectif s'achève sur une vague d'attentats apocalyptiques au printemps 2007, qui touchent notamment plusieurs stations de métro, la gare Montparnasse, les Halles, et sur une répression policière sévère opposant donc des Français à d'autres Français. Pourtant, cette guerre civile est présentée *in extremis* comme une guerre sociale et non raciale. Dans la toute dernière page du roman en effet, le narrateur souligne que Kamel Barek s'est fourvoyé, et son commentaire jette un nouvel éclairage sur tout ce qui précède : « les jeunes émeutiers ne réclament pas le grand califat. Ils sont le peuple français. L'islamiste et la racaille ne sont pas les figures françaises de l'Arabe. L'Islam est une fausse piste » [5].

Après la tentation fasciste mise en scène par Darrieussecq, le livre de Jean-Éric Boulin s'attaque donc à un autre tabou de la so-

---

[1] *Ibid.*, p. 122.
[2] *Ibid.*, p. 34.
[3] *Ibid.*, p. 112.
[4] *Ibid.*, p. 46.
[5] *Ibid.*, p. 147.

ciété française qu'il désigne comme « la passion franco-algérienne »[1]. *Truismes* et *Supplément au roman national* illustrent un phénomène caractéristique d'une partie de la littérature contemporaine, observable dans nombre de romans, que Dominique Viart désigne comme la « comparution du politique — au sens large — sur la scène de la fiction »[2]. Ces deux romans apocalyptiques, on l'a vu, sont en effet fortement ancrés dans la réalité politique et sociale du pays. Dans l'un et l'autre cas, l'Apocalypse n'est que le moyen inventé pour explorer des problèmes de société qui concernent l'hexagone et le désenchantement contemporain. *Truismes* et *Supplément au roman national* incorporent le discours dominant, et lui répondent en dénonçant la dérive fascisante de la France pour le premier, la faillite de la politique d'intégration pour le second. Comme dans l'Apocalypse, un nouvel ordre ou un nouveau règne est postulé par chacune des fables de nos deux moralistes, mais donné comme infiniment lointain, voire improbable. Car le pays traîne le poids de ses péchés (Vichy, la colonisation) et n'a pas fini d'être hanté par ses vieux démons, tant s'en faut. Les deux romans entretiennent donc la mémoire du passé peu glorieux de la France et s'inscrivent en faux, chacun à sa manière, contre l'idée selon laquelle la littérature contemporaine serait imperméable aux grandes questions politiques qui travaillent la société française.

Homo festivus

Au lendemain de la chute du mur de Berlin, on avait pu croire à la fin de l'Histoire. Cette illusion, qui a eu cours pendant quelques années, s'abritait largement derrière ce qu'on a appelé le « nouvel Ordre mondial ». Le politologue américain Francis Fukuyama est l'un des principaux tenants de cette thèse. Dans *La Fin de l'Histoire* (1992), Fukuyama estime que la démocratie libérale marque le point final de l'évolution idéologique de l'humanité. La fin de l'Histoire se serait donc matérialisée avec la victoire de la

---

[1] *Ibid.*, p. 29.

[2] Dominique Viart, « Écrire avec le soupçon », op. cit, p. 156.

démocratie, alliée à l'économie de marché. Les attentats du 11 septembre suffiraient à infliger un démenti à cette théorie. Mais d'autres arguments en soulignent également la fragilité. Conscient des avancées monumentales des sciences de la vie, Fukuyama sera d'ailleurs amené à admettre dix ans plus tard dans *La Fin de l'homme et les conséquences de la révolution biotechnique* (2002), sans toutefois remettre en question sa théorie, qu'il ne saurait y avoir de fin de l'Histoire sans une fin de la science. Le topos de la fin de l'Histoire a ainsi largement dominé la dernière décennie du XXe siècle et alimenté le débat philosophique, au point que Derrida s'est senti requis de répondre à Fukuyama dans *Spectres de Marx*.

Pour l'auteur de *La Fin de l'Histoire*, l'Histoire universelle va donc dans le sens de la démocratie libérale. Ce type de régime, qui s'est retrouvé sans ennemi après l'effondrement du communisme, est sorti de « son berceau originel » (Europe occidentale et Amérique du nord)[1] pour s'exporter. Fukuyama est conscient de ce que le concept de fin de l'Histoire doit au christianisme. La première Histoire universelle est en effet chrétienne, le christianisme ayant introduit le concept d'une Histoire finie dans le temps, s'achevant avec le Jugement dernier. La temporalité graduelle et cumulative du Progrès se trouve ainsi à la fois légitimée et renforcée par le temps chrétien orienté, lui, vers le Salut, et qui nous conduit en droite ligne de la Création à la Parousie. Fondamentalement chrétienne, la doctrine de la fin de l'Histoire est également nourrie du discours philosophique. De Kant (*Projet de paix perpétuelle)* à Marx (avènement d'une société sans classes), en passant par Hegel, la conception linéaire de l'Histoire a longtemps prévalu au point qu'il nous est difficile de nous affranchir de cette représentation. Outre la croyance au « caractère fondamentalement non-belliqueux des sociétés libérales »[2] (qui oublie au passage la colonisation), la principale faiblesse de l'argumentation de Fukuyama vient de ce qu'elle ne tient pas compte des soubresauts de l'Histoire. Ainsi, en Cassandre du Bien, Fukuyama s'accommode de l'épisode du nazisme par une métaphore qu'on trouvera bien

[1] Francis Fukuyama, *La Fin de l'histoire et le dernier homme* [trad. D.-A. Canal], Flammarion, coll. « Champs », 1993, p. 76.

[2] *Ibid.*, pp. 298-299.

légère sinon inacceptable : dans la longue marche de l'humanité et dans une Histoire censée être orientée vers le progrès, le nazisme n'aurait été qu'un accident de parcours, au même titre que « la disparition des dinosaures »[1]. S'appuyant sur Hegel, Fukuyama estime que, depuis les origines, l'Histoire n'aura été qu'une longue lutte pour la reconnaissance et une abolition de la relation maître/esclave. Et cette lutte aurait trouvé sa résolution depuis qu'« il ne reste plus aucun rival idéologique sérieux à la démocratie libérale »[2]. Le monde dans lequel nous vivons serait ainsi divisé entre « une partie post-historique et une partie toujours engagée dans l'Histoire » (conflits religieux, nationaux, idéologiques)[3]. Inutile de souligner le caractère ethnocentrique de cette théorie qui ne résiste pas à l'épreuve des faits et renonce joyeusement à la croyance dans le relativisme culturel puisque dans le schéma décrit toutes les sociétés sont en marche vers la même destination.

L'année même où paraissait la traduction française de *La Fin de l'Histoire*, Jean Baudrillard répondait à sa manière à Fukuyama en publiant *L'Illusion de la fin*. A tous ceux qui entretiennent le « fantasme linéaire de l'Histoire »[4] et seraient tentés de hâter la fin de l'Histoire, Baudrillard oppose que la ligne droite du progrès et de la démocratie à laquelle nous avons pu croire est désormais obsolète. Cette conception linéaire de l'Histoire héritée des Lumières a été remplacée selon lui, on l'a vu, par un étrange phénomène de « réversion » de l'Histoire. « Il n'y a plus de fin, il n'y aura plus de fin »[5]. Mais en avoir terminé ainsi avec la linéarité se paye d'une conséquence considérable. Car si « l'Apocalypse n'a désormais pas plus de réalité que le Big Bang originel »[6], l'Histoire a dans le même temps perdu son sens, c'est-à-dire sa finalité autant que sa direction. Un tel diagnostic, révélateur de la sorte de malaise engendré par la fin des idéologies, est particulièrement caractéristique de l'époque postmoderne. « Le "post-moderne", écrit Jean-Luc Nancy, s'est défini par un rapport tendu, mêlé d'angoisse et

---

[1] *Ibid.*, p. 156.
[2] *Ibid.*, p. 245.
[3] *Ibid.*, p. 313.
[4] *L'Illusion de la fin*, éd. cit, p. 54.
[5] *Ibid.*, p. 162.
[6] *Ibid.*, p. 166.

de gaieté, à une imprésentation généralisée : l'imprésentation de tout ce qui pouvait faire sens, vérité ou fondement »[1].

C'est à cette période, peu avant le tournant du millénaire, que nous nous sommes mis, selon Baudrillard, à faire le procès de l'Histoire et à entreprendre de récrire l'Histoire, comme saisis de peur à l'idée de se présenter à l'An 2000 avec un bilan terrifiant. Durant ce « moratoire » auquel ont correspondu les années qui nous intéressent, que Baudrillard nomme « l'ère du repentir »[2], on s'emploie à tout revivre pour tout corriger. « On se repent des excès de la modernité »[3]. A cet égard la réunification de l'Allemagne exemplifie à merveille le phénomène de « réécriture à l'envers de tout le XXe siècle »[4]. Pour Baudrillard la récriture démocratique de l'Histoire est cependant un trompe-l'œil. On a beau s'empresser de rebaptiser les rues dans les villes de l'ancien bloc soviétique, ce travail de deuil et de blanchiment des atrocités et des crimes commis est cependant voué à l'échec.

Philippe Muray, lui, continue de croire à la fin de l'Histoire mais pour des raisons radicalement différentes de Fukuyama. Organisé à la façon d'un journal, son essai intitulé *Après l'Histoire* (1999) couvre une période d'un an et un mois, les chapitres étant datés de janvier 1998 à janvier 1999, si bien que le mois de janvier est le seul à apparaître deux fois. Le choix d'un tel dispositif de la part de Philippe Muray paraît particulièrement ironique pour un essai consacré à la fin. Dans la mythologie romaine, Janus est en effet le dieu des commencements : depuis la réforme du calendrier attribuée à Numa, qui remplace l'ancienne mesure du temps fondée sur les retours saisonniers par une division en mois et une mesure « astronomique » du temps, le mois qui lui est consacré est le premier de l'année, *Januarius* signifiant « janvier ».

Cet essai revêt presque une forme narrative. Philippe Muray y brosse le portrait sans complaisance de l'homme contemporain, « *homo festivus* ». Cet individu sans histoire, sorte d'« hypostase

---

[1] Jean-Luc Nancy et Jean-Christophe Bailly, *La Comparution*, Christian Bourgois, coll. « Détroits », 1991, p. 49.
[2] *Ibid.*, p. 41.
[3] *Ibid.*, p. 57.
[4] *Ibid.*, p. 54.

de Dionysos »[1], vit dans un monde où la préoccupation principale est l'organisation du loisir et la quête du plaisir. *Homo festivus* est non seulement cloné, reproduit à l'identique à des millions d'exemplaires ; il est aussi « clownesque »[2]. Muray s'en prend à la « Lunaparkisation de l'ère post-historique » qui caractérise nos sociétés festives. « L'idéologie d'aujourd'hui consiste [...] à faire croire à l'Histoire au sein d'une société qui en est concrètement sortie [...]. L'idéologie hyperfestive se livre à un perpétuel travail de dissimulation. Elle cherche à rendre illisible sa propre anhistoricité. Elle "planque la fin". C'est son souci majeur »[3]. C'en est fini de l'Histoire. « L'Histoire n'existe plus, sinon comme prétexte à commémoration ou à jugement »[4]. *Homo festivus* vit donc dans une société du loisir, du tout culturel et du divertissement, où le premier venu se proclame artiste par désœuvrement, une société d'où le politique a disparu, relégué au rang de religion morte.

Le tout-culturel attire tout particulièrement les foudres de nos « mécontemporains ». Ceux-ci ne supportent pas que tout, sans distinction, soit également qualifié de « culturel ». A cet égard il est significatif que deux des personnages les plus exemplaires de la sorte de déchéance morale que le roman contemporain entend illustrer, soient issus de l'administration de la Culture. C'est le cas de l'adepte du tourisme sexuel prénommé Michel, dans *Plateforme* de Houellebecq (2001). Dans cet « Evangile de la luxure »[5] qu'est *L'Amour du prochain* de Pascal Bruckner (2004), le personnage de Sébastien, qui va s'adonner à la prostitution et devenir gigolo, nous est lui aussi présenté au début du roman comme un fonctionnaire travaillant dans la section Coopération Culturelle du ministère des Affaires étrangères et, à ce titre, chargé de la politique culturelle et artistique de la France à l'étranger. C'est dire à quel point la dégradation de la « culture », incarnée par ces deux

[1] *Le Roman français contemporain*, op. cit., p. 47.
[2] *Après l'Histoire*, éd. citée, p. 210.
[3] *Ibid.*, p. 41.
[4] *Ibid.*, p. 42.
[5] Pascal Bruckner, *L'Amour du prochain*, Grasset, 2004, p. 233.

personnages, constitue l'un des motifs privilégié de nos nouveaux moralistes.

A titre d'exemple de cette inflation de festivals de toutes sortes qui ont tendance à se multiplier de nos jours, Philippe Muray évoque la « fête de la Seine » organisée à Paris à grand renfort de publicité. Selon les organisateurs, il s'agit de « réconcilier les parisiens avec leur fleuve ». Philippe Muray voit dans ce rituel aux résonances magico-religieuses une sorte de « résurrection de cérémonial néolithique »[1]. On assisterait, lors de ces fêtes, à la « réanimalisation progressive de la société, inséparable de l'hypothèse de la fin de l'Histoire »[2]. Loin d'être vécue de manière négative, cette régression serait au contraire pleinement consentie. *Homo festivus* « se sépare gaiement de l'humanité même » [3].

La société « festivomaniaque » est en outre douée de l'aptitude à surmonter et résoudre les conflits, à absorber toutes les contradictions, comme l'atteste un vocabulaire volontiers oxymorique, capable de réunir les contraires. « Suicide assisté » plutôt qu'« euthanasie » : le « politiquement correct » est « la police politique du régime festif »[4]. Cette sorte de parité linguistique qu'est en outre la féminisation de la grammaire correspondrait selon Muray à un effacement des différences et à une étape supplémentaire dans la longue marche de l'humanité vers le « neutre ». Pour Muray, la fin de l'Histoire est le résultat du « processus de désexualisation du monde »[5] entamé en 1968 avec l'émancipation des femmes. « Au royaume de l'onirisme festif, il n'y a plus d'oppositions. Il n'y a plus de sexes non plus. Et plus de conflits »[6]. On fabrique du consensus. Toute forme de négativité est aussitôt disqualifiée au profit de « mots d'ordre positifs, culturels et fraternels »[7]. Si l'approche de l'An 1000 avait été vécue dans la terreur, il en va tout autrement de notre changement de millénaire à nous. L'An 2000 aura été le prétexte à une gigantesque fête calendaire « parce

[1] *Après l'Histoire*, p. 168.
[2] *Ibid.*, p. 26.
[3] *Ibid.*, p. 162.
[4] *Ibid.*, p. 86.
[5] *Ibid.*, p. 221.
[6] *Ibid.*, p. 47.
[7] *Ibid.*, p. 176.

que la peur est derrière nous. Parce que la fin du monde est terminée, parce que l'Apocalypse est une affaire classée »[1].

L'ensemble du livre, on le voit, est ainsi largement placé sous le signe de la mélancolie. Philippe Muray y déplore la disparition du patriarcat et des valeurs morales qui lui étaient associées. L'auteur se montre également nostalgique d'une certaine idée de la France, dont il ne reste selon lui plus grand-chose. Dans les années 90, Muray apparaît comme un de ces intellectuels qu'on qualifie parfois de « nouveaux réactionnaires », pour lesquels, en cette fin de siècle, une réforme morale est nécessaire. En ce sens, son essai sonne comme un rappel à l'ordre.

Délibérément cynique, l'œuvre de Frédéric Beigbeder offre une illustration provocatrice à souhait du phénomène de décadence décrit dans *Après l'Histoire*. Si l'on excepte son roman consacré au 11 septembre, *Windows on the World*, l'univers romanesque de Beigbeder explore le monde festif de l'élite nocturne des pays occidentaux. Chez ce romancier qui se vante de raconter l'histoire de ceux qui n'ont pas de problèmes et se décrit lui-même comme « le Zola des riches »[2], le mot d'ordre des personnages apparaît dans l'avant-propos de *Vacances dans le coma* (1994) : « Les fêtes, encore les fêtes, toujours les fêtes ». Marc Marronnier, le personnage de Beigbeder, chroniqueur mondain qui hante les soirées parisiennes et pose volontiers comme le VIP de la littérature contemporaine, est l'*homo festivus* de la fin du XXe siècle. Pour lui, s'asseoir au bord d'une piste de danse est le meilleur moyen de comprendre la société, « les rapports de classe, les manèges de la séduction, les crises d'identité culturelle (ou sexuelle) et la thérapie de groupe »[3].

Dans *Mémoires d'un jeune homme dérangé* (1990), son premier roman, Beigbeder nous promène de Paris à Prague, en passant par Vienne et Venise. Ce tour de l'Europe se confond avec le tour des *night clubs* d'un jeune homme désœuvré, pour qui « la vie est un carnaval »[4]. On concédera que ce personnage est bien de

---

[1] *Ibid.*, p. 181.
[2] *Windows on the World*, éd. cit., p. 253.
[3] Frédéric Beigbeder, *Mémoires d'un jeune homme dérangé*, La Table Ronde, coll. La petite vermillon, 2001, p. 139.
[4] *Ibid.*, p. 65.

son temps : « Marc Marronnier aime la fête. Ce n'est pas vraiment sa faute : autour de lui, tout le monde ne pense qu'à s'amuser »[1]. Et ce n'est sans doute pas un hasard s'il nous conduit au pays de Robert Musil. Dans *Après l'Histoire*, Philippe Muray considère que si une œuvre littéraire, dans le passé, a pressenti le désastre à venir, c'est bien celle de Musil. Comme il le souligne, « *L'Homme sans qualités* se déploie sur fond de préparatifs de fête. Il s'agit d'organiser une vaste cérémonie en l'honneur de l'anniversaire de l'Empereur d'Autriche-Hongrie »[2]. Ironiquement, 1918 est l'année choisie pour le jubilé de celui qui se présente comme l'« Empereur de la paix »... En 1990, à la veille du tournant du millénaire, on s'emploie donc à entretenir ladite fête, sous la forme d'un bal masqué dont le thème (Valmont) invite à un retour en arrière de deux siècles. Une telle fête pourrait bien avoir pour but, comme le suggérait Muray, de masquer la fin de l'Histoire. « On nous parlait de la Fin de l'Histoire. [...] C'était le culte de la chute. Tout était bien qui finissait mal. Foutaises ! »[3]. L'intrigue amoureuse se déroule bien sur fond d'événements historiques puisque à Prague, c'est la révolution : « L'Histoire était en marche »[4]. Mais cette Histoire ne sert guère que de toile de fond aux aventures du personnage. Comme Frédéric Moreau dont l'éducation sentimentale implique une révolution alentour, notre Roméo mou saisit les événements de Prague de manière lointaine. « Nous avons eu la chance d'y vivre de grands moments de chaleur humaine. La démocratisation nous aura en quelque sorte servi de radiateur »[5]. Au reste, comme nous en avertit la première page, les événements politiques contemporains se réduisent dans le roman à quelques « grands changements [...] à droite sur la carte de la Grande Europe »[6].

Plus encore que *Mémoires d'un jeune homme dérangé*, *Vacances dans le coma* offre un tableau édifiant de la fin du siècle. L'action de ce roman se déroule en effet dans un *night club* qui se

---

[1] *Ibid.*, p. 19.
[2] *Après l'Histoire*, p. 175.
[3] *Mémoires d'un jeune homme dérangé*, p. 83.
[4] *Ibid.*, p. 128.
[5] *Ibid.*, p. 132.
[6] *Ibid.*, p. 13.

trouve être la plus grande boîte de nuit de Paris, construite sur le site d'anciennes toilettes publiques : « Les Chiottes ». Pour assurer la publicité et garantir le succès de ce vernissage d'un type particulier, « on a installé une cuvette de W.-C. géante sur la place de la Madeleine », tandis qu'« un rouleau de papier rose de deux mètres de hauteur fait office de dais au-dessus de l'entrée »[1].

On connaissait les cabinets de Proust sentant bon l'iris, l'urinoir provocateur de Marcel Duchamp, les toilettes publiques de Michel Tournier qui exposent la loi de la division des sexes, les W.-C. où les personnages de Milan Kundera sont soumis à l'inquiétante étrangeté de leur corps, ou encore ces sanitaires à la tuyauterie bouchée des hôtels de Marie Redonnet que de jeunes femmes sont condamnées à entretenir... Voici donc désormais « Les Chiottes », emblématiques de la société « festivomaniaque » contemporaine et de la tendance *trash* de la littérature fin-de-siècle.

A l'intérieur, la piste de danse circulaire, en forme de lunette de W.-C., est équipée, comme il se doit, d'une « chasse d'eau gigantesque »[2] capable de déverser des flots de mousse sur les invités. De « l'ambiance de séropositivité civilisée »[3] à la musique généreusement diffusée par les amplificateurs, qui associe « la voix de Saddam Hussein à un remix de raï synthétique » ainsi qu'aux gémissements de trois femmes livrées aux pratiques sadiques d'un disc-jockey déjanté, tandis que des écrans géants diffusent « des images de la guerre en Yougoslavie »[4], jusqu'au spectacle de voyous snobs coiffés de seaux à glace en guise de chapeaux et se dopant à l'extasy, Beigbeder ne nous épargne décidément rien dans la description de la déchéance festive. Cette fête n'est pas différente de celle décrite et fustigée par Muray. Son aspect excessif contribue plutôt à mieux faire ressortir ce que Beigbeder appelle « la solution festive »[5]. Toute fête, d'une manière ou d'une autre, implique en effet dans son principe même l'idée de fin, qu'elle s'emploie à conjurer. Le narrateur de *Vacances dans le*

[1] Frédéric Beigbeder, *Vacances dans le coma*, Le Livre de Poche, 2005, p. 22.
[2] *Ibid.*, p. 32.
[3] *Ibid.*, p. 134.
[4] *Ibid.*, p. 34.
[5] *Ibid.*, p. 117.

coma l'a bien compris ou pressenti lorsqu'il avance que pour Marc Marronnier, cette fête « pourrait bien être sa dernière : la Nuit de la Fête Ultime »[1].

Même si la fête ici décrite revêt une tonalité autre que celles que nous avons croisées jusqu'ici — le narrateur s'enveloppe d'oripeaux volontiers provocateurs et se complaît dans la description de ce qui apparaît comme une pantalonnade de mauvais goût —, c'est bien la fin de l'Histoire qui se donne ici en spectacle. A l'Apocalypse scientifique, écologique ou terroriste, s'ajoute désormais une fin peut-être moins dramatique, mais qui rejoint l'idée avancée par Baudrillard aussi bien que par Muray, selon laquelle l'humanité pourrait très bien être sortie de l'Histoire sans même s'en être rendu compte. Que cette sortie ait déjà eu lieu ou qu'elle se conjugue (comme chez Beigbeder) au futur importe peu, comme il importe peu qu'on veuille la hâter ou au contraire la retarder. Sur ce chapitre, le dernier mot revient à Jean-Georges, le disc-jockey de *Vacances dans la coma*, sous forme d'une prédiction qui pourrait aussi bien être signée Philippe Muray. C'est donc *homo festivus* qui nous prévient : « LA FIN DU MONDE SERA UN ORGASME MOU »[2]. Autrement dit, en lieu et place de l'Apocalypse, *homo festivus* ne connaîtra — tout au plus — que la « petite mort ».

---

[1] *Ibid.*, p. 74.
[2] *Ibid.*, p. 110.

Pour une grammaire du dénouement

Chronique d'une mort annoncée

« Fini, c'est fini, ça va finir, ça va peut-être finir »[1]. Jamais l'avertissement lancé par Beckett dans *Fin de partie* n'aura résonné aussi fortement que dans les années précédant le changement de millénaire. La littérature n'échappe pas à la prédiction. Celle-ci serait donc aujourd'hui moribonde, prête à rendre son dernier souffle dans l'indifférence à peu près générale. C'est du moins ce que veulent nous faire croire ces médecins de la onzième heure qui se pressent au chevet de la mourante, prêts à inaugurer les chrysanthèmes au moindre signe que la dernière page a été tournée, une fois pour toutes. Et ils sont nombreux, ces penseurs de la fin, convaincus que le roman, crépusculaire depuis longtemps, portait en lui son principe d'épuisement. De Balzac au Nouveau Roman, l'évolution du roman n'aura-t-elle pas été celle d'un lent dépouillement, voyant le roman se défaire successivement de l'intrigue, des personnages et de l'Histoire, pour aboutir à « la mort de l'auteur », dont l'acte de décès fut prononcé solennellement en 1968 par Roland Barthes ? Et, comme de juste, ils sont légion les Cassandre qui affirment aujourd'hui qu'elle va nous quitter, qu'elle nous a déjà quittés. De *La Littérature sans estomac* de Pierre Jourde à *La Littérature en péril* de Tzvetan Todorov, en passant par *Le Dernier écrivain* de Richard Millet, c'est un vaste lamento que donnent à entendre nos déclinologues.

Certes, le pamphlet roboratif et plein d'humour de Pierre Jourde a le mérite de nous mettre en garde contre le fait que nul ne peut prédire aujourd'hui de quoi seront constituées les anthologies littéraires de 2050, et combien il est périlleux de prétendre distinguer à l'avance entre ceux des auteurs actuels qui formeront le canon de demain et ceux, éphémères, sur qui le projecteur est braqué par simple effet de mode et seront oubliés par les générations à venir. Une certaine prudence est de rigueur lorsqu'on aborde les

---

[1] Samuel Beckett, *Fin de partie* (1957), éd. de Minuit, 2007, p. 13.

œuvres en cours, et rien ne garantit qu'un premier roman à succès soit le gage d'une œuvre d'importance, capable de marquer la littérature de son empreinte. Mais caricaturer Marie Darrieussecq en « parolière pour Patrick Bruel », reconnaître dans les romans de Christian Oster du « sous-Beckett exténué », identifier les romans de Marie Redonnet comme du « Bécassine raconté par Duras » ou camper Frédéric Beigbeder en « animateur prépubère de NRJ à casquette à l'envers » au simple prétexte qu'un personnage médiatique ne saurait être un écrivain ne nous avance guère dans l'intelligence de la chose littéraire contemporaine et des grandes tendances qui la travaillent[1]. De la même manière la distinction entre écriture « blanche » (minimalisme lexical et syntaxique), écriture « rouge » (syntaxe complexe, métaphores flamboyantes, déclamations, énumérations) et écriture « écrue » (celle des singularités, de la saveur spécifique des choses, des moments) ne saurait former un concept suffisamment rigoureux pour être opératoire au regard de l'évolution du roman lorsque celui-ci se trouve confronté au changement de millénaire.

Plus alarmiste que Pierre Jourde, Tzvetan Todorov estime que la littérature française traverse actuellement une crise profonde, à commencer par la manière dont elle est enseignée. Il confirme un peu plus le diagnostic établi en 1986 par Richard Millet dans *Le Sentiment de la langue*, selon lequel « un pays dont l'école ne sait plus susciter nulle forme d'amour — désir et respect — de sa langue est voué à la glaciation »[2]. Nul ne contestera à Todorov que l'enseignement de la littérature, tel qu'il se pratique en France depuis plusieurs décennies, est effectivement fondé sur le modèle de la physique plutôt que sur celui de l'Histoire : sous l'influence prolongée du Structuralisme, comme Todorov a le mérite de le reconnaître alors qu'il en fut lui-même l'un des chefs de file, on continue dans les lycées et les universités françaises à enseigner les *méthodes* et les outils d'analyse littéraire, à considérer chaque texte comme une combinatoire de signes et un ensemble de fonctions (choses en soi fort louables) plutôt que de réfléchir au conte-

---

[1] Pierre Jourde, *La Littérature sans estomac*, Agora, « Esprit des péninsules », 2005, pp. 136, 188, 193 et 120 successivement. Le chapitre consacré à Beigbeder s'intitule : « C'est Toto qui écrit un roman »...

[2] Richard Millet, *Le Sentiment de la langue I, II, III*, La Table Ronde, 1993, p. 95.

nu des œuvres. On s'obstine à étudier « méthodiquement » les registres et les genres (le tragique, le comique, l'argumentatif, etc.), bref on s'évertue à transmettre un savoir et des compétences plutôt qu'à communiquer la passion de la littérature. Todorov est d'autant mieux placé pour le mesurer que le Structuralisme a, de son propre aveu, contribué par son influence immense sur l'institution universitaire française à cet assèchement des études littéraires depuis plusieurs décennies. Les dérives du jargon employé dans les centres de formation des enseignants, dicté par les circulaires ministérielles, apparentent parfois l'Éducation nationale non à un mammouth, comme on voudrait parfois nous le faire le croire, mais plus tristement à un kolkhoze. En revanche le diagnostic établi par Tzvetan Todorov est nettement moins probant lorsqu'il porte sur la littérature elle-même. Pour Todorov en effet, la littérature contemporaine ne connaîtrait guère que trois voies, toutes aussi restrictives les unes que les autres, trois pratiques concourant également à cet appauvrissement qu'il déplore : la conception formaliste héritée du Nouveau Roman, se concentrant sur les procédés mécaniques d'engendrement du texte, correspondrait selon lui à une « négation de la représentation » au sens où, se refusant à représenter le monde réel, elle s'interdirait du même coup d'aborder les questions relatives au sujet, au sens et à l'Histoire ; la vision nihiliste, autre tendance de notre époque, correspondrait quant à elle à la « représentation de la négation » dans le sens où, s'attachant à décrire le monde, elle œuvrerait à la mise en scène du désastre qu'est la vie ; enfin, la tendance « solipsiste » serait caractéristique de cette complaisance narcissique à l'étude de soi qu'on désigne aujourd'hui sous le terme d' « autofiction »[1]. Un tel découpage ne nous satisfait guère non plus dans la mesure où la triade formalisme-nihilisme-nombrilisme qui nous est proposée laisse de côté le rapport au temps et la façon dont les deux mythes qui nous intéressent, le mythe de la fin et celui des origines, s'articulent.

Que le paysage littéraire et les repères habituels aient été quelque peu bouleversés, on peut aisément en convenir. Fini le temps

[1] Tzvetan Todorov, *La Littérature en péril*, Flammarion, coll. « Café Voltaire », 2007, pp. 34-35.

des « écoles » (comme celle du Nouveau Roman), des séminaires où l'on se bousculait jusque dans les années 70 (Lacan), et des écrivains juchés sur le capot d'une Renault, mégaphone à la main. Nous ne sommes plus à l'heure des grandes tentatives de totalisation (l'existentialisme sartrien) ni des grands engagements, mais plutôt à celle des récits « indécidables » (Bruno Blanckeman). Cela ne signifie nullement que l'heure de la fin approche. Une telle croyance en la possibilité d'une fin de l'esthétique repose, comme on sait, sur une conception de l'histoire de l'art héritée du XIXe siècle, conception aggravée par les deux conflits mondiaux qu'a traversés le XXe siècle. Une page est peut-être bien en train d'être tournée sous nos yeux, mais ce ne saurait être la dernière, dont nul ne peut affirmer qu'elle existe, sauf à ignorer l'effervescence qui agite les Lettres françaises depuis la fin des années 80 et le début des années 90. Aussi, lorsque Richard Millet déplore l' « infinie fadeur »[1] d'une production romanesque contemporaine où toutes les œuvres, fabriquées selon une même recette, finissent, en vertu d'une sorte de « clonage littéraire »[2], par se ressembler, et qu'il se représente lui-même, fantasmatiquement, en « dernier écrivain »[3], il faut de toute évidence se montrer particulièrement suspicieux d'un tel jugement.

Il est vrai que le roman lui-même ne fait rien pour nous dessiller, et conspire au contraire à entretenir le mythe de la fin. L'illusion est en effet alimentée par le fait que beaucoup d'œuvres contemporaines traitent, justement, de l'Apocalypse. Et l'on a tendance, par ignorance des outils conceptuels appropriés, à y voir le signe avant-coureur de la fin, une fin sans lendemain. Pourtant ces romans dits « apocalyptiques » devraient au contraire nous mettre en garde contre l'illusion d'une fin, qu'ils démentent tout en la mettant en scène. Il y a là un phénomène sur lequel il convient de s'attarder car il est à l'origine, semble-t-il, de bien des confusions.

Le Démarcheur d'Éric Chevillard nous offre à cet égard un exemple remarquable. Ce roman n'a certes pas connu le même succès que *Truismes* ou *Les Particules élémentaires*. Il faut dire qu'en 1988 Chevillard publiait là son deuxième roman. Découvert

---

[1] *Le Dernier écrivain*, p. 12.
[2] Richard Millet, *Désenchantement de la littérature*, p. 38.
[3] *Ibid.*, p. 37.

par Jérôme Lindon, il fait partie de la génération des écrivains de Minuit venus à l'écriture entre 1980 et 1990, parmi lesquels Marie Redonnet, Christian Oster, Jean Echenoz, Jean Rouaud, Jean-Philippe Toussaint. S'il apparaît aujourd'hui, aux yeux de beaucoup, comme l'un des romanciers les plus singuliers et les plus originaux, en 1988 Chevillard, qui continue aujourd'hui de cultiver la discrétion, était largement méconnu du grand public. *Le Démarcheur* n'a certainement pas aidé à asseoir sa réputation car ce livre inclassable ne repose pas sur une vision assurée du monde. Drôle et dérangeant à la fois, sorte de croisement entre Michaux et Beckett, il est aussi déroutant du point de vue du contenu que de celui du style.

Ce roman explore avec humour et désinvolture le mythe de la fin en racontant l'itinéraire d'un employé d'une entreprise de pompes funèbres. Cet ouvrage, parmi les plus anciens du corpus ici retenu (1988), est l'un des premiers, à l'approche de l'An 2000, à se confronter — d'une manière métaphorique — à la question de la fin de l'Histoire. Un an avant *Croisades* de Michel Azama, pièce dans laquelle des enfants, animés d'une folie meurtrière, jouent à la guerre et tuent tout ce qui bouge, *Le Démarcheur* thématise donc la fin à travers l'itinéraire d'un personnage nommé Monge. Celui-ci travaille pour le compte d'une entreprise de pompes funèbres, la Marmor. En sa qualité de « premier rédacteur funéraire »[1], c'est à lui qu'incombe la tâche de graver les épitaphes sur les tombes, tâche qui lui convient à merveille et dont il s'acquitte avec un incomparable zèle. N'était l'immense intervalle qui sépare les deux auteurs — tout un monde en vérité —, on pourrait dire de Monge ce que Houellebecq souligne à propos du héros de *Plateforme* : qu'il est décidément plus à son aise dans les enterrements que dans les mariages. Très vite, Monge apparaît comme un employé modèle. Estimant que « le client est roi »[2] et au lieu d'attendre que celui-ci vienne à lui, Monge, qui a le sens des affaires, décide de prendre les devants afin de s'assurer du flux ininterrompu de la clientèle. C'est ainsi qu'il nourrit l'idée de prendre les clients potentiels en filature. Bien vite, l'entreprise va

[1] Éric Chevillard, *Le Démarcheur*, Éd. De Minuit, 1988, p. 10.
[2] *Ibid*, p. 116.

s'avérer florissante, le dépeupleur choisissant une à une ses victimes. Persévérant et s'obstinant dans son entreprise, Monge s'appuie sur les leçons du passé. « Tous les fléaux qui ont précédé Monge l'attestent, la haute stratégie repose sur les basses manœuvres. A la tête de ses mercenaires, il saccage les récoltes, ferme les routes, assiège les villes, empoisonne les rivières » [1]. Et voici notre ange exterminateur qui, dix ans avant *Requiem pour Srebrenica* d'Olivier Py, pénètre en vainqueur dans les villes, pavoisant, bien décidé à faire table rase, rêvant même de réunir les cimetières existants en un seul vaste cimetière. « Bientôt Monge sera seul au monde »[2]. Pour en arriver à être le dernier homme, Monge va donc étendre sa folie destructrice sur ses collègues de travail, fossoyeurs, réducteurs et marbriers, le personnel de la Marmor faisant à son tour les frais de sa folie destructrice. Et l'on se bat donc, pour terminer, à coups de ciseaux. Ayant résolument opté pour « la perfection par élimination »[3] et œuvrant dans le sens du dénuement (autre nom du minimalisme), Chevillard nous fait ainsi assister à un holocauste généralisé. A ce titre, *Le Démarcheur* est représentatif de ce qu'on pourrait appeler, avec Lionel Ruffel, la littérature du « dénouement », celle du « dernier homme ».

Lionel Ruffel a récemment soumis à un examen méthodique les œuvres d'un certain nombre d'auteurs contemporains — parmi lesquels Valère Novanira, Antoine Volodine, Olivier Rolin et Pierre Guyotat — travaillées par le thème qui nous intéresse. Il propose d'envisager ces romans qui font de la fin leur matière et s'en nourrissent sous l'angle d'un paradigme théâtral particulièrement fécond : le dénouement. Comme chacun sait, au théâtre le dénouement ne se confond pas avec la fin. « Le dénouement n'est pas définitif, il est même plutôt fondateur. Ni début ni fin, limité et transitoire, il déploie une temporalité complexe, tout à la fois tourné vers le passé qu'il transforme et le futur qu'il autorise »[4]. Plutôt que la fin, qu'il contribue à repousser, le « dénouement » désigne ici l'impossibilité, précisément, de mettre un terme. Le renouveau qu'il instaure est du reste thématisé dans *Le Démarcheur*. A la fin

---

[1] *Ibid.*, p. 73.
[2] *Ibid.*, p. 55.
[3] *Ibid*,. pp. 34-35.
[4] Lionel Ruffel, *Le Dénouement*, Verdier, coll. « Chaoïd », 2005, p. 11.

du roman, Monge s'en prend en effet à ses collègues de la Marmor pour une raison simple. Épargner ne serait-ce qu'une poignée d'individus serait courir le risque de voir une nouvelle population proliférer et assister à un repeuplement rapide et exponentiel. Un homme et une femme échapperaient-ils à son attention qu'il faudrait bientôt tout recommencer. Imaginant la Marmor transformée en « berceau » d'une « humanité nouvelle »[1], le narrateur nous laisse entrevoir en quelques lignes à quoi ressemblerait le roman de la Marmor reconvertie : « la chambre froide rebaptisée halte-garderie, les linceuls retaillés bavoirs ou barboteuses et des milliards de nouveaux-nés gigotant sur le dos »[2]. Chevillard est coutumier de ce genre de volte-face, maniant l'art du contre-pied, et éprouvant un malin plaisir à donner le tournis à son lecteur. En vertu d'un retournement généralisé, aussi savoureux qu'inattendu, une nouvelle histoire chasse l'ancienne, au moins en imagination, et le lecteur, qui croyait être bientôt arrivé à la fin du roman, s'aperçoit que cette pseudo fin correspond en réalité au début d'une nouvelle histoire. *Le Démarcheur* n'anticipe la fin (du récit) que pour nous faire don du récit (de la fin). C'est dire si *Le Démarcheur* a, déjà en 1988 et par anticipation, fait sien le thème de la fin qui va occuper le devant de la scène pendant les années à venir, mais pour l'assimiler et, dans un même mouvement, le dépasser — tout en (se) nourrissant (de) l'illusion de la fin. Comme le note Baudrillard dans son essai intitulé *A l'ombre du millénaire ou le suspens de l'An 2000*, les phénomènes extrêmes — auxquels appartient incontestablement l'holocauste mis en scène dans *Le Démarcheur* — se déroulent en quelque sorte au-delà de leur fin. « Littéralement : *ex-terminis* »[3]. Chevillard met donc bien en scène la fin, mais pour la conjurer, sur le mode jubilatoire. *Le Démarcheur* s'annonce comme la chronique d'une mort annoncée — celle du genre romanesque — mais pour mieux rebondir en transformant cette mort en matière à roman. Chevillard résiste au dis-

[1] *Le Démarcheur*, p. 119.

[2] *Ibid.*, p. 129.

[3] Jean Baudrillard, *A l'ombre du millénaire ou le suspens de l'An 2000*, p. 15.

cours consensuel sur la fin cependant qu'il le met en scène, pour mieux l'exorciser.

L'Œuvre posthume de Thomas Pilaster exemplifie à merveille cette idée dans l'épisode mettant en scène un conférencier qui disserte sur l'avancée du désert et décrit devant son auditoire une Apocalypse sablonneuse ; lequel conférencier finira, comme de juste, par être lui-même emporté par ce qu'il décrit, la carafe posée sur la table de l'orateur ne contenant bientôt plus elle-même que du sable. Plus près de nous, *Sans l'orang-outan* (2007) fournit un autre exemple remarquable de mise en scène de la fin. Ce roman prend pour point de départ la mort des deux derniers orangs-outans. Déplorant cette disparition, le narrateur de Chevillard va mimer le discours écologiste auquel nous sommes accoutumés (voir l'ours des Pyrénées), mais pour l'enfler démesurément et l'infléchir dans une direction inattendue, de façon à en faire ressortir le fondement idéologique ; dans le même temps, il va procéder à une remise en question de la notion de nature humaine, référence absolue pour toutes les théories du contrat social.

La mort des deux derniers orangs-outans revêt dans le livre un caractère proprement apocalyptique. Parce que l'orang-outan occupait une place capitale dans l'organisation générale du monde, qu'il en était le subtil rouage, sa disparition apparaît comme un vrai désastre : « L'écosystème gravement lésé et désorganisé ne fut pas moins bouleversé que si la terre avait tremblé sur son socle. Elle a bougé, d'ailleurs, désaxée, déroutée, cahotant dans l'ornière nouvellement apparue en place de l'orbite soyeuse et finalement précipitée dans des trajectoires folles »[1]. Le monde est sens dessus dessous et les dysfonctionnements occasionnés par cette disparition proprement inouïs : « la chaîne des relais est rompue, le seau n'arrive plus à l'incendie, la fiancée attend sa bague, on cherche partout l'éponge et le sel qui ne sont pas dans la cuisine et ne sont pourtant plus dans la mer »[2]. A tous ces dysfonctionnements s'en ajoute un autre, qui n'est pas des moindres : « notre littérature peine à faire entendre sa petite voix de malade »[3]. L'idée maîtresse qui explique à elle seule ce climat de fin de partie peut être résu-

---

[1] Éric Chevillard, *Sans l'orang-outan*, Éd. de Minuit, 2007, p. 63.

[2] *Ibid.*, p. 16.

[3] *Ibid.*, p. 89.

mée ainsi : l'homme n'étant vraiment homme que dans le voisinage de l'orang-outan, « il aura fallu que l'orang-outan disparaisse pour qu'éclate au jour notre imposture millénaire »[1]. Par sa seule présence, ce lointain cousin avait en effet le don de faire ressortir, par contraste, à quel point l'aventure humaine s'est fourvoyée. Il rendait par exemple manifeste le divorce entre l'homme et la nature et nous invitait à poser sur l'Histoire un regard critique : « A son contact, nous aurions naturellement changé de manières et appris à nous nourrir en allongeant le bras, tandis qu'il nous faut aujourd'hui bâtir un escalier sous chaque fruit que nous convoitons [...] »[2]. Il suffisait en outre de regarder l'orang-outan, dont la présence fonctionnait comme un rappel, pour mesurer les changements qui se sont opérés en nous, en termes d'évolution : « nos bras étaient plus longs que nos jambes [...], j'en déduis raisonnablement que nous n'avions d'autre relation au monde que l'étreinte. Nous vivons maintenant avec le sentiment d'une perte »[3]. S'appuyant sur les discours dominants, qu'elle éprouve un malin plaisir à emmêler plus qu'à démêler, la description s'adresse aussi bien aux partisans du contrat naturel qu'aux tenants du progrès, aux tenants de l'évolution, aux partisans du « dessein intelligent », aux écologistes radicaux ou aux penseurs de la fin de l'Histoire et s'emploie à renvoyer les uns et les autres dos à dos. Par contraste avec l'aventure humaine, qui s'inscrit dans une Histoire et dont on peut pour cette raison concevoir logiquement la fin, pour le primate, soumis au principe de répétition, le temps ne passait pas : « point d'accélération catastrophique dans le destin de l'orang-outan, nulle logique funeste à l'œuvre [...], il ne complotait pas à sa propre extinction comme nous le faisons sournoisement (bientôt, en vertu des lois de l'évolution, un bras nous poussera dans le dos pour nous poignarder par traîtrise) »[4]. Les partisans d'une écologie radicale, convaincus de l'idée qu'un développement durable suppose nécessairement une rupture avec le mode de croissance appliqué par les sociétés libérales, ne sont pas non plus épargnés. D'abord employé comme gardien du musée où sont

[1] *Ibid.*, p. 172.
[2] *Ibid.*, p. 175.
[3] *Ibid.*, p. 157.
[4] *Ibid.*, pp. 51-52.

exposés les deux derniers orangs-outans empaillés, le narrateur va décider de réintroduire l'orang-outan, mais avec les moyens du bord. Et c'est sous les traits d'un tyran impitoyable, obligeant ses congénères à devenir arboricoles et à renouer avec la brachiation comme mode de déplacement, qu'apparaît notre écologiste dans la dernière partie du roman. De l'évolution, nous voici donc passés à une sorte d'involution. Le cours de l'Histoire s'étant inversé, nous allons enfin pouvoir quitter celle-ci, mais à reculons. La fable se clôt sur la perspective d'un vertigineux pas en arrière (orang-outan est un mot malais signifiant « homme des bois »), la compagne du narrateur devenant la monstrueuse mère porteuse d'un embryon orang-outan fécondé in vitro : « Dans deux cent quarante cinq jours, j'en tremble d'émotion, lui naîtra un fils qui sera aussi notre père à tous »[1]. Et c'est ainsi que, du désastre initial, nous sommes passés à une promesse, le « dénouement » se confondant, comme dans *Le Démarcheur*, avec un nouveau commencement.

Parce qu'il correspond à la mutation profonde des paradigmes esthétiques et politiques contemporaine de l'effondrement du communisme, Lionel Ruffel estime que « le dénouement pourrait nommer la fin du XXe siècle »[2], dans le champ de la littérature aussi bien que dans l'histoire des idées. C'est ainsi par exemple qu'à partir de la chute du mur de Berlin en 1989 et de la chute des statues de Moscou en 1991, le discours philosophique (Derrida, Nancy, Bailly, Rancière, Milner) va être placé sous le signe de la pensée du deuil et de la rupture historique, et s'employer à penser l'après du communisme. Durant cette décennie que Lionel Ruffel qualifie de « spectrale »[3], les fantômes abondent, tant dans le domaine philosophique, que dans le domaine littéraire. D'*Un Fantôme* de Chevillard à *Spectres de Marx* de Derrida, l'imaginaire de cette fin de millénaire est peuplée de revenants et l'on s'emploie tantôt, comme Fukuyama, à accréditer l'idée d'une fin de l'Histoire, tantôt à la contester, Derrida estimant pour sa part que le spectre communisme n'en a pas fini de nous hanter.

A cet égard, le reproche est souvent fait aux écrivains minimalistes de ne pas répondre à l'attente sociale et politique dont les

---

[1] *Ibid.*, p. 187.

[2] *Le Dénouement*, p. 12.

[3] *Ibid.*, p. 28.

écrivains ont fait traditionnellement l'objet tout au long du XXe siècle. Le même reproche, il est vrai, était déjà adressé en son temps aux tenants du Nouveau Roman. L'écrivain algérien Rachid Boudjedra balaie ce mythe. Dans les *Lettres algériennes* (1995) il confesse avoir lu passionnément « ce fabuleux roman » qu'est *La Route des Flandres* « en plein maquis algérien »[1]. De Claude Simon, Boudjedra admire l'esthétique, cette aptitude à faire émerger un réseau d'images et de visions du chaos de la mémoire pour le transcrire dans l'ordre du langage, mais aussi l'engagement politique : « J'ai fréquenté et découvert la littérature française contemporaine en lisant le Nouveau Roman [...] dont on dit qu'il n'a pas d'idéologie. Ceci est [...] stupide »[2]. Rachid Boudjedra nous invite donc à reconsidérer le Nouveau Roman non plus seulement d'un point de vue formel et esthétique, comme on a parfois encore tendance à le faire, mais également dans sa dimension politique, idéologique, philosophique. Sous sa plume l'éloge du Nouveau Roman est sans nuances : « Il a fait de moi un écrivain »[3].

S'agissant des écrivains minimalistes, il serait également temps de se dessiller quant à leur prétendu apolitisme. Car il y a beau temps que ceux-ci font œuvre de résistance au consensus sur l'effondrement ambiant. Comme le remarque Lionel Ruffel, c'est même à tort qu'on taxe ces écrivains minimalistes d'apolitisme. Car même si leur positionnement politique est complexe à démêler dans la mesure où il semble contester le mode opératoire de la politique moderne, à savoir l'engagement et la mobilisation, une telle accusation portée à l'encontre d'écrivains tels qu'Éric Chevillard et Marie Redonnet (en apparence les plus apolitiques des écrivains minimalistes) ne peut être que partiale. Cela revient tout bonnement à ignorer la grande hostilité que ces auteurs manifestent envers le « projet de liquidation de la modernité qu'une forme conservatrice de postmodernité entretient »[4]. S'inscrivant en faux et de manière résolue contre l'idéologie dominante et contre le consensus qui s'est créé autour de « la fin de l'Histoire », ces auteurs font œuvre de résistance d'une manière souvent exemplaire.

---

[1] Rachid Boudjedra, *Lettres algériennes*, Le Livre de Poche, 1997, p. 23.

[2] *Ibid.* p. 22.

[3] *Ibid.*, p. 24.

[4] *Le Dénouement*, p. 96.

« Jean-François Lyotard [...] parlait de l'absence de grand récit, une fois le communisme effondré. C'était vrai il y a vingt ans. Aujourd'hui nous sommes confrontés à des idéologies en cours, puissantes : il faut leur opposer d'autres types de récits. Un roman, c'est ça. » [1] Comme l'indique Lionel Ruffel, la prétendue « fin » assénée par l'idéologie dominante s'inscrit dans « un métadiscours consensuel auquel une partie de la littérature actuelle résiste cependant qu'elle le met en scène »[2] .

A la question : comment écrire après ? Chevillard apporte donc une réponse en mettant en œuvre ce que Lionel Ruffel appelle une « posture terminale initiale » : « les romans minimalistes contiennent beaucoup de fins, par lesquelles ils commencent »[3]. Tout comme *Mourir m'enrhume*, qui porte dans son titre même l'idée de survie à la fin, *Le Démarcheur* est un roman qui tente de se survivre à lui-même et à la promesse de son irréversible disparition. Ce conflit entre l'apparition de l'œuvre et sa disparition ne se limite d'ailleurs pas aux romans de la fin du millénaire. Marque de toute création, quelle que soit l'époque pendant laquelle celle-ci a vu le jour, il va même s'étendre, dans l'imaginaire de Chevillard, et par un étrange effet de contagion, aux peintures pariétales de la préhistoire :

> (le souffle du peintre attaquait déjà, au moment même de leur exécution, les figures que sa main formait, car l'homme qui respire ne peut regarder sans effroi l'œuvre qu'il crée et qui lui survivra, et son ambition de durer à travers elle est obscurément combattue par le désir contraire, de l'anéantir tant qu'elle est en son pouvoir, tant qu'il est encore le plus fort, raison pour laquelle les œuvres finissent à leur tour par mourir, usées ou détruites, elles portaient ce désir de mort en elles depuis le premier instant de leur conception — mais je n'ai ouvert cette parenthèse que pour en arriver là, j'y suis, et la refermer violemment.)[4]

---

[1] Pavel Hak, cité par Lionel Ruffel, *Ibid*, p. 100.

[2] *Le Dénouement*, p. 79.

[3] *Ibid.*, p. 81.

[4] Éric Chevillard, *Préhistoire*, Ed, de Minuit, 1994, pp. 111-112.

Romans également travaillés par le désir de mort, mais qui y résistent de toutes leurs forces, *Mourir m'enrhume*, *Le Démarcheur* ou *Sans l'orang-outan* participent donc de cette logique du « dénouement » héritée du deuil d'une modernité à laquelle il s'agit de survivre. Romans apocalyptiques, ou plus exactement « post-apocalytiques », selon un terme que j'emprunte à Dominique Viart, ces deux fictions postulent l'existence d'un après l'Apocalypse[1]. Le « dénouement » qu'elles mettent en scène doit être entendu comme impliquant une « après-Histoire » ; il désigne une fin de l'Histoire qui fait encore partie elle-même de l'Histoire, dont elle n'est qu'une étape parmi d'autres. Laquelle Histoire, comme nous le verrons au chapitre suivant, n'en est guère selon Chevillard qu'à sa... préhistoire.

Voilà quelque temps déjà qu'on nous annonce la fin et c'est sans doute la raison pour laquelle l'œuvre de Chevillard commence, ironiquement, par une parodie de deuil[2]. Publié en 1987, *Mourir m'enrhume*, le premier roman de Chevillard (alors âgé de 23 ans) raconte l'agonie de monsieur Théo, personnage « né pour mourir comme d'autres naissent pour danser ou pêcher la baleine », un vieillard à la Beckett, rabougri, moribond, prisonnier d'un « corps fossile »[3] , mais qui n'en finit pas de dépérir, loin de là. « Rien ne laisse augurer un dénouement rapide », nous prévient-il, « le volcan le plus proche se trouve à plus de huit cents kilomètres, n'a pas donné de signe de vie depuis 1603, appartient au type péléen (émission de lave sans projection de pierres) »[4], etc. Avec *Thomas Pilaster* (1999) l'entreprise tumulaire d'Éric Chevillard semble aboutir à la mort de l'écrivain, dont l'œuvre n'est donnée qu'à titre posthume. Lecteur attentif de l'œuvre de Chevillard, sensible sans doute à cette fascination pour l'usure et le vieil-

---

[1] Dominique Viart, « L'Apocalypse... et après », *La Littérature française au présent* (édité par Dominique Viart et Bruno Vercier), Bordas, 2006, p. 199.

[2] Selon Pierre Jourde, « le récit d'une agonie inaugure cette œuvre », une œuvre marquée par « la mort du sujet-narrateur » (« Les Petits Mondes à l'envers d'Éric Chevillard», *La Nouvelle Revue Française*, Juillet-Août 1993, n° 486-487, p. 204). Chevillard est également très présent dans un essai sur l'incongru en littérature, *Empailler le toréador*, ainsi que dans *La Littérature sans estomac*, du même auteur.

[3] Éric Chevillard, *Mourir m'enrhume*, Éd. de Minuit, 1987, p. 55.

[4] *Ibid.*, p. 106.

lissement, motifs récurrents, Fabrice Gabriel remarquait à quel point l'image de l'écrivain que Chevillard nous impose avec Thomas Pilaster est retorse et paradoxale. « C'est là le tour de force du romancier : avoir pris assez de distance pour se dédoubler, et devenir, sans ridicule, à 35 ans, un grand écrivain mort » [1].

On aura sans doute noté au passage à quel point l'œuvre romanesque de Chevillard, animée d'une véritable jouissance narrative, évoque celle d'Henri Michaux : même sens de la dérision et même débauche d'imagination. Par sa légèreté et sa faculté de métamorphose au contact du monde auquel il est confronté, le personnage de Crab s'apparente à Plume. Mais le rapport qu'entretient Chevillard avec Beckett est peut-être encore plus symptomatique du renouvellement qui se dessine. Parce qu'il avait en son temps repoussé les limites du théâtre dont il semblait avoir épuisé les potentialités, l'œuvre du dramaturge irlandais a longtemps été considérée comme une sorte de terminus. Comment en effet écrire après Beckett ? Avec Chevillard cependant, la perspective change du tout au tout. Beckett est considéré par lui non comme un aboutissement, mais bel et bien comme un point de départ. Chevillard se réclame de Beckett, dans l'ordre de la fiction comme dans celui de l'éthique de l'écriture. Ainsi dans *Scalps*, qui décrit les péripéties souvent facétieuses d'un sujet aux prises avec l'angoisse, le narrateur nous gratifie d'un portrait inédit de Beckett assis à sa table de travail, devant sa fenêtre, tandis qu'il est occupé à écrire « les plus fortes pages de la littérature » de son temps. « Parfois il relève la tête. Par la fenêtre, il voit voler une taupe. Puis une deuxième, qui atterrit lourdement comme la première dans les plates-bandes »[2]. L'explication de cet étrange phénomène tient en quelques lignes irrésistibles de drôlerie : « Quand j'étais enfant, nous habitions à côté de chez Samuel Beckett, à Ussy. Je m'amusais à lancer des taupes dans son jardin »[3]. Belle manière de reconnaître sa dette envers l'auteur de *Molloy*, en forme de fable qui n'aurait pas déplu à l'intéressé, de la part de celui qui, de l'œuvre de Beckett, a retenu le mélange de grotesque et de tragique, de pitreries et

[1] Compte rendu de Fabrice Gabriel publié dans *Les Inrockuptibles* et reproduit dans le catalogue général des Éditions de Minuit, oct. 1999. p. 6.
[2] Éric Chevillard, *Scalps*, Fata morgana, 2004, p. 43.
[3] *Ibid.*, p. 37.

d'angoisse. Mais l'hommage peut parfois revêtir un autre ton. Dans un article au titre programmatique, « Beckett pour contre-attaquer », Chevillard estime que « les écrivains qui comptent sont des vengeurs »[1]. En tête desquels il situe l'auteur de *Molloy*.

Chevillard n'est du reste pas le seul des écrivains contemporains à se placer sous le patronage de Beckett. Dans *Corps du roi* Pierre Michon lui consacre un très bref et très beau texte inspiré par un cliché photographique dans lequel, offrant une variation sur l'énigme religieuse de la double nature[2], il nous donne à voir « les deux corps du roi », l'Auteur et son incarnation ponctuelle, « le Verbe vivant et le *saccus merdae* »[3]. On trouvera un autre hommage encore à Beckett sous la plume de Marie Redonnet lorsque celle-ci évoque sa naissance à l'écriture, dans un essai intitulé *Redonne après maldonne*. Si Beckett occupe ainsi une place privilégiée dans l'imaginaire esthétique d'un certain nombre d'écrivains contemporains, c'est donc indéniablement à la faveur d'un changement de regard porté sur son œuvre. Longtemps associé au nom de Beckett et surévalué par rapport à d'autres aspects de son œuvre, l'absurde est mis entre parenthèses au profit de notions plus dynamiques (l'énergie), ou de catégories métaphysiques (l'incarnation). Une étonnante métamorphose est ainsi en train de s'opérer dans notre musée imaginaire, en vertu de laquelle l'œuvre de l'écrivain irlandais, longtemps considérée comme paradigme de l'esthétique du XXe siècle, avec son ambiance de « fin de partie », conclusion du siècle avant l'heure, change peu à peu de statut, pour devenir le point de départ de celle du XXIe siècle. Un tel phénomène mériterait une étude, le nom de Beckett étant devenu synonyme d'origine et de renouveau.

Au discours ambiant sur le déclin de la littérature, on peut donc opposer que les années précédant le tournant du millénaire ont vu

---

[1] Éric Chevillard, *Beckett pour contre-attaquer*, *Initiales*, N° 7, Septembre 1999.
[2] Comment expliquer le dogme chrétien de la « double nature », selon lequel le Christ est à la fois pleinement homme et pleinement Dieu ? L'incarnation n'implique-t-elle pas une mise entre parenthèses de la divinité ? Nous verrons au dernier chapitre que Jean Rouaud a consacré un essai à cette question et à ses répercussions sur le domaine littéraire (*La Désincarnation*, Gallimard, NRF, 2001).
[3] Pierre Michon, *Corps du roi*, Verdier, 2002, p. 14.

la publication d'un nombre important de romans de qualité ayant en commun de raconter, d'une manière ou d'une autre, la naissance à l'écriture. *Truismes* par exemple, dont il a été question au chapitre précédent, ne retrace pas seulement l'histoire de la prise du pouvoir par un tyran. La fable de Darrieussecq nous fait assister à un autre événement non moins remarquable. Il faut, pour en prendre toute la mesure, relire les premières pages du roman.

Souvenons-nous : dans un esprit voisin de *La Métamorphose* de Kafka, *Truismes* raconte la transformation progressive d'une femme qui, sous nos yeux, va en quelque sorte changer d'espèce. Ce changement d'état se marque par des symptômes physiques d'abord mis sur le compte d'un dérèglement hormonal (gain de poids qu'elle juge excessif, qualité pneumatique de son nouvel épiderme, irruption de poils fins, translucides et solides). L'héroïne ne peut bientôt plus nager, ses articulations se bloquant à angle droit. Le diagnostic redouté se précise avec un nouveau comportement sur le chapitre de l'alimentation : jambon, boudin et saucisson éveillent en elle un dégoût inaccoutumé ; elle éprouve en revanche un réel appétit pour les légumes frais, les patates crues non épluchées, les marrons et a des envies de vert. Plus sensible que jamais aux odeurs, elle rêve volontiers de fougères et de terre humide. La parole elle-même est affectée. En proie à des difficultés d'articulation, elle se surprend à émettre des grognements. A son contact, les clients qu'elle reçoit pour des séances de massage d'un type particulier, dans l'arrière-boutique de la parfumerie où elle travaille, donnent libre cours à tous leurs fantasmes et adoptent avec elle des « attitudes fermières »[1]. Derrière les flacons et les pots de crème, on se met à « braire », à « renifler », le tout « à quatre pattes ». Dès la première page, la narratrice souligne l'urgence dans laquelle elle se trouve d'écrire ce livre sans plus tarder et se plaint du caractère difficilement lisible de son « écriture de cochon » : « tenir un stylo me donne de terribles crampes »[2]. Ainsi décrit, *Truismes* ressemble à l'autobiographie d'une femme-truie dotée de deux modes d'être, parfois surprise de ne compter que trois doigts au bout de ses mains. La dimension auto-

---

[1] *Truismes*, p. 27

[2] *Ibid.*, p. 11.

biographique est du reste accentuée par la distinction qu'elle opère dans le préambule entre deux époques de sa vie, séparées par de mystérieux événements. Dès le début du récit pourtant, le pacte de lecture est scellé. On y apprend que la narratrice, à la recherche d'un emploi, a déposé une « candidature spontanée »[1] auprès d'une grande chaîne de parfumerie. Dans le récit de son entretien avec le directeur de la parfumerie dont elle nous gratifie, le mot « contrat » apparaît à plusieurs reprises sur fond de métamorphose, la narratrice s'attardant rétrospectivement sur l'élasticité inhabituelle de sa peau : « Je vois bien aujourd'hui que cette prise de poids et cette formidable qualité de ma chair ont sans doute été les tout premiers symptômes. Le directeur de la chaîne tenait mon sein droit dans une main, le contrat dans l'autre main. Je sentais mon sein qui palpitait, c'était l'émotion de voir ce contrat si près d'être signé [...] »[2].

Remarquable pacte de lecture qui s'offre à nous, où tout est dit, métaphoriquement. *Truismes* est bel et bien l'histoire d'une métamorphose, qu'on peut désormais nommer : celle de Marie Darrieussecq en écrivain. Si le directeur de la parfumerie occupe le devant de la scène, c'est en qualité de métaphore de l'éditeur, véritable agent de la métamorphose, le contrat qu'on s'apprête à signer étant, ni plus ni moins, un contrat d'édition. Les premières pages nous le confirment, avec une mise en scène du procès de l'écriture et une énumération des accessoires de l'écrivain : cahier, stylo, encre, rien ne manque à l'appel. La logique est respectée puisque après l'éditeur, premier personnage du roman, apparaît le « manuscrit », lequel précède le « livre », le « lecteur » apparaissant en dernier. La narratrice ne se départira plus désormais de la métaphore, s'y obstinant plutôt, un peu plus truic à chaque page. L'écrivain apparaît donc en situation de « candidate » soumise au regard critique du directeur-éditeur, celui-ci exerçant son droit de regard. Ironiquement, le contrat stipule que la rémunération de la nouvelle employée est fixée à « la moitié du SMIC»[3]. Dans cette entreprise hautement lucrative, l'éditeur a le beau rôle et tout porte à croire qu'il y trouve son compte : « le directeur de la parfumerie

[1] *Ibid.*, p. 12.
[2] *Ibid.*, p. 13.
[3] *Ibid.*, p. 13.

m'avait fait mettre à genoux devant lui et pendant que je m'acquittais de ma besogne je songeais à ces produits de beauté, à comme j'allais sentir bon, à comme j'aurais le teint reposé ». A côté de lui, l'écrivain ne récolte que les miettes : « dans le contrat il était précisé qu'au moment du déstockage annuel, j'aurais droit à des produits de beauté. » L'occasion de rappeler ici les propos de Céline qui, faisant figurer son éditeur sous les traits d'un personnage de roman dans ses *Entretiens avec le professeur Y*, réglait ses comptes de façon moins détournée : « si vous regardez bien, vous verrez nombre d'écrivains finir dans la dèche, tandis que vous trouverez rarement un éditeur sous les ponts... »[1]

Truismes n'est donc pas seulement, comme l'estime un peu vite Philippe Muray, l'illustration de « l'universel devenir-animal actuel de toute notre civilisation, inséparable de la chute de l'ère chrétienne, de la disparition de l'Histoire et de la progressive mise en place du matriarcat » [*sic*][2]. Sur fond de considérations touchant à l'esthétique — crèmes épilatoires, onguents, pommades — Darrieussecq affiche donc, non sans humour, son désir d'être publiée, ce qu'on pourrait appeler avec Jean-Louis Cornille sa « volonté de paraître »[3], tout en suggérant qu'il s'agit là d'une forme de prostitution. On reconnaîtra qu'un premier livre est important, cela n'arrive qu'une fois. Mais ce n'est là qu'un début, un premier pas, et l'on attend la suite... « Peut-être n'est-on véritablement auteur qu'à partir d'un second livre, quand le nom propre inscrit en couverture devient le facteur commun d'au moins deux textes différents [...] », suggère Ph. Lejeune.[4] Deux ? trois ? quatre ? Combien au juste ? On se gardera de statuer et l'on concédera volontiers qu'il en faut sans doute bien davantage avant qu'une cohérence, un imaginaire et un style se dessinent pleinement, ou qu'une autorité puisse être revendiquée. Pour l'heure, notre débutante ne peut pas même prétendre à la rubrique « Du même auteur », loin

[1] Céline, *Entretiens avec le professeur Y*, Gallimard, « Folio », 1955, 1983, p. 11.
[2] Philippe Muray, *Après l'Histoire*, p. 59.
[3] J.-L. Cornille, *La Haine des lettres*, Actes Sud, 1996, p. 50. Pour une étude des modes de figuration de l'éditeur dans les œuvres de fiction et une théorisation des rapports auteur-éditeur, je renvoie à *Conte d'auteur* (J.-L. Cornille, Presses Universitaires de Lille, 1992).
[4] Ph. Lejeune, *Le Pacte autobiographique*, Gallimard, 1975, p. 23.

en cela de Knut Hamsun, cité en exergue et mentionné à plusieurs reprises, lequel a reçu le prix Nobel pour, selon la formule consacrée, « l'ensemble de son œuvre ». La jeune recrue de la parfumerie ne peut guère espérer quant à elle qu'une médaille de la « meilleure ouvrière »[1]. Devenir écrivain suscite chez notre héroïne, qui est sur le chemin d'une métamorphose plus complète encore, des sentiments mêlés. Parce que l'écriture est une affaire de souffle et qu'elle songe peut-être à Flaubert dans son « gueuloir », elle s'adonne au yoga et fait des exercices de respiration pour mieux tenir son stylo. Cette recherche d'une meilleure maîtrise s'accompagne cependant d'une certaine appréhension. Les égouts dans lesquels elle se réfugie, accomplissant ainsi son destin de truie, conduisent tout droit au Musée d'Histoire naturelle, là où précisément les animaux de son espèce sont empaillés et étiquetés.

Truismes offre donc le portrait d'une jeune artiste en truie. Ce type de lecture consistant à envisager la truie comme une métaphore de l'écrivain nous permettra au passage de mieux apprécier l'image — fantasmatique — de l'écrivain comme dernier rempart contre le pouvoir. *Truismes*, dont on a souligné précédemment le caractère politique, notamment dans sa mise en scène de l'intolérance, comporte en effet un avertissement sur lequel on pourra méditer. Darrieussecq nous rappelle qu'en matière de gastronomie les romains goûtaient certains mets plus que d'autres. Ils manifestaient en particulier un penchant prononcé pour un plat quelque peu tombé dans l'oubli mais pouvant, sait-on jamais, revenir à la mode : « j'avais lu que le plat préféré des Romains, et le plus raffiné, c'était la vulve de truie farcie »[2]. Telle est bien, sous forme de métaphore, l'ultime enseignement de *Truismes*. On aurait tort de croire que les Arabes, les professeurs, les psychiatres ou les SDF sont les seules victimes du tyran Edgar. Pour que la « Grande Fête », ou plutôt que la Terreur soit complète, il ne reste qu'à égorger la truie. Il ne reste, en somme, qu'à sacrifier les écrivains.

Ceux-ci sont d'autant plus dangereux qu'ils ont tendance à se reproduire. Dans les années précédant le tournant du millénaire, la fréquence des scènes de parturition mérite d'être soulignée. Symp-

[1] *Truismes*, p. 32.
[2] *Ibid.*, p. 58.

tomatique du formidable renouvellement romanesque auquel nous assistons, le motif de l'engendrement occupe une place de plus en plus importante dans le domaine de la fiction. L'obstétrique et le littéraire font désormais bon ménage. Deux autres exemples méritent en particulier s'être signalés : Marie Redonnet et Christian Oster.

Dire que l'œuvre de Redonnet est habitée par le mystère de l'engendrement serait un euphémisme. Celui-ci est au centre de toute son œuvre. *Mobie-Diq* par exemple met en scène deux personnages sur une barque dérivant sur l'océan. A en croire Diq, Mobie est trop vieille pour enfanter et l'absence des règles ne peut signifier que le début de la ménopause. Mobie est d'un avis tout différent ; les hommes, c'est bien connu, n'y entendent goutte. Sûre de sa bonne étoile, elle multiplie les précautions sur la barque qui dérive après le naufrage du Tango. Et pour cause : « Les premiers jours d'une grossesse, c'est les plus délicats, il faut éviter tout effort »[1]. Obstinée, celle-ci n'a que faire des remontrances et se demande quelle direction est la bonne : « Je viens de trouver, juste quand la nuit est tombée, une inspiration subite en regardant le ciel. On va suivre l'étoile du Berger. C'est la seule étoile que je vois briller dans le ciel. C'est l'étoile que suivaient les rois mages »[2]. Et l'on serait tout prêt de croire nous aussi au miracle, d'autant plus que nous sommes ici au théâtre, dans ce lieu qui, aux yeux de Redonnet, rend la « légende » palpable parce qu'il donne une voix aux images et « accomplit le mystère de l'Incarnation »[3]. La Lolie de *Seaside* n'est-elle pas née le soir de Noël ? Dans cette pièce qui se déroule dans la nuit du 24 au 25 décembre le père n'est guère présent, ou s'il l'est, c'est en toile de fond, en qualité de simple témoin, l'ombre au tableau. La scène ne serait pas complète cependant si l'on n'acceptait de suivre jusqu'au bout l'étoile du Berger, c'est-à-dire en l'occurrence de lire *Rose Mélie Rose*. Ce qu'on y rencontre ? Un nouveau-né, dans les langes. Cet enfant trouvé n'est pas le bâtard de Marthe Robert, mais bel et bien l'enfant du miracle. Autant prévenir nos lecteurs : la brochure

[1] Marie Redonnet, *Mobie-Diq*, Éd. de Minuit, 1989, p. 32.
[2] *Ibid.*, p. 42-43.
[3] Marie Redonnet, *Jean Genet. Le poète travesti*, Grasset, 2000, p. 59.

d'informations sur le cycle et la fécondité qu'on a remise à Mélie au Dispensaire risque d'être de peu d'usage pour ce qui suit...

Rêve de madone : « Quand j'ai senti mes premières douleurs, j'ai rangé mes affaires dans mon sac et je suis montée jusqu'à la grotte. C'est dans la grotte que je veux accoucher. Les douleurs ont duré toute la nuit et tout le matin. A midi, quand le soleil est arrivé au zénith et qu'il est entré dans la grotte, j'ai été délivrée. J'ai tout fait sans m'affoler comme c'est expliqué dans la brochure. J'ai fait tous les gestes dans l'ordre, jusqu'au cordon que j'ai coupé moi-même. Toute seule dans la grotte, j'y suis arrivée »[1].

Elle-même découverte par Rose dans la grotte un beau matin, alors qu'elle venait de naître, Mélie y était retournée douze ans plus tard et avait enterré là sa mère adoptive. Sur le mur de la grotte, elle avait gravé le nom de Rose, puis le sien, pour enfin les relier : Rose Mélie Rose. Superbe signature que cet entrelacs de noms de femmes sur les parois d'une grotte... *Rose Mélie Rose* raconte ainsi l'histoire extraordinaire d'une naissance à l'écriture.

Puisqu'il était question précédemment d'éditeur, on est sans doute fondé à penser que l'étoile dont il est question dans *Mobie-Diq*, la seule qui, aux yeux du personnage féminin, brille dans le ciel, est celle des Éditions de Minuit. Sous l'égide de Jérôme Lindon, cette étoile-là va abriter quelques-uns des écrivains les plus remarquables de leur génération. Parmi eux, Christian Oster. De *Loin d'Odile* (1998) à *Dans le train* (2002) en passant par *Une Femme de ménage* (2001), ses romans sont d'abord remarquables par le ton inhabituel des premières pages, irrésistibles. Christian Oster est en quelque sorte l'homme des préliminaires, des prémices, des commencements. Du premier contact entre les personnages naît un enchaînement d'événements tel que le lecteur est aussitôt absorbé par la fable, incapable de la quitter. *Mon grand appartement* raconte les péripéties d'un homme habité par le fantasme de la paternité : « Je surveille les femmes sur le point d'accoucher, dans les trains, et, dès la première contraction, hop, je quitte mon siège et j'arrive. Je pose ma main sur leur ventre. C'est mal payé, mais bon »[2]. Accompagnant une utilisatrice du réseau SNCF

---

[1] Marie Redonnet, *Rose Mélie Rose*, Éd. de Minuit, 1987, p. 132.

[2] Christian Oster, *Mon grand appartement*, Éd. de Minuit, 1999, p. 128.

nommée Flore jusque dans la salle d'accouchement d'un hôpital, le bon Samaritain se trouve bientôt invité par la sage-femme à ne pas rester en retrait, simple spectateur. « J'étais là, avec l'enfant, qu'on nettoyait à l'éponge. Flore m'avait laissé venir là, me l'avait demandé, même. N'avait qu'à pas. Mais avait. Conséquence, je suis là. J'y reste. J'avance. Ne recule pas. On me tendit des ciseaux. A moi »[1].

On notera que ce roman d'une naissance nous conduit pour finir dans une grotte, comme *Rose Mélie Rose* de Redonnet. Père par accident, le narrateur va se retrouver gardien d'une grotte par hasard — si du moins l'on pouvait encore croire au hasard. « Tu peux tenir la caisse ? » s'entend-il d'abord demander, avec le même naturel que la sage-femme qui lui avait tendu les ciseaux, dans la salle d'accouchement[2]. Bientôt le narrateur se retrouve chaussé de bottes et affublé du titre de guide. « L'après-midi, je conduisis ma première visite. [...] Jean ne m'avait pas parlé de la discipline. J'improvisai. On se calme dis-je. On ne touche pas aux concrétions. Et on se tait. Nous sommes ici dans un gouffre, et rien ne nous dit que nous allons en sortir. Je plaisante, glissai-je aux parents »[3].

Si cette grotte ne recèle pas la moindre trace de présence humaine, la simple juxtaposition du temps humain et du temps géologique — une durée que nous pouvons certes dater mais qui excède l'entendement — vient redoubler le mystère de la naissance par celui des origines. Car de la *nursery* à la grotte, le chemin semble tout tracé. Et si en cette fin de siècle, on se tourne volontiers vers les lieux d'origine, si les grottes apparaissent de plus en plus comme un lieu de passage obligé — chez Oster comme chez Redonnet — il n'y a là rien d'anecdotique. Il semblerait bien que nous assistions à une espèce d'invagination de l'Histoire. Confronté à la fin, rendue plus proche par la magie du calendrier, l'*homo sapiens sapiens* de la fin du deuxième millénaire va être amené à explorer le gouffre insondable des origines. S'il n'est pour l'heure pas encore question de peintures pariétales — nous y viendrons — la présence de grottes est symptomatique du caractère inséparable

[1] *Ibid.*, p. 158.
[2] *Ibid.*, p. 199.
[3] *Ibid.*, p. 239.

du mythe de la fin et de celui des origines, de l'eschatologie et de l'archéologie. Car le motif du « dénouement » n'a de chance d'être apprécié à sa juste valeur que s'il est mis en regard de celui du commencement.

C'est encore ce que suggère *Le Démarcheur* lorsque le roman d'Éric Chevillard met en scène deux individus, « vieux amis de la communale » qui ne s'étaient pas revus depuis des lustres. A cause de ce long intervalle, les retrouvailles sont un peu embarrassées. « Rien n'est amusant comme de suivre un généalogiste et un généticien qui cherchent un sujet de conversation » [1].

Il y a tout lieu de croire que le généalogiste et le généticien, deux spécialistes des origines, étaient effectivement destinés à apparaître, tôt ou tard, dans ce roman consacré à la fin. La pensée de la fin et la pensée des origines sont inséparables, comme le côté pile et le côté face d'une même pièce de monnaie. Tandis que Monge poursuit son entreprise de destruction généralisée et que la file des clients s'allonge devant la Marmor — on enterre à la chaîne —, nos deux spécialistes des origines devisent entre eux et soulèvent un paradoxe : « Mais, mon vieux, plus on avance dans le temps et plus on recule celui de l'apparition de l'homme sur terre »[2]. En effet, comme chacun sait, nous allons de découvertes en découvertes au point que l'Australopithèque « Lucy », qui fut quelque temps considérée comme notre ancêtre la plus lointaine, fait désormais figure d'arrière-petite-fille : des ossements bien plus anciens ont été trouvés, et continuent de l'être. Même phénomène en ce qui concerne les grottes ornées. Longtemps, Lascaux fut considérée comme la plus belle et la plus ancienne. A la veille du changement de millénaire, la découverte de la grotte Cosquer (1990) puis de la grotte Chauvet (1994), deux fois plus ancienne que Lascaux, nous oblige à réviser nos calendriers aussi bien que nos histoires de l'art.

Saisi de vertige, moins à la pensée de ce phénomène de recul de la préhistoire en cette fin de millénaire qu'à sa formidable proximité, et par sarcasme, le généticien coupe court à la rêverie : « Je te fais confiance, tu finiras bien par déterrer le tout premier

---

[1] *Le Démarcheur*, p. 44.

[2] *Ibid.*, p. 46.

fémur du tout premier bipède »[1]. Après avoir examiné le mythe de la fin, il nous reste donc à nous tourner vers le mythe des origines. Ce sera bientôt chose faite, mais non avant d'avoir versé une dernière pièce au dossier de la fin. Cette ultime pièce à conviction portera le numéro « 10 ».

Le Syndrome de Zidane

On ne s'attendait certes pas à ce que Zinédine Zidane lui-même soit de la fête. Et l'ex-meneur de jeu de l'équipe de France serait certainement resté sur la touche, si du moins Jean-Philippe Toussaint n'avait consacré un récit bref, *La Mélancolie de Zidane* (2006), une plaquette d'une douzaine de pages publiée chez Minuit — tout ce qu'il y a de plus minimaliste — au tristement célèbre « coup de boule » qui a valu à son auteur une expulsion en finale de la Coupe du monde 2006. Rien d'étonnant cependant à ce que le célèbre « coup de boule » fît son entrée dans le domaine littéraire. Le geste de Zidane est en effet symptomatique de trois tendances de la littérature contemporaine : il s'inscrit sur fond de *festif*, analysé par Philippe Muray et dont il a déjà été question ; il met en scène une manifestation de *rage* également caractéristique d'une partie de la production littéraire contemporaine (Dantec, Nabe, Chevillard, Boulin, etc.) ; et surtout — ce que suggère discrètement Toussaint —, le « coup de boule » en question peut être associé au mythe de la fin.

Le coup de tête asséné par Zidane, qui s'est soldé par un carton rouge, demeure pour chacun une énigme. Nul ne comprend vraiment pourquoi Zidane a agi de la sorte, au risque de souiller une hagiographie déjà quasiment écrite. Que diable lui a-t-il pris qu'il ignorât ainsi les règles les plus élémentaires du sport et du *fair play*, alors que la victoire semblait à portée de la main et que Zidane pouvait espérer terminer sa carrière sur un nouveau titre de champion du monde, remportant ainsi la compétition la plus prestigieuse et le trophée le plus convoité ?

---

[1] *Ibid.*

Tout avait bien commencé pourtant, les Bleus emmenés par Zidane enchaînant les victoires pour se retrouver pour la seconde fois de leur histoire en finale d'une coupe du monde. Les conditions semblaient donc réunies pour que l'on assiste à une réédition de l'exploit réalisé en 1998, et à un nouveau rassemblement sur les Champs Elysées, plus considérable encore qu'à la Libération, des millions de Français trouvant là l'occasion de sortir des placards les drapeaux tricolores. La première victoire de l'équipe de France en coupe du monde, en 1998, était tombée, il est vrai, à point nommé. Elle avait pu faire illusion, masquer aux yeux des français, l'espace d'un instant, les difficultés de tous ordres que rencontrait leur nation et mettre entre parenthèses la crise d'identité profonde que traversait la France. Éclipsant les cérémonies officielles du 14 juillet, le 12 juillet 1998 est ainsi devenu, selon Philippe Muray, « l'unique symbole "national" de ce qui subsiste de ce pays en miettes »[1].

En observateur impitoyable de la « lunaparkisation de l'ère post-historique »[2], Philippe Muray, on l'a vu, estime qu'une telle manifestation du « festif » gomme les différends en mettant en avant les mots d'ordre fraternels. La société festive, au sens où il l'entend, est une société pacifiée. Le consensus généralisé qui a succédé aux luttes et affrontements politiques d'autrefois, matérialisé par un effondrement du conflit droite-gauche et un frénétique désir de législation destiné à institutionnaliser le « politiquement correct », serait l'une des caractéristiques de la planète festive. A contrario, un épisode viendra ternir la fête et le beau consensus lorsque, le 6 octobre 2001, des milliers de Beurs rassemblés dans le Stade de France pour assister à la rencontre France-Algérie, en présence du président de la République, siffleront copieusement *La Marseillaise*, manifestant ainsi leur ras-le-bol au sujet de la discrimination dont ils sont quotidiennement victimes, et répondant à la récupération politique à laquelle la victoire en finale de la coupe du monde 1998 avait donné lieu, à travers le célèbre slogan « Black, Blanc, Beur », qui n'a pas fait longtemps illusion.

---

[1] *Après l'Histoire*, p. 156.
[2] *Ibid.*, p. 27.

Dans son *Plaidoyer en faveur de l'intolérance*, Slavoj Zizek abonde dans le même sens que Muray lorsqu'il considère que « la tolérance multiculturelle est l'idéologie hégémonique du capitalisme global »[1]. Car il faut bien s'en convaincre, la fête dont il est question ici ne vise nullement à un renversement de l'ordre établi — distincte en cela du carnaval d'autrefois pendant lequel le fou se déguisait en roi — mais bien plutôt « l'établissement définitif d'un ordre renversé »[2]. Loin de mettre en question la globalisation capitaliste, les politiques identitaires répondant aux revendications des minorités apparaissent plutôt aux yeux de Slavoj Zizek comme des tentatives de « reterritorialisation », impensables sans l'immense phénomène de « déterritorialisation » qu'a engendré la globalisation de l'économie[3]. La célérité avec laquelle *homo festivus* se montre prêt à adopter la posture de la mobilisation pour les grandes causes consensuelles (famine dans un pays du Tiers-Monde, lutte contre le réchauffement de la planète, défense de la démocratie partout où elle est menacée, réceptivité aux revendications des minorités de toutes sortes) tempère son hédonisme en lui conférant un caractère définitivement vertueux.

La notion de fin de l'Histoire accrédite naturellement l'hypothèse de la fin de l'art, qui en est l'une des conséquences, et permet de rendre compte du *désœuvrement* — au sens fort — caractéristique de notre époque. Citant Nietzsche à l'appui de sa thèse, Philippe Muray admet l'idée que « l'art des artistes doit un jour disparaître, entièrement absorbé par le besoin de fête des hommes »[4]. Car l'organisation du loisir devient la préoccupation majeure de la société « festivomaniaque »[5].

Reste qu'en 2006, après la finale de la coupe du monde contre l'Italie, la fête annoncée n'eut pas lieu : les français durent déchanter et décrocher les lampions de la fête. Celle-ci fut même gâchée par le geste inexplicable de Zinédine Zidane, celui-ci assénant un coup de tête à Materazzi à dix minutes du coup de sifflet final.

---

[1] Slavoj Zizek, *Plaidoyer en faveur de l'intolérance*, Flammarion-Climats [trad. Frédéric Joly], 2007, p. 17.

[2] Ph. Muray, *Après l'Histoire*, p. 157.

[3] Zizek, *Plaidoyer en faveur de l'intolérance*, p. 61.

[4] *Après l'Histoire*, p. 65.

[5] *Ibid.*, p. 152.

Quel enjeu sportif, aussi important fût-il, mérite un tel débordement inexcusable de violence? On pourrait être tenté de souscrire, au moins en partie, au jugement de Rachid Boudjedra. Au contraire d'un Philippe Muray qui, comme on vient de le voir, réfute l'idée que le football puisse cristalliser les phénomènes de contestation politique et sociale, Rachid Boudjedra estime pour sa part que la violence associée au football est, au contraire, de nature souvent politique. A titre d'exemple, dans *La Vie à l'endroit* (1997) Boudjedra revient sur la fête carnavalesque à laquelle la victoire du club de football de Belcourt en finale de la coupe d'Algérie a donné lieu, le 26 mai 1995. Lorsque, après la rencontre, les supporters envahissent les rues d'Alger, une ville étouffée par le couvre-feu et la menace terroriste, l'explosion de joie prend de court les autorités aussi bien que les fondamentalistes. Ce débordement populaire, décrit par Boudjedra comme une fête carnavalesque, pendant laquelle les interdits sont transgressés, aura pour effet une levée définitive du couvre-feu.

Marc-Edouard Nabe a également apporté son grain de sable à l'affaire Zidane en signant un pamphlet, distribué sous la forme d'un tract au titre pour le moins provocateur : *Zidane la racaille*. Son portrait de Zidane en « chevalier du Graal à qui la coupe échappe » mérite d'être cité[1]. Pour Marc-Edouard Nabe, le geste final par lequel le joueur d'origine kabyle clôt sa carrière est d'abord « le dernier aveu d'échec de la politique d'intégration ». « Tout à coup un Arabe enlève à la France sa chance d'être victorieuse, il lui vole sa joie d'exploser d'autosatisfaction, d'oublier le racisme primaire de ses Blancs et l'antiracisme, tout aussi primaire, de ses Beurs… ». Nabe refuse de croire un instant à la version officielle, corroborée par Zidane lui-même et véhiculée par les médias, selon laquelle Materazzi aurait simplement manqué de respect à sa mère ou à sa sœur. A l'en croire, c'est de « sale terroriste » que l'aurait traité Materazzi, insulte lue sur les lèvres de l'Italien par des sourds-muets réquisitionnés pour la circonstance et qui ont pu revisionner la séquence. Or le monde a changé depuis la victoire de 1998, le 3-0 contre le Brésil et la descente triom-

---

[1] Marc-Edouard Nabe, *Zidane la racaille*, pamphlet daté du 24 juillet 2006, « texte imprimé et distribué gratuitement » [*sic*], disponible sur le site internet http://marc.edouard.nabe.free.fr

phale des Champs Elysées par les Bleus, sur l'air de *I will survive*. Outre l'effondrement des tours jumelles du World Trade Center du 11 septembre 2001 et la révélation des tortures commises par les « Yankees » à Abou Ghraib, le paysage politique français a lui-même passablement changé. Nabe cite pêle-mêle les sifflets qui ont accompagné *La Marseillaise* lors de la rencontre France-Algérie du 6 octobre 2001 tandis que Zidane s'apprêtait à jouer contre son pays d'origine, l'accession de Le Pen au second tour des élections présidentielles en avril 2002, l'interdiction du foulard à l'école, ou encore les émeutes dans les banlieues et les centaines de voitures incendiées. Et à chaque fois Zidane, « l'Arabe le plus célèbre du monde », se mure dans le silence. Marc-Edouard Nabe déplore ce silence obstiné et regrette par-dessus tout que Zidane ne se soit pas rendu à Bagdad, comme lui, à la veille de la guerre, en signe de protestation. Jusqu'au jour où, à force de s'être tu, Zidane finira par réagir sur son terrain d'expression, un stade, à toute « cette injuste guerre faite aux Arabes ». Le coup de boule de Zidane, qui donnerait « envie à Delacroix de repeindre sa *Lutte de l'ange avec Jacob* », Nabe, qui ne fait décidément pas dans la nuance, va jusqu'à le comparer à l'avion de Mohammed Atta percutant la tour du World Trade Center ; et Nabe d'affirmer : « Maintenant il est vraiment Arabe ! » La conclusion de ce pamphlet s'adresse directement à Zidane : « Ton père Smaïl l'a dit : “ce n'est pas grave, il y a des choses pires qui se passent en Irak !” Lui est un vrai sage : il n'en a rien à foutre qu'un Italien traite sa femme de pute, je pense que ça lui ferait plus plaisir que son fils traite tous les Américains de terroristes ! ». Même si l'interprétation de Marc-Edouard Nabe est ouvertement partisane, délibérément provocatrice, son caractère éminemment polémique ne fait en quelque sorte que redoubler la fureur du coup de tête de Zidane.

Dans *La Mélancolie de Zidane*, Jean-Philippe Toussaint nous peint lui un Zidane en fin de carrière, fatigué aussi bien par ses coéquipiers que par ses adversaires. Le coup de boule du joueur au numéro 10 apparaît comme l'effet d'une formidable lassitude, muée soudain en fureur incontrôlable, en excès d'énergie incapable d'être contenu. Le monde entier étant venu assister à son départ à la retraite, que personne n'imagine autre que glorieux, Zidane fait mentir les pronostics : ça ne va pas se passer comme ça, on va voir ce qu'on va voir.

Or l'excès de colère manifesté à dix minutes de la fin de la partie n'est peut-être pas imputable au seul Zidane. Qui ne voit en effet qu'une partie de la littérature contemporaine est habitée par le démon de la rage ? Janus, il faut s'en souvenir, était aussi dans la mythologie romaine le dieu de la guerre : il présidait au rite de l'ouverture et de la fermeture des portes, au commencement et à la fin des expéditions militaires. Et de fait, une partie non négligeable de la production littéraire contemporaine est sur le pied de guerre. On n'en finirait pas de dénombrer les « coups de boule », tous plus provocateurs les uns que les autres. De Dantec à Jean-Éric Boulin, en passant par Marc-Edouard Nabe et Éric Chevillard, la rage connaît toute une gamme de nuances. S'ils ne partagent pas la même vision du monde — loin s'en faut — ces écrivains ont cependant en commun d'être en proie à la rage, une rage modulée différemment, il est vrai, selon les cas. Teintée de mélancolie chez un Philippe Muray nostalgique de valeurs morales tombées en désuétude et d'un véritable affrontement politique en lieu et place du consensus mou et préfabriqué qui caractérise la société dans laquelle nous vivons, la rage peut être parfois plus ciblée. C'est le cas notamment quand Muray s'en prend à la perte des repères séculaires sur le chapitre de la sexualité, au déclin des valeurs masculines traditionnelles et à la mise en place progressive d'un nouveau matriarcat, ou qu'il ironise sur la parité, le PACS, et surtout la fierté gaie, mieux connue sous le nom de *Gay Pride* : « Nous avons, paraît-il, dans la nuit des temps, connu l'âge du fer ; nous entrons aujourd'hui, et de plain-pied, dans l'âge du fier »[1]. Pour Philippe Muray aussi, Mai 68 a marqué un tournant fatidique. C'est le moment où « la voix du Père (celle de Gaulle) a résonné pour la dernière fois »[2]. Héritage direct de Mai 68 et de la libéralisation des mœurs, la « féminisation » de la société actuelle, inscrite jusque dans le vocabulaire et la grammaire, et le désir d'effacement des différences sexuelles témoigneraient selon lui d'une volonté d'éradication de l'altérité : « au royaume de l'oniris-

---

[1] *Après l'Histoire*, pp. 212-213.
[2] *Ibid.*, p. 135.

me hyperfestif, il n'y a plus d'oppositions » — entendez : entre deux sexes nettement séparés[1]. Le mâle, au sens traditionnel, est pour Muray une espèce en voie de disparition, en état de survie précaire et, pour tout dire, « préhistorique »[2]. Résultat d'un lent processus de « désexualisation » du monde, la fin de l'Histoire est intimement liée, aux yeux de Philippe Muray, à « l'établissement de la matriarchie »[3].

Même diagnostic sous la plume de Maurice G. Dantec, dont le *Laboratoire de catastrophe générale* (2001) mérite bien son sous-titre de *Journal métaphysique et polémique* (*polemikos* : relatif à la guerre). Dans ces véritables carnets de guerre Dantec se livre allègrement à une attaque en règle contre les « matriarchies postrévolutionnaires » et la « société gynocratique »[4]. Conséquence des manipulations génétiques (fécondation in vitro, clonage) qui sont en train d'affranchir la reproduction de la sexualité, avec la généralisation de la parthénogenèse, la reproduction sans mâle, l'homme aura bientôt perdu son pouvoir (politique, symbolique), et jusqu'à son utilité. Par contraste, le coup de boule, on l'admettra volontiers, est masculin à souhait. Il n'empêche, le posthumain sera probablement féminin : « l'ordre gynocratique qui se [met] effectivement en place aur[a] peu à peu vidé de son sens la fonction sociogénétique masculine »[5]. En clinicien, cet antirépublicain catholique exilé au Canada pose également un regard qui se veut froid et détaché sur l'état de décomposition avancé de la nation. Pourfendeur du consensus, des médias qui l'entretiennent (« *Le Monde* diplodocus ») et de la démocratie, il n'hésite pas à hurler à qui veut bien l'entendre que la civilisation européenne agonisante projette ses derniers feux, et que l'Europe est morte à Sarajevo. Autre cible privilégiée : les altermondialistes. Le « grand show » de l'antimondialisation n'est qu'une posture destinée à se donner bonne conscience, la vérité étant que la contestation marchande désire en réalité cela même qu'elle rejette, et qu'un « Janus mar-

[1] *Ibid.*, p. 47.
[2] *Ibid.*, p. 82.
[3] *Ibid.*, p. 221.
[4] Maurice G. Dantec, *Laboratoire de catastrophe générale*, éd. citée, p. 192.
[5] *Ibid.*, p. 444.

chandise /contestation »[1] règne sans partage sur nos sociétés. Mais cet état des choses n'est pas destiné à durer indéfiniment car nous vivons en ce moment une période transitoire, ce qu'on appelle « l'homme » n'étant qu'« un pont entre le singe et le surhomme »[2]. Pour Dantec, la fin est derrière nous, et nous vivons « l'interrègne »[3], en attendant l'avènement du posthumain. Quant à l'art, encore une fois, le scénario est déjà écrit et connu par cœur. « La mariée fut mise à nu par une petite poignée d'irréductibles »[4] (au rang desquels figure en bonne place Marcel Duchamp), une fois pour toutes.

Est-ce de ne pas être assez entendus que certains écrivains contemporains s'époumonent de la sorte et adoptent un ton rageur, polémique, provocateur, parfois haineux ? L'hypothèse mérite d'être émise car le statut même de l'écrivain s'est, depuis les années soixante, passablement érodé, celui-ci perdant encore un peu plus de son influence avec l'avènement d'un régime capitaliste global. Les vociférations de nos écrivains sont peut-être proportionnelles au manque de reconnaissance et au sentiment d'impuissance qui lui est associé. Le culte de l'écrivain n'est plus de mise en ce début de siècle et personne ne prétendrait plus guider les foules. Au militantisme et aux grandes harangues auxquels la génération des écrivains existentialistes nous avaient accoutumés répond aujourd'hui une nouvelle posture, qui consiste à caresser à rebrousse-poil. Sexe et violence constituent des ingrédients privilégiés de par leur aptitude à provoquer le scandale (Michel Houellebecq, Catherine Millet, Virginie Despentes) et à faire parler : *pro-vocare*.

Chez certains écrivains contemporains, le sentiment que la littérature est plus coupée que jamais des grandes questions sociales et politiques qui agitent le pays est vif. C'est le cas, semble-t-il, de Jean-Éric Boulin. Dans *Supplément au roman national*, la rage porte autant contre les écrivains que contre les représentants politiques, les uns et les autres coupés des réalités, et qui ne se rendent pas compte que la « nation » appartient à un passé définitivement

[1] *Ibid.*, p. 847.
[2] *Ibid.*, p. 789.
[3] *Ibid.*, p. 252.
[4] *Ibid.*, p. 506.

révolu : pendant que le RMI progresse, que les voitures brûlent, que 50 000 beurs sifflent leur hymne et que « la littérature crève d'incontinence », François Hollande « enflamme la salle des fêtes de Tulle »[1]. Renvoyant les écrivains contemporains les plus médiatisés et les élus politiques dos à dos, Boulin brosse le portrait d'une France non seulement incapable de réduire la fracture sociale mais, qui plus est, une France vidée de ses mythes.

Cette forme de colère coexiste cependant avec une autre forme de rage qui, à la différence des exemples cités jusqu'ici, paraît coupée de tout commentaire politique. Le titre d'un des ouvrages d'Éric Chevillard, consacré au peintre Gaston Chaissac, exprime ce sentiment dans ce qu'il a de plus primitif, et va nous rapprocher du coup de boule de Zidane : *D'attaque*. Il s'agit ici d'une rage intransitive, sans objet, redevenue pur sentiment primitif. Dans *Scalps*, Chevillard nous fait assister à un de ces combats dignes du Henri Michaux d'*Affrontements*, où l'on découvre un individu aux prises avec le monde :

> Comme il est niais, le visage qui n'a jamais rencontré le poing ! Le poing distribue les yeux, le nez et la bouche dans le visage. Il leur assigne la place qui sera la leur désormais. Simple retouche, mais qui change tout. L'œil gauche et l'œil droit permutent. Les lèvres seront trois. Et moi, je me mets où ? demande le nez. C'est toujours une surprise.[2]

D'autres fois, la rage est davantage ciblée, dirigée vers un objet plus précis. Il arrive en effet qu'elle se déploie sur fond de différends esthétiques. La littérature, tout particulièrement, est au centre d'affrontements eux aussi bien réels. C'est le cas de *L'Œuvre posthume de Thomas Pilaster* (1999), où un biographe jaloux s'en prend ouvertement à l'auteur qu'il commente, l'hagiographie annoncée tournant au règlement de comptes. La perspective est inversée dans *Démolir Nisard* (2006) où la rage est le fait d'un romancier qui prend pour cible une certaine forme de critique littéraire, rejetée en bloc. Chevillard se livre à une attaque en règle contre Désiré Nisard, critique littéraire du dix-neuvième siècle,

---

[1] Jean-Éric Boulin, *Supplément au roman national*, éd. cit., p. 66.
[2] Éric Chevillard, *Scalps*, p. 67.

Inspecteur général de l'enseignement supérieur, membre du collège de France et auteur d'une *Histoire de la littérature française.* Consacrer un roman entier à « démolir » Nisard, voilà qui a de quoi surprendre — pourquoi ranimer une vieille querelle ? — et ressemble, de l'aveu même du narrateur à une fixation pathologique sur la personne d'un vieux critique littéraire oublié et désormais sans influence. Et l'entreprise semblerait en effet immotivée si du moins la vision des Lettres qu'avait en son temps Nisard était sans rapport avec le discours dominant actuel. Tel n'est pas le cas. On apprend en effet dès la première phrase du roman, et une telle conception suffirait à expliquer et justifier à elle seule l'existence du livre de Chevillard, que « selon Désiré Nisard, la littérature française a entamé son irrésistible déclin dès la fin du XVIIe siècle et la mort de Bossuet, opinion qu'il énonce en 1835, c'est dire comme les choses ont dû se dégrader encore [...] »[1]. Vieille lune donc, que cette conception de la littérature regardée comme chose du passé ! L'opinion de Nisard et la réaction qu'elle suscite tout au long du livre (irrésistible de drôlerie) nous renseignent au passage sur le sentiment, sans cela inexplicable, qui habite Chevillard. De quoi se nourrit en effet cette rage illimitée qui anime de part en part l'œuvre de Chevillard, si ce n'est d'une réaction épidermique de refus face au mythe de la fin de la littérature ? Véritable règle de conduite ou hygiène de vie, la « contre-attaque », érigée en art par notre auteur, engage à la fois une éthique et une esthétique : Chevillard oppose une fin de non-recevoir aux déclinologues de tous poils et son œuvre romanesque participe au renouvellement du genre. Cet art de la « contre-attaque » présente en outre l'avantage de nous aider à mieux comprendre le geste de Zidane et plaide pour une autre interprétation que celles suggérées précédemment.

Inutile en effet de différer davantage. Dans le récit que Jean-Philippe Toussaint nous propose, « Zidane » présente toutes les caractéristiques d'une métaphore que l'on peut désormais se risquer à nommer : « Zidane » est ici l'autre nom du roman contemporain. Qui ne voit en effet que la fable de Zidane constitue l'allégorie la plus inattendue et la plus originale de la situation du

---

[1] Érci Chevillard, *Démolir Nisard*, Éd. de Minuit, 2006, p. 7.

roman contemporain ? L'un comme l'autre — et les deux se confondent sous la plume de Toussaint — sont habités par la mélancolie, en proie « à la tristesse de la fin annoncée, à l'amertume du joueur qui dispute le dernier match de sa carrière et ne peut se résoudre à finir »[1]. Le roman contemporain, dont on annonce la mort depuis belle lurette, n'est-il pas récidiviste, adepte comme « Zizou » des « fausses sorties » (contre la Grèce) ou des sorties ratées (contre la Corée du Sud) » ? Non, décidément le roman français n'a jamais pu se résoudre à finir. Envisagé sous cet angle, le « coup de boule » du numéro 10 se laissera mieux appréhender. « Zidane » — entendez : le roman contemporain — est prêt à tout pour ne pas en finir, pour ne pas entendre le coup de sifflet final qui mettrait un terme à sa carrière. Prêt à tout, comme de regagner les vestiaires en cours de partie, et nous obliger à le suivre dans les coulisses. On ne dira jamais assez à quel point cette sortie avant l'heure revêt un aspect diderotesque. Lequel Diderot n'hésitait pas à modifier les règles en cours de partie, obligeant son lecteur à réviser son mode de consommation du roman. Avec ses innombrables digressions et surtout son refus de conclure, *Jacques le fataliste* prend le lecteur à contre-pied, n'hésitant pas à le conduire dans les coulisses, histoire de lui montrer comment se fabrique un roman. A tout moment, dans cette fable postmoderne qu'est *Jacques la fataliste*, le personnage principal est menacé d'être mis sur la touche, hors-jeu : « On s'empare de Jacques, on lui lie les mains sur le dos, et on le conduit devant le juge, qui l'envoie en prison. [...] il était écrit là-haut qu'il ne finirait pas l'histoire »[2]. Carton rouge pour Jacques, mais ce carton rouge et le refus de conclure qui lui est associé sont aussi la plus belle célébration qui soit du roman, un gage de jouissance narrative et une invite à continuer la partie : « reprenez le récit où il l'a laissé, et continuez-le à votre fantaisie »[3]. Autant dire que le récit postmoderne rejoint ici le roman de formation tel qu'il s'écrivait sous la plume de Diderot. Plus qu'un coup de théâtre, *La Mélancolie de Zidane* est le paradigme du « dénouement », au sens de Lionel Ruffel : un geste qui

[1] Jean-Philippe Toussaint, *La Mélancolie de Zidane*, Éd. de Minuit, 2006, p. 10.
[2] Denis Diderot, *Jacques le fataliste et son maître*, Garnier-Flammarion, 1970, p. 312.
[3] *Ibid.*

ne se confond nullement avec la fin, mais fournit au contraire matière à plus de roman. A la question : comment finir ? Zidane apporte la seule réponse possible, en décidant de ne pas finir. Avec cette petite fable footballistique, Toussaint continue une partie vieille de plusieurs siècles, il joue les prolongations. Et oppose du même coup à tous les déclinologues du roman contemporain, à toutes les Cassandre des Lettres une fin de non-recevoir. Vous brandissez la menace du carton rouge ? Mais qui ne voit que le carton rouge est un moyen inventé par le roman pour mettre sur la touche ses détracteurs, une ruse inventée par le roman ? Le roman ne se porte peut-être jamais mieux qu'en temps de crise. Il y a longtemps, il ne faut pas avoir peur de le dire haut et fort, que le roman contemporain n'a pas été aussi florissant. On peut du reste déceler chez Toussaint les symptômes d'un renouveau romanesque. Car être privé de la fin, avoir perdu la fin et ne pas pouvoir raccrocher les crampons est peut-être bien la meilleure nouvelle que nous envoie la littérature d'aujourd'hui, l'occasion aussi pour elle de se construire une nouvelle mythologie.

Dans *La Télévision* (1997) le personnage principal est à l'image d'une littérature qu'on croit moribonde : en congé sabbatique, c'est-à-dire lui aussi *désœuvré*, il tue le temps comme il peut à Berlin, où il est censé travailler à un essai sur la peinture de Titien. Le choix de Berlin n'est nullement innocent. Ville mythique, tragique comme une cité grecque, longtemps coupée en deux, Berlin pourrait presque passer pour la capitale du XXe siècle tant son histoire rassemble en elle tous les événements majeurs du siècle. Qui pouvait prévoir que le baiser de Gorbatchev à Honecker signifierait la réunification si rapide des deux Allemagne ? Le commentaire de la célèbre photographic par l'écrivain néerlandais Cees Nooteboom, témoin oculaire de la chute du mur, souligne la portée hautement politique et symbolique du geste : « Si le baiser est exécuté par deux hommes, ce sont des Etats qui s'embrassent, des stratégies, des philosophies politiques. Le pays qui était inconcevable sans la Russie reçoit le baiser du pays qui rend concevable la disparition de la RDA telle qu'elle est »[1]. Nous le savons mainte-

[1] Cees Nooteboom, *Une Année allemande. Chroniques berlinoises, 1989-1990* [trad. Ph. Noble], Actes Sud, 1990, p. 85.

nant, Berlin est la ville qui, en 1989, avec l'effondrement du mur, a sonné le glas des idéologies. Pour cette raison elle symbolise, mieux que toute autre ville, l'idée de fin. C'est là encore que Zidane, par un soir de juillet 2006, commettant son coup de boule et écopant d'un carton rouge, se mettra sans le savoir au diapason de Berlin, et précipitera la fin.

D'une image l'autre... Du baiser de Gorbatchev au coup de boule de Zidane, de la fin des idéologies à la fin de la littérature, il n'y avait somme toute qu'un pas, que beaucoup se sont un peu trop hâtés de franchir, croyant déceler ici ou là les signes du grand *désœuvrement* annoncé.

Devant son téléviseur encore éteint, le personnage de *La Télévision* s'apprête à se faire un plateau-télé. Son propre reflet dans l'écran de la télévision est comparé avec la célèbre toile représentant les époux Arnolfini, dans laquelle un miroir convexe renvoie l'image des personnages de dos, ainsi que celle du peintre. Dans l'écran du poste éteint, le personnage reconnaît en effet « les meubles et les objets de la pièce, comme vus à revers dans un miroir convexe à la Van Eyck »[1]. Tout, a priori, oppose les deux mises en abyme, les gestes mesurés et éloquents du couple flamand d'un côté, l'image d'un célibataire désœuvré de l'autre, rivé devant son poste télé, « la main sous les glorieuses »[2], tout occupé à ronger un os de poulet. A se demander ce que penserait Van Eyck si effectivement il pouvait voir la scène... Le tableau proposé par Toussaint est pourtant un avatar de la célèbre œuvre, la *même* image, mais dégradée. Ce qui sépare les deux tableaux n'est rien d'autre en effet que la crise de la représentation, cet événement dominant de l'esthétique du XXe siècle, reflet d'une crise de civilisation. Mais cette crise, qui a pu faire croire à une fin de la peinture, a été intériorisée, assimilée, et pour tout dire surmontée, *digérée*. Certes, le processus aura été lent, il aura nécessité du temps et même une longue mastication, pour ne pas risquer de s'étouffer, comme avec l'os du poulet. Il n'empêche que Toussaint renoue devant nous avec le plaisir de raconter, et fait mentir la promesse de désœuvrement.

---

[1] Jean-Philippe Toussaint, *La Télévision*, Éd. de Minuit, coll. « Double », 2003, p. 101.

[2] *Ibid.*, p. 103.

La question de l'autorité, c'est-à-dire celle de la place de l'auteur et de son aptitude à œuvrer et signer, qui lui est aujourd'hui trop souvent déniée, est elle-même évoquée à travers la figure du peintre Titien et ses relations avec le pouvoir, sujet d'une étude en cours. La scène rapportée par Musset dans laquelle Charles Quint se serait courbé pour ramasser le pinceau de Titien tombé à terre, signe que « pour la première fois dans l'histoire de l'art, [l'artiste] refusait d'être traité comme un simple fournisseur à qui l'on passait commande »[1], est donnée pour ce qu'elle est : une (belle) légende. Comme tout peintre, Titien a du reste commencé par copier les grands maîtres, tout comme Zidane dont la *Panenka*, ce coup de pied qui consiste à soulever le ballon plus qu'à le frapper, et à l'envoyer dans le haut du filet, pour le laisser retomber en feuille morte dans le dos du gardien, n'est autre qu'une « citation, un hommage involontaire à un épisode légendaire de la Coupe du monde »[2], le tir de Goeff Hurst à Wemblay en 1966. On accuse le roman contemporain de recyclage ? de fouiller dans les débris de la culture ? Et cependant, même quand il recycle, « Zidane » — le roman contemporain — est encore capable d'invention : cette fois-ci, « la *Panenka* indolente [...] toucha la barre transversale pour passer la ligne et ressortir du but, trajectoire de billard [...] »[3]. Sans doute fallait-il l'œil exercé d'un amoureux du ballon pour s'apercevoir, en direct, de la trajectoire. Il n'empêche, le ballon a bel et bien franchi la ligne...

Alors, oui : on continue en ce début de XXIe siècle d'écrire de fort beaux livres. N'en déplaise aux inconditionnels de Philippe Muray, ce n'est pas *homo festivus* qui officie. Et l'on peut penser que la littérature a de beaux jours devant elle. Pour mieux achever de s'en convaincre, ainsi que pour clore ce chapitre et tourner la page, nous confierons l'arbitrage à Jean Rouaud, un Jean Rouaud empruntant pour la circonstance la voix de Malraux : « le XXIe siècle sera romanesque ou ne sera pas »[4].

---

[1] *Ibid.*, p. 78.

[2] *La Mélancolie de Zidane*, p. 8.

[3] *Ibid.*

[4] « Entretien avec Jean Rouaud », *Revue André Malraux Review* n° 34, 2007, p. 142.

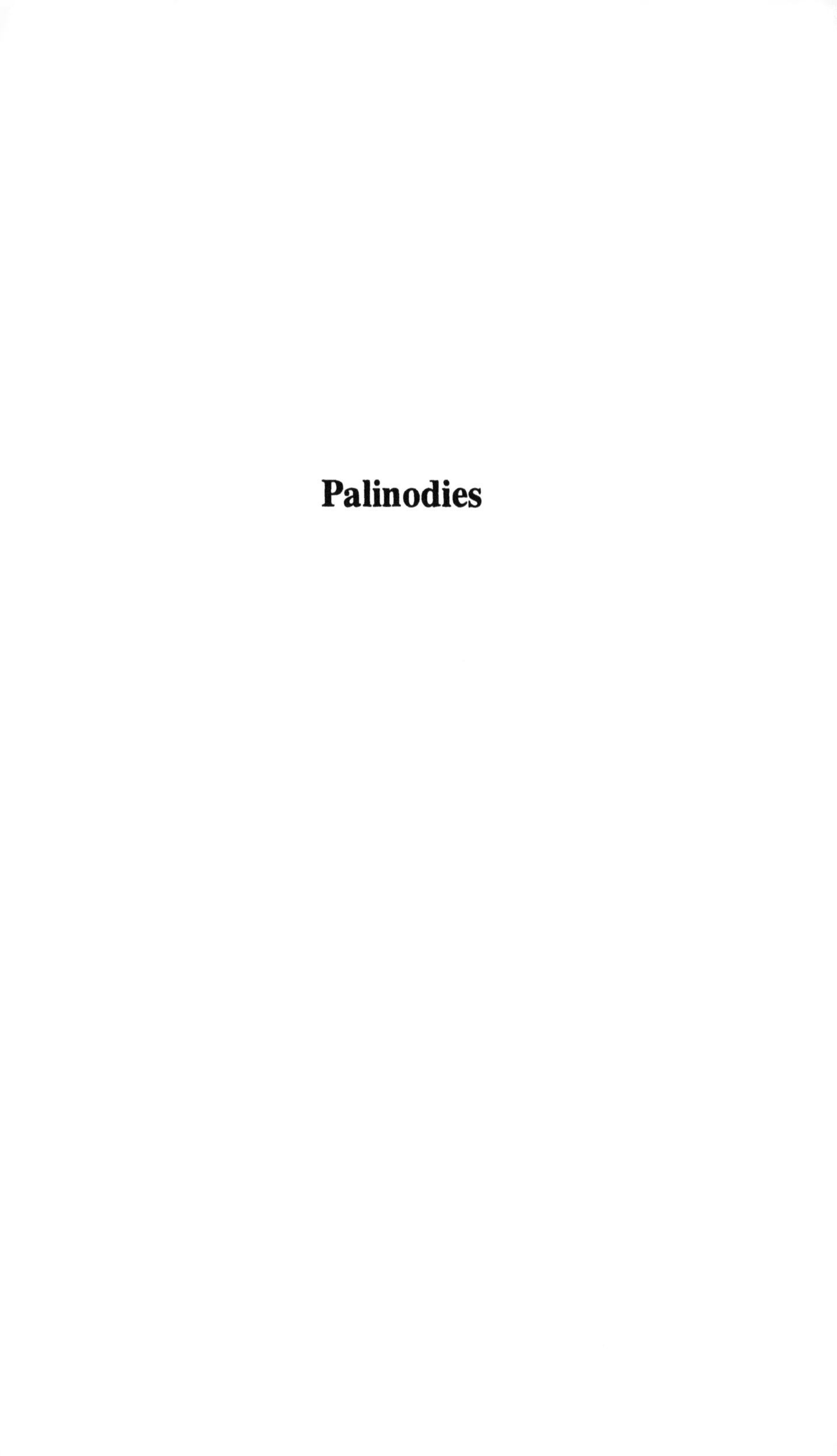

Palinodies

Lucy, une Australopithèque postmoderne

A la Renaissance, les calculs de l'archevêque Usher avaient conclu que l'homme avait été créé en 4000 avant J.-C. Cette chronologie d'inspiration biblique fut longtemps considérée comme la plus plausible, et l'on était loin d'imaginer que l'existence de l'homme pût être bien plus ancienne. Au milieu du XIXe siècle, à une époque où il était encore communément admis que la présence de l'homme sur la terre était récente, Boucher de Perthes fut le premier à émettre l'hypothèse de l'existence de l'homme avant le Déluge ; sa découverte d'une mâchoire attribuée à l'homme antédiluvien allait bouleverser les chronologies alors en vigueur. Christine Montalbetti a consacré un roman à ce personnage qui a joué un rôle fondamental dans notre perception du temps, et qui est un peu le père fondateur de la préhistoire.

L'Origine de l'homme (2002) s'ouvre sur le récit d'un épisode assez peu banal, mettant en scène la baignade matinale de Boucher de Perthes dans la Somme. En quelques lignes, Montalbetti nous offre ce qu'il faut bien considérer comme un formidable raccourci de l'évolution, et fait défiler sous nos yeux le film de l'Histoire signé Charles Darwin, un film auquel elle fait subir pour notre plus grand plaisir un accéléré proprement vertigineux. Nous sommes d'abord les témoins d'un « battement des bras, rotation de l'épaule, paume bien plate comme raquette ou spatule venant fortement cogner l'eau » [1] ; « Notre héros n'économise pas son effort et c'est là un beau désordre aquatique, une sorte, allons-y, de feu d'artifice aqueux, si bien que pour un peu vous diriez C'est Versailles »[2]. Le nageur sort ensuite du lit de la rivière et nous fait assister à sa séance de séchage pendant laquelle il s'efforce de conserver la station debout, en équilibre sur un pied, puis sur

[1] Christine Montalbetti, *L'Origine de l'homme*, P.O.L, 2002, p. 9. Une première version de « Lucy, une Australopithèque postmoderne », ici sensiblement étoffée et remaniée, a paru dans *Women in French Studies* (volume 14, 2006).
[2] *Ibid.*, p. 10.

l'autre ; il a bientôt « terminé son panégyrique des exercices frigorifiques et vous tend sa main, une main tâchée de chlorophylle » [1]. Même si elle semble ici peu assurée au début, la station debout constitue une étape essentielle au processus d'hominisation, puisqu'elle permit la libération de la main, laquelle main se prolongera ensuite dans des outils capables d'assurer à l'homme la domination progressive du monde. La scène de présentation s'achève par une franche poignée de mains, le nageur déclinant son identité : « Jacques Boucher de Crèvecœur de Perthes, pour vous servir » [2].

Mythe, diront les adversaires de l'évolution, une théorie longtemps tenue pour incontestée et dont la remise en question aujourd'hui, à une époque où les tenants du « dessein intelligent » se font de plus en plus entendre — notamment les fondamentalistes américains —, participe de la suspicion envers tous les « grands récits »[3]. Parce qu'elle réunit toutes les communautés humaines dans une vaste histoire commune, l'évolution peut bien apparaître en effet comme le plus grand de tous les récits. La narration en accéléré de Montalbetti fait ressortir à la fois le caractère problématique sinon chimérique du scénario tel qu'il est généralement compris par le profane, et l'impossibilité qu'il y a à parler de la préhistoire sans projeter sur elle des catégories modernes : essayez de mettre en scène la préhistoire, et c'est Versailles qui surgit, comme pour nous rappeler à quel point il est difficile, décidément, de ne pas envisager l'homme comme une espèce élue entre toutes, qui se distingue par la noblesse de sa naissance — ce que la théorie de l'évolution rejette. Mais s'il y a là en effet de quoi s'interroger, l'évolution, en vertu même de son aspect volontiers fantasmatique, reste propice à l'affabulation, qu'elle appelle de ses vœux. Quoi de plus tentant en effet que d'imaginer les premiers pas humains, la scène primitive par excellence ? C'est précisément ce à quoi nous convie Andrée Chedid dans *Lucy. La femme verticale.*

Chimère pour chimère, fantôme pour fantôme pourquoi en effet ne pas prêter notre voix à celle qui était privée de la parole, notre

[1] *Ibid.*, p. 15.
[2] *Ibid.*, p. 16.
[3] Voir à sujet *Lucy et l'obscurantisme* de Pascal Picq, Odile Jacob, 2007.

ancêtre commune, la première créature à adopter la position verticale ?

> Les ligaments de mes genoux se tendront, mes paumes quitteront terre, mon échine s'étirera. La cage de mes vertèbres se haussera, entraînant mes reins, mes hanches.
>
> Enfin debout. Pour la première fois : debout, j'entamerai la longue marche... Celle qui annonce tous les hommes.
>
> Tous les hommes. J'ai dit : tous ! Ceux d'ici, ceux d'ailleurs, ceux de chaque lendemain. Ceux qui espèrent que je devienne pour devenir. Ceux qui attendent pour exister que j'existe [1].

Ainsi s'exprime l'Australopithèque qui vécut il y a trois millions d'années, la célèbre « Lucy », dans la fiction que nous propose Andrée Chedid. Et puisque nous en sommes au tout début, au pré-ambule, ralentissons le pas, pour planter le décor. Cette Lucy-là n'a nullement surgi du néant. La publication du récit d'Andrée Chedid, en 1998, coïncide avec celle des *Particules élémentaires* de Michel Houellebecq. A la veille du troisième millénaire, le calendrier invite aux méditations sur l'aventure de l'espèce humaine, et de Chedid à Houellebecq la littérature nous gratifie de scénarios préhistoriques aussi bien qu'apocalyptiques. La biologie alimente les récits d'anticipation tandis que le rôle de machine à remonter le temps est tenu par la paléontologie. Il ne sera pas ici à proprement parler question de grottes ou de peintures pariétales comme c'est le cas chez Éric Chevillard ou Jean Rouaud qui, à la suite de Georges Bataille, confondent histoire de l'homme et histoire de l'art, ni même de faire des tout débuts de la science préhistorique matière à roman, comme Christine Montalbetti dont le livre s'achève sur un cri de victoire, Boucher de Perthes brandissant victorieusement la mâchoire de l'ancêtre antédiluvien. Il s'agira plutôt d'un mélange d'histoire naturelle et de fiction puisque cet ouvrage d'Andrée Chedid prétend reconstituer — de façon imaginaire, fantasmée même — la vie d'une créature préhistorique, et met en scène les débuts de l'espèce.

---

[1] Andrée Chedid, *Lucy. La femme verticale*, Flammarion, 1998, pp. 14-15.

Dans ce contexte, *Lucy. La femme verticale* se distingue par le dispositif sur lequel repose le texte. C'est Lucy elle-même qui s'adresse d'abord à nous, sous forme de prosopopée. « J'aborde, par ta voix du deuxième millénaire, ce bizarre récit », annonce-t-elle[1]. Empruntant la voix d'une femme contemporaine, elle décrit sa propre existence ainsi que ses efforts pour adopter la position debout et répondre ainsi à un mystérieux « appel ». C'est ensuite au tour de la narratrice de prendre la parole. Celle-ci décide de remonter le temps à la rencontre de notre « ancêtre » commune. Ce voyage imaginaire est motivé par une volonté homicide : tuer Lucy en la noyant dans le fleuve, et du même coup interrompre l'aventure humaine à sa source, abolir l'Histoire, et avec elle le cercle des crimes et des vengeances qui constitue « le plus sinistre des enchaînements » [2]. La fiction qui nous est proposée ici illustre donc à merveille non seulement le phénomène de réversion de l'Histoire caractéristique selon Jean Baudrillard de la fin du XXe siècle, mais également le travail de deuil qui lui est associé. Le fétichisme archéologique sur lequel repose la fable d'Andrée Chedid procède de ce « remords » qui, selon Jean Baudrillard, pousse l'espèce à la résurrection de tout son passé, au moment même où elle perd le fil de sa mémoire : « il n'y a que les crimes, dont on entreprenne ainsi la reconstitution inexorable »[3]. Jean Rouaud ne va-t-il pas jusqu'à convoquer Ötzi, cité à comparaître dans *L'Invention de l'auteur* (2004), cet homme du néolithique retrouvé intact en 1991 dans les neiges des Alpes, dont le corps, charrié par un glacier, a été conservé pendant des millénaires, et qu'on soupçonne d'être la victime d'un meurtre, l'autopsie ayant révélé la présence d'une pointe de flèche dans l'épaule ? Cette « course aux fossiles » témoignerait, selon Baudrillard, d'un « ressentiment quant à notre origine », d'un « repentir originel » : « la paléontologie règne sur une sorte d'inconscient criminel de l'espèce »[4]. Mais la rencontre avec Lucy va ici altérer le projet de la narratrice. Conquise par son regard, dans lequel elle se reconnaît, la narratrice décide non seulement d'épargner la petite créature simiesque, elle

[1] *Ibid.*, p. 15.
[2] *Ibid.*, p. 66.
[3] *Ibid.*, p. 112.
[4] *L'Illusion de la fin*, p. 107.

va même aller jusqu'à l'aider à se relever et se tenir debout. Rêverie sur les origines, ce récit joue sur plusieurs plans qu'il est difficile de dissocier et s'emploie au contraire à mélanger des considérations d'ordre généalogique, culturel et esthétique, puisqu'il touche aussi bien aux origines de l'œuvre qu'aux origines de l'être, et que cette anthropologie se double d'une esthétique.

La localisation géographique de cette paléo-fiction est d'importance. Parce qu'il nous entraîne dans « l'est de l'Afrique »[1], le récit marque une rupture avec l'ethnocentrisme européen caractéristique des représentations traditionnelles de la préhistoire, particulièrement évident dans les textes précédemment cités. Georges Bataille lui-même n'était-il pas tenté de faire de la vallée de la Dordogne « le centre du monde »[2] ? La célèbre affaire de l'homme de Piltdown atteste elle aussi ce désir d'ancrer les origines de l'homme sur le territoire européen — fût-ce au prix d'une imposture scientifique — et exemplifie le dogme de la supériorité européenne. En 1912, des savants anglais présentèrent au monde les restes du « chaînon manquant » entre le singe et l'homme, trouvés sur le sol britannique ; la fraude ne fut révélée qu'en 1953.

Lucy fournit donc l'occasion d'un décentrement, au moins partiel, du phénomène préhistorique. Comme chacun sait, c'est en 1974, dans la dépression de l'Afar, en Éthiopie, c'est-à-dire non loin des sources du Nil, ce fleuve qui a tant compté pour Andrée Chedid, qu'ont été découverts les restes de « Lucy », la créature au prénom encore trop occidental (ainsi nommée par référence à une chanson des *Beatles*) — il eût fallu en toute rigueur l'appeler Birkinesh ou Dinkinesh, en éthiopien[3], pour que le décentrement fût complet. C'est là, suite à une crise climatique et un assèchement de l'est de l'Afrique qu'aurait commencé la grande migration — phénomène désigné par Yves Coppens sous l'expression *East Side Story* — conduisant de l'Afrique orientale à l'Europe en contournant le bassin Méditerranéen par le Proche-Orient[4]. Chacun aura reconnu là le parcours même d'Andrée Chedid, des rives du Nil à Paris, en passant par le Liban : elle possède, comme Aléfa, son

---

[1] *Lucy. La femme verticale*, p. 53.

[2] Georges Bataille. *Lascaux ou la naissance de l'art*, Skira, 1986, p. 20.

[3] Yves Coppens, *Le Genou de Lucy*, Odile Jacob, 1999, p. 180.

[4] *Ibid.*, p. 38.

personnage de *La Cité fertile*, « fibres et racines sur au moins trois continents »[1] .

Autobiographique, ce récit l'est à d'autres titres. Comment en effet ne pas être frappé par la jeunesse de Lucy ? Agée tout au plus d'une dizaine d'années[2] (soit deux fois plus jeune que dans *Le Rêve de Lucy*, la fiction de Pierre Pelot), celle-ci pourrait être la compagne de jeu d'Omar-Jo, le jeune héros de *L'Enfant multiple*. Elle revêt aux yeux d'Andrée Chedid l'immense privilège de la jeunesse. L'œuvre de Chedid est en effet à l'image d'un XXe siècle hanté par le vieillissement, où l'Histoire elle-même semble vieillir plus vite qu'à l'accoutumée (Péguy déjà, dans *Clio*, la représentait sous les traits d'une vieille femme). On ne pouvait donc rêver meilleur scénario : la grand-mère de l'humanité est une jeune femme, et même une jeune fille. Moyennant quoi, le fait de se trouver face à une créature ayant l'âge d'une enfant va susciter chez la narratrice un réflexe maternel. Ce scénario de renversement des générations est l'objet de maintes rêveries éveillées chez les personnages de Chedid. Plus âgée que sa propre mère, morte à l'âge de treize ans, Néfertiti, l'épouse d'Akhnaton s'imagine être devenue la mère de sa mère. Même fantasme chez Hippolyte Géricault, le fils du célèbre peintre, lorsqu'il atteint l'âge de cinquante-quatre ans : « Aujourd'hui, les rôles sont inversés. Théodore, qui fut mon père, puis mon frère, je le nomme à présent "mon fils, mon enfant" » [3]. A maintes reprises, à la faveur d'une méditation sur l'âge, la linéarité du temps des générations, telle que nous la concevons, est ainsi dévoyée, et notre représentation du temps pervertie. Rêvant ainsi d'une généalogie lovée sur elle-même, Chedid met en question, paradoxalement, l'idée même d'origine qui étaye pourtant son récit.

Quant au scénario de la mort par noyade, il correspond peut-être à une hantise ou une obsession personnelle. Lorsqu'elle met en scène sa propre mort, c'est en « Ophélie, parmi les nénuphars » que se représente la narratrice des *Saisons de passage*[4]. Mais c'est

---

[1] *Lucy. La femme verticale*, p. 27.

[2] « J'enfanterai en ma onzième année » explique-t-elle le plus naturellement du monde (p. 35).

[3] Andrée Chedid, *Géricault*, Flohic, 1992, p. 66.

[4] Andrée Chedid, *Les Saisons de passage*, Flammarion, 1996, p. 137.

surtout l'obstination de Lucy, sa volonté de se redresser conjuguée à son esprit d'indépendance, comme lorsqu'elle refuse de subir la « loi » de ses congénères qui voudraient la forcer à retrouver sa posture à quatre pattes, qui font d'elle un personnage digne des héroïnes d'Andrée Chedid. Soulignons qu'entre Lucy et la narratrice, la transmission a lieu de femme à femme ; nous sommes, en présence d'un régime de type matrilinéaire, un héritage qu'André Chedid décrit dans *Les Saisons de passage* lorsqu'elle évoque l'« esprit d'indépendance semé en [elle] comme un germe, de femme à femme ; et, du côté maternel de génération en génération »[1]. Ou plutôt, Lucy en est la source : « l'amorce, le fondement » de l'humanité[2], notre « racine, fixée dans la motte du temps » [3].

Une telle affirmation mérite cependant réflexion, car rien n'est moins sûr que ce titre glorieux décerné un peu vite à Lucy. Les paléoanthropologues sont encore partagés quant à savoir si l'*homo sapiens* se situe ou non dans l'exacte filiation de cette Australopithèque. Yves Coppens lui-même, l'un des membres de l'équipe qui l'a découverte, et qui avait d'abord cru reconnaître en Lucy l'origine de l'humanité, avoue avoir révisé son jugement. Cette créature préhumaine de l'espèce *Australopithecus afarensis* pratiquait une double locomotion. Susceptible de bipédie passagère [4], comme le suggère la forme tassée (dite en pression) de son bassin, lequel soutenait le poids du corps, Lucy était également arboricole. C'est du reste dans l'enfourchure des branches d'un arbre que cette « créature hybride »[5] à la face « simiesque »[6] apparaît pour la première fois aux yeux de la narratrice. Son espèce aurait coexisté avec une autre espèce d'Australopithèques (*Australopithecus anamensis*), à la locomotion bipède exclusive. La fiction de Pierre Pelot, *Le Rêve de Lucy*, repose précisément sur la rencontre des deux groupes, et noue l'ébauche d'une « idylle » amoureuse entre

[1] *Ibid.*, p. 137.
[2] *Lucy. La femme verticale*, p. 15.
[3] *Ibid.*, p. 22.
[4] Voir *Le Genou de Lucy*, p. 33 et suivantes.
[5] *Lucy. La femme verticale*, p. 53.
[6] *Ibid.*, p. 15.

Lucy et l'un des représentants de l'autre groupe, suggérant une pratique de type exogamique.

Maurice Dantec privilégie également la thèse d'un métissage. Dans *Théâtre des opérations* (2000), ce penseur de la fin qu'est Dantec se tourne une fois encore vers les origines et exprime ses doutes quant à la théorie d'une origine unique de l'humanité. La thèse dite « multirégionaliste », qui postule une apparition plus ou moins simultanée en divers points, recueille son adhésion. Dans son éloge de l'anthropologue Anne Dambricourt-Mallassé, Dantec accrédite l'idée d'une « recombinaison permanente des codes génétiques entre des populations très distinctes »[1] (*homo sapiens*, néandertaliens, *homo erectus*, australopithèques), qui serait à l'origine des mutations *in utero* observées par l'anthropologue et d'une « élévation critique de la complexité neuronale »[2]. Même si cette nouvelle cosmogonie conteste ainsi la thèse d'une origine unique de l'humanité, et si d'autres restes bien plus anciens que ceux de Lucy ont été trouvés depuis au Kenya et en Tanzanie, Lucy n'a cependant pas perdu son statut d'« ancêtre » commune, tant s'en faut. Le statut qui est assigné à Lucy confirme son rôle de mythe fondateur, destiné à conjurer le vertige et l'angoisse face au mystère des origines.

C'est bien de mythe qu'il s'agit — mirage ou chimère — car la pensée postmoderne a fait son deuil de la croyance en l'existence d'une origine une et déterminable. Il suffit, pour s'en convaincre, de consulter la longue liste de nos ancêtres sur laquelle s'ouvre la pièce intitulée *L'Origine rouge* de Valère Novarina (1999). « Purgatorius ceratops [...], plesiadapis tricuspidens [...], parapithecus grangeri [...] ouranopithecus macedoniensis [...], proconsul africanus, proconsul major [...], homo erectus tautavelensis »[3], etc. S'essayer à mettre de l'ordre dans les ancêtres de l'homme n'est décidément pas un exercice pour bègue. Comment ne pas être pris de vertige à la lecture de cette interminable énumération qui aboutit in extremis — mais après combien de détours ? — à *homo sapiens sapiens* ? La liste telle qu'elle figure au début de *L'Origine rouge* est du reste elle-même sujette à révisions. On

[1] *Théâtre des opérations. Journal métaphysique et polémique 1999*, p. 371.
[2] *Ibid.*, p. 372.
[3] Valère Novarina, *L'Origine rouge*, P.O.L, 1999, pp. 7, 8 et 9.

peut rappeler par exemple que le statut d'*homo sapiens neanderthalensis*, le plus énigmatique des hominidés éteints, a été l'objet de nombreuses controverses tout au long du XXe siècle. Quelle place exacte cet hominidé occupe-t-il dans l'arbre généalogique ? Claudine Cohen a montré dans *Un Néandertalien dans le métro* à quel point les débats concernant l'homme de Néandertal ont été tributaires des événements historiques qui ont jalonné le XXe siècle. Les causes de sa disparition au début du paléolithique supérieur ont notamment varié en fonction de l'idéologie dominante. Ainsi par exemple, à l'aube du XXe siècle, avec le durcissement des politiques nationalistes, les analyses privilégiant le scénario de domination et d'élimination de l'homme de Néandertal par des populations *sapiens* plus évoluées venues de l'est proliféraient[1]. Même s'il avait en commun avec les *sapiens*, nous le savons aujourd'hui, une culture lithique élaborée (débitage levallois[2]), et pratiquait les rites funéraires (La Ferrassie), gages de son « humanité », le mythe du Néandertal bestial et féroce, souvent représenté dans l'iconographie comme un être primitif, a eu la vie dure. Ce mythe incarnait « les poncifs d'une époque »[3]. Mais si elle a pu prévaloir jusqu'au lendemain de la première guerre mondiale, cette thèse de l'élimination des populations Néandertaliennes par les *sapiens* a été sensiblement corrigée par la suite. Au lendemain des atrocités de la seconde guerre mondiale, les dérives racistes de l'anthropologie — et avec elles le mythe du Néandertal primitif — ont fait l'objet de nombreuses critiques de la part d'anthropologues peu enclins à continuer d'accréditer l'existence de « races inférieures », après que cette même notion a conduit à la mise en place de la « solution finale », aux chambres à gaz et à l'extermination de masse. Sur cc chapitre, il n'est pas indifférent pour notre propos de noter que Primo Levi, le survivant des camps dont le témoignage écrit au sujet des atrocités commises par le régime nazi nous est si précieux, Primo Levi lui-même donc, juge utile de critiquer les représentations simplistes des hommes préhis-

[1] Claudine Cohen, *Un Néandertalien dand le métro*, Seuil, coll. « Science ouverte », 2007, p. 105.

[2] Technique de taille du silex, reconnue d'abord à Levallois-Perret (Hauts-de-Seine).

[3] Claudine Cohen, *Un Néandertalien dand le métro*, p. 54.

toriques qui insistent trop souvent sur leur aspect primitif. Dans un commentaire de l'adaptation cinématographique de *La Guerre du feu* daté de 1982, Primo Levi dénonce les clichés infondés que véhicule le film, et l'image peu avantageuse des groupes humains préhistoriques, encore ancrés dans une forme de pré-humanité bestiale. Déplorant un tel parti pris qui assimile les hommes préhistoriques à de « pauvres singes nus », l'auteur de *Si c'est un homme* tranche à sa manière ce qui s'apparente à une nouvelle controverse de Valladolid lorsqu'il affirme haut et fort, sur un ton qui laisse, pour le coup, peu de place au doute : « Les premiers ancêtres n'étaient pas des animaux ».[1]

Aujourd'hui, le débat sur la relation phylogénétique de l'homme de Néandertal avec *homo sapiens* n'est toujours pas tranché et deux visions différentes existent, l'une faisant de Néandertal un stade intermédiaire entre *erectus* et *sapiens*, l'autre préférant voir en lui une espèce différente et l'écarter de l'ascendance humaine. L'inquiétante étrangeté de Néandertal, cette créature à la fois si semblable à nous et pourtant différente, continue aujourd'hui plus que jamais de nous fasciner. « Ni tout à fait le même ni tout à fait autre »[2], coiffé d'un feutre et vêtu d'un costume, il pourrait à la rigueur passer inaperçu dans le métro. Mais le fait le plus remarquable dans cette affaire, souligné par Claudine Cohen, tient essentiellement à ceci : le caractère changeant des interprétations qui ont pu avoir cours à son sujet est « intimement lié aux transformations de la vision que nous avons de nous-mêmes »[3].

Sur un ton mêlant sagesse et sarcasme, Lucy elle-même, Australopithèque postmoderne, se fait l'écho du scepticisme éprouvé face à la question des origines :

> Les savants discutèrent sur la largeur de mon bassin ; quelques-uns soutenant que, d'aspect plus mâle que femelle, je ne pouvais donner naissance.

---

[1] Primo Levi, *L'Asymétrie et la vie* [trad. Nathalie Bauer], Bibliothèque 10/18, 2005, p. 228.

[2] Claudine Cohen, *Un Néandertalien dans le métro*, p. 115.

[3] *Ibid.*, p. 139.

Ils se demandèrent si votre origine n'était pas ailleurs. On m'ôta le rôle d'initiatrice. On me désigna sous d'autre noms.

Puis, les raisonnements s'inversèrent. De nouveau, on me concéda le droit d'aînesse.[1]

La « Lucy » de Chedid participe non seulement à la remise en question de l'idée de progrès, comme lorsqu'elle souligne l'inhumanité de l'homme, mais elle expose de surcroît les apories inhérentes à toute représentation téléologique de l'Histoire et nous renvoie ainsi à nos mythes :

> Suis-je à l'origine de votre humanité, moi qui ignore le bien comme le mal, la parole comme la raison, le remords comme l'interrogation, le sens intime de vivre et de mourir ? [2]

L'irréalité de cette chimère nommée « Lucy » semble-t-elle éclater au grand jour et le lecteur devient-il dubitatif devant cette fable cousue de fil blanc, pas plus crédible que la prosopopée du premier homme imaginée naguère par Buffon, qu'immédiatement le ton change. La voici qui se fait charmeuse, presque enjôleuse :

> Il semble que mon corps défunt, avec son embryon d'âme, sa pellicule d'esprit, habite et hante le vôtre. Alors il me paraît que la destination de ma chair est votre chair ; que mes gesticulations s'élargissent vers vos gestes, que mes simagrées débouchent sur votre rire, mes sautillements sur vos enjambées. [3]

Il sera sans doute inutile d'insister sur les différences profondes qui séparent notre héroïne du premier homme tel que le concevait Buffon dans son *Histoire naturelle.* On ne retrouve pas ici ce narcissisme caractéristique de la créature de Buffon, un narcissisme qui se manifestait par la fréquence des verbes réfléchis et des pronoms de la première personne : « Je me souviens de cet instant plein de joie et de trouble où je sentis pour la première fois ma singulière existence ; je ne savais ce que j'étais, où j'étais, d'où je

[1] *Lucy.*, p. 40.
[2] *Ibid.*, p. 18.
[3] *Ibid.*, p. 18

venais »[1]. A la différence du premier homme de Buffon, tout entier tourné vers lui-même, pour des raisons qui tenaient à la thèse défendue par le philosophe sensualiste des Lumières (il s'agissait alors de démontrer que toute connaissance passe par les sens), la créature mise en scène par Chedid est, elle, tournée vers autrui, philanthrope ou humaniste en cela. Serait-on alors tenté de se laisser séduire par le propos de Lucy qu'aussitôt elle nous remet en question, son irréalité même venant nous contaminer, par-delà les siècles et les millénaires. Cette fois-ci, on ne sait plus qui s'exprime de Lucy ou de la narratrice, l'une parlant pour l'autre :

> Virtuels ! Comme si nous ne l'étions pas depuis toujours : virtuels ! Que sera-t-il d'autre, notre langage ? Que seront-elles d'autres, nos paroles ? A quelle réalité correspondront-ils ? Le plus vaste de nos pouvoirs n'est-il pas dans l'énergie de l'imaginaire, dans le ressort des signes et des mots ?
>
> Virtuels ! Nous ne sommes que cela depuis la mise en train, l'amorce, le début : « au commencement sera le verbe ».
>
> Virtuelle, cette chair à laquelle nous nous agrippons pour vivre et survivre. Virtuelles, ces choses que nous décrétons palpables, matérielles, et qui ne sont qu'éclats d'énergie.[2]

Ainsi s'exprime l'héroïne de Chedid, et nous voici du même coup, tous descendants de Lucy, frappés d'irréalité, nés les uns et les autres « d'une même poussière d'étoiles »[3], personnages d'une fable sans queue ni tête, et que nous ne comprenons pas.

Douée d'une gamme d'expressions limitée et agitée de sentiments élémentaires (faim, colère, peur, etc.), la Lucy de Chedid ignore le rire, aptitude ou qualité pourtant proprement humaine. S'il est une chose en revanche qui laisse peu de place au doute, c'est bien le sexe de Lucy. Celle-ci a beau faire état des hésitations bien compréhensibles des spécialistes quant à la détermination de son sexe, elle n'en revendique pas moins, son statut de « femelle »

---

[1] Buffon, *Histoire naturelle* [1749-89], Gallimard, coll. Folio, 1984, p. 114.
[2] *Lucy.*, p. 56.
[3] *Ibid.*, p. 16.

et ne laisse planer là-dessus aucune équivoque. De toute évidence, mettre une femme à l'origine représente un parti pris délibéré de la part d'Andrée Chedid. S'agissant de préhistoire, le rôle de la femme est trop souvent minimisé, selon deux scénarios devenus classiques. Dans le premier cas de figure elle est laissée pour compte, réduite aux célèbres fécondités de glaise, ces « Vénus » dont l'appellation même trahit le préjugé sexiste puisque les statuettes en question, en vertu de leur apparence disproportionnée et d'une exagération de certaines parties du corps (les seins, la vulve, l'abdomen), ont été ainsi nommées par contraste avec l'idée de la beauté telle qu'elle a été formulée à la Renaissance[1] ; qui plus est, ces statuettes ont pendant très longtemps été jugées d'une facture imparfaite et maladroite (c'est le topos de nombre d'histoires de l'art), et donc inférieures aux œuvres classiques de la Renaissance. Dans le second cas de figure, la femme est minorée par le biais d'une idéalisation simpliste : c'est le fameux mythe de la Grande-Déesse, qui pérennise l'image de la femme définie par sa passivité et sa fécondité [2].

Certes Lucy allie, justement, féminité et ancestralité. Mais si Chedid semble reprendre à son compte le mythe de la Grande-Déesse, c'est pour l'infléchir. En décidant de confier « le sort de l'humanité » à des « instances féminines », comme le suggère J.-Ph. Beaulieu [3], Andrée Chedid semble s'inscrire dans une tradition « féministe ». Loin d'être neutre ou innocent, le seul fait de décrire le passage de l'animalité à l'humanité et l'entrée dans le symbolique comme une décision féminine bouleverse au contraire nos *a priori* culturels, tels qu'ils sont véhiculés par l'idéologie. Françoise Collin souligne l'une des implications de l'événement auquel

---

[1] C'est le Marquis Paul de Vibraye qui le premier, en 1864, utilisa l'appellation « Vénus impudique » (par contraste avec la *Venus pudica* de la statuaire classique) pour désigner une statuette découverte dans la vallée de la Vézère, à Laugerie-Basse. Cette dénomination est devenue courante à la Belle Époque, fertile en découvertes archéologiques (Vénus de Brassempouy, Vénus de Willendorf, Vénus de Lespugue, etc.).

[2] Claudine Cohen, *La Femme des origines. Images de la femme dans la préhistoire occidentale*, Belin-Herscher, 2003, p. 142.

[3] Jean-Philippe Beaulieu, « Voix et présence de femmes : la relecture de l'histoire par Andrée Chedid », *Études françaises* (Presses Universitaires de Montréal), vol. 40. 1, 2004, pp. 91.

Lucy nous fait assister : « Contrairement à la lecture psychanalytique traditionnelle qui divise le biologique et le symbolique et les répartit sur l'un et l'autre sexe, le biologique maternel et le symbolique paternel, ici c'est dans un seul sexe que se jouent les deux dimensions »[1]. Si bien que l'on pourrait parler ici d'entreprise de reconquête du symbolique par le féminin. Claudine Cohen a montré dans *La Femme des origines* combien le recours à l'origine a une force idéologique : « il permet de légitimer le présent, de fonder ses valeurs et ses luttes »[2]. Quand Lucy déclare : « Je ne peux me soumettre, ni renoncer »[3], la tentation est grande en effet d'entendre dans ses paroles le mot d'ordre d'une militante, l'écho d'autres luttes ou d'autres « marches » entamées, elles, au nom de l'émancipation. De Simone de Beauvoir (remontant jusqu'à la préhistoire pour peindre la misère des femmes à l'état de nature) aux féministes de la fin du XXe siècle (reprenant à leur compte le mythe de la Déesse-Mère pour l'infléchir), la préhistoire n'a cessé d'être un terrain de lutte idéologique, le discours féministe s'attaquant aux fondements d'une culture foncièrement sexiste. Rien d'étonnant donc à ce que Lucy elle-même, sous la plume de Chedid, soit un peu Gorgone. Comme Méduse, c'est par le regard qu'elle parvient à subjuguer la narratrice et la soumettre à ses caprices :

> J'ai plongé, longuement, dans les profondeurs de ses yeux.
>
> M'y suis-je perdue ou reconnue ? Je ne sais quel terme choisir. Il me sembla soudain que c'était moi qui venais d'enfanter Lucy.[4]

Non seulement nous n'assisterons donc pas au meurtre de Lucy (lequel, dans la logique de la fable, interdirait l'existence même du présent récit puisqu'il correspondrait à notre propre euthanasie), mais le principe maternel en sort renforcé. Le texte s'achève en ef-

---

[1] Françoise Collin, « Andrée Chedid : *Lucy* » in *Aux Frontières des deux genres. En hommage à Andrée Chedid* (dir. Carmen Boustani), Éditions Karthala, 2003, p. 27.
[2] Claudine Cohen, op. cit., p. 39.
[3] *Lucy*, p. 35.
[4] *Ibid.*, pp. 84-85.

fet sur le spectacle de la narratrice aidant Lucy à se tenir debout et à faire ses premiers pas, comme ferait une mère avec son enfant :

> Je saisis ses deux mains et les enferme dans mes paumes. Puis je la tire graduellement, vers le haut. [...]
>
> Lucy [...] s'exécute, recommence après chaque rechute ; lève vers moi son regard plein d'une confiance démesurée.
>
> Je voudrais en être digne.
>
> Ses mains blotties dans les miennes, nous tenons bon et redoublons de ténacité.
> Je m'élève et me baisse en même temps qu'elle pour fortifier l'articulation de ses genoux.[1]

Dans l'imaginaire d'Andrée Chedid, la station verticale, qui rend possible la « longue marche » et signale souvent une revendication, fait l'objet d'une attention toute particulière. Dans *Néfertiti et le rêve d'Akhnaton*, le reine Néfertiti se souvient que lorsqu'elle était enfant elle aimait à contempler les traces de ses pas sur le sable, au bord du rivage, véritable écriture du corps ou chorégraphie : « Une conviction obscure m'habitait : la victoire aveugle de la mer n'était qu'apparente, tandis que le sillage humain — vulnérable, éphémère — se prolonge à l'infini »[2]. Si Chedid a longtemps hésité sur le titre définitif, comme l'indique l'étude du manuscrit[3], les différents titres essayés expriment tous la nécessité de la relève : « La Femme debout », « La Femme en marche », « Le premier pas », « Les traces », « Tu viens », et même « Aller me suffit ». Ce dernier titre envisagé par Chedid est en fait une citation de René Char, un auteur lui aussi fasciné par la préhistoire au point d'avoir consacré plusieurs poèmes à « La Bête de Lascaux ». Andrée Chedid a du reste placé cette citation en exergue de l'un de ses recueils, *Textes pour un poème*. La phrase extraite de l'œuvre

[1] *Lucy*, pp. 90-91.
[2] Chedid, Andrée. *Néfertiti et le rêve d'Akhnaton. Les Mémoires d'un scribe*, Flammarion, 1975, p. 37.
[3] Voir l'article d'Irène Fenoglio, « La fin de *Lucy* : un *explicit* de la verticalité humaine ». *Genesis* n° 21, éd. Jean-Michel Place, 2003, pp. 141-159.

de René Char est à relier à une question posée par « l'homme-tronc » dans la nouvelle de Chedid intitulée « L'Homme-tronc et son voyageur »[1] : « Quelle existence est la vôtre ? Remuer vous suffit ? ». La réponse est sous nos yeux et elle revêt une tournure affirmative : « Aller me suffit ».

Cette poétique du mouvement sur laquelle repose l'œuvre de Chedid apparaît d'autant mieux lorsque, *a contrario*, certains de ses personnages ne peuvent savourer les joies de cette prise de possession physique du monde qu'est la marche et sont menacés par l'immobilisation, très souvent vécue comme fatale. Dans la nouvelle « L'Enfant debout » qui figure dans le recueil intitulé *Les Corps et le temps*, la jeune fille, longtemps immobilisée suite à une opération destinée à corriger un emboîtement défectueux de la hanche, s'écrie : « J'ai des jambes ! » le jour où elle peut à nouveau réapprendre, comme Lucy, à marcher. « Son cri rejoignait celui de toutes les guérisons, de toutes les fins de bataille, de tous les renouveaux »[2]. Il arrive aussi, en de rares occasions, que la marche, sublimée, se transforme en chorégraphie. C'est le cas dans l'admirable fin de *La Femme de Job* lorsque l'épouse alitée, mourante, adresse au moment d'expirer une dernière requête à son époux : « Danse, Job ! Danse pour moi »[3].

Rien de plus approprié donc que la réaction des anthropologues imaginée par Lucy lorsqu'elle envisage sa découverte, c'est-à-dire l'événement qui va présider à son succès retentissant auprès du public et son destin de *star* : « Enivrés par leur découverte, ces chercheurs danseront joyeusement autour de ma sépulture » [4]. Bel exemple de ce que Jean Baudrillard appelle « la danse des fossiles »[5], c'est-à-dire cet acharnement mnésique et archéologique caractéristique de la postmodernité, l'engouement paléolithique et le

[1] Andrée Chedid, *Les Corps et le temps* suivi de *L'Étroite peau*, Flammarion, 1978, p. 114.
[2] *Ibid.*, p. 66.
[3] Andrée Chedid, *La femme de Job*, p. 74.
[4] *Lucy*, p. 17.
[5] *L'Illusion de la fin*, p. 107.

phénomène de muséification qui, en figeant le passé, excluent le travail du deuil.

Si en effet la fiction de Chedid s'inscrit dans ce phénomène de réversion ou de rétroversion (fictive) de l'Histoire, elle nous fait assister dans le même temps à la fin de la linéarité. La fable de Chedid ne saurait en effet avaliser l'idéal de la ligne droite hérité des Lumières, celle du Progrès. Aller me suffit : les héroïnes de Chedid ne marchent vers rien de déterminé, comme Cyre, la jeune anachorète des *Marches de sable* que l'on découvre cheminant « droit devant elle, les yeux mi-clos [...] depuis trois jours dans le désert »[1] ; ou comme Kalya, l'héroïne de *La Maison sans racines*, un roman entièrement rythmé par la traversée d'une place, en période de guerre, dans une ville libanaise livrée aux francs-tireurs. La marche de Lucy anticipe celle du personnage de *Préhistoire* de Claude Ollier, pèlerin errant dans un paysage post-apocalyptique, sans trace de vie, marcheur à la destination innommée, « poursuivie hors piste, la plupart du temps »[2], sans souci de cap, et dont les errements, l'avancée improbable et têtue à la fois, dans un paysage aride et solitaire, vaut tout aussi bien comme une description du travail d'écriture : « va droit devant soi, perdus repères de cap et de durée, avancé de toute façon, rectifiera l'orientation dès qu'il y verra plus clair »[3].

Inaugurant la « longue marche », Lucy manifeste donc son appartenance incontestable à la même famille de personnages féminins (plutôt que féministes) d'Andrée Chedid lorsqu'elle opte pour une marche sans objet, intransitive, toute entière accordée au mystère, à la vie considérée comme énigme primordiale :

> Tributaires de la vie, il nous faut allcr. Mais vers où, et d'où? Le découvrirons-nous un jour ?
>
> Pourtant il faut aller. A la recherche d'un sens trouvé, perdu, retrouvé, reperdu ? Peut-être vers la simple affirmation d'un non-sens ? [4]

---

[1] Andrée Chedid, *Les Marches de sable*, Flammarion, 1981, p. 14.
[2] Claude Ollier, *Préhistoire*, P.O.L, 2001, p. 94.
[3] *Ibid.*, p. 71.
[4] *Lucy*, p. 19.

Ces propos entrent en résonance avec l'affirmation, dans *Les Marches de sable*, selon laquelle ni la passion ni la raison ne peuvent rendre compte de l'énigme des origines : « Celle-ci, je la suppose d'une autre nature que la nôtre : insaisissable, indicible. Elle échappe, elle échappera toujours à l'esprit humain » [1]. La question posée par Claude Ollier dans *Préhistoire* : « l'encre retourne-t-elle à l'encrier ? » est donc purement rhétorique[2]. L'écriture ne saurait en aucun cas nous permettre de remonter aux origines, à la préhistoire, au temps d'avant l'écriture.

Celle-ci peut cependant entretenir et honorer le mystère des origines. Si la philosophie agnostique qui sous-tend le récit relie Lucy aux autres héroïnes d'Andrée Chedid engagées dans l'Histoire tragique du XXe siècle, ce livre consacré à « l'humble aïeule »[3] est aussi remarquable par la mise en scène de cet « appel » qui serait à l'origine de l'œuvre. A une époque caractérisée par la résurgence de controverses sorties d'un autre âge — la mise en question du darwinisme par les tenants du « dessein intelligent » — et où la laïcité elle-même, qui a incarné le passage à la modernité, ne peut plus apparaître comme un principe acquis un fois pour toutes, Andrée Chedid, aussi éloignée du matérialisme athée que du prosélytisme religieux, maintient intact le sentiment du mystère.

Si l'on en croit Jean-Louis Chrétien, notre voix ne se constituant pas d'elle-même, toute œuvre serait la réponse à un appel. C'est sur un phénomène semblable que repose le livre d'Andrée Chedid. Constitué de l'entrelacs de deux voix, l'ouvrage se présente en effet comme un jeu de répons, au sens musical, sur le thème de « l'appel », déjà présent dans *Les Marches de* sable[4]. C'est du reste le titre de la première partie, dans laquelle Lucy s'adresse à nous en empruntant la voix d'une femme de la fin du second millénaire, une femme contemporaine qui n'en doit pas moins la parole à son ancêtre, sans laquelle, elle ne pourrait voca-

[1] *Les Marches de sable*, p. 100.

[2] Claude Ollier, *Préhistoire*, p. 181.

[3] *Lucy*, p. 22.

[4] Marie, ancienne courtisane, « raconta cette soirée étrange, terrible, où elle avait entendu, pour la première fois, l'appel » (*Les Marches de sable*, p. 41).

liser. D'où l'étrange effet de supplique, qui fonctionne dans les deux sens : « Ta voix appelle. J'entends "Lucy!". Ce nom résonne à mes oreilles »[1]. Si dans le scénario imaginaire qui nous est proposé, sans Lucy l'humanité n'aurait pas eu lieu, l'inverse est également vrai puisque « Lucy » n'existe que par la voix que la narratrice lui prête. C'est de toi que je parle, dit la voix, sans qu'on sache avec certitude qui parle, de l'ancêtre ou de l'héritière, chacun des deux personnages nourrissant son existence de la présence de l'autre. Lucy se dit appelée, « requise »[2], mais cet « appel » ou cette « sommation »[3] caractérise aussi la narratrice. L'appel *de* Lucy — et toute l'ambiguïté réside dans le double génitif, actif et passif : appeler Lucy pour lui donner la vie sur le papier ou être enfantée, appelée par Lucy — fait exister l'une dans l'autre, l'une par l'autre.

Un peu comme les mains négatives peintes sur les parois des cavernes préhistoriques nous font signe, ou comme les bisons peints sur les parois de Lascaux peuvent nous toucher, l'appel de la préhistoire résonne aujourd'hui encore, pour qui sait tendre l'oreille ; il s'est faufilé jusqu'à nous. Mais il ne s'entend que dans ce que Jean-Louis Chrétien appelle « l'irréductible retard de notre réponse »[4]. Sans doute vaut-il mieux croire aux chimères, objectera-t-on, pour prétendre entendre cet appel. Ou peut-être faut-il accepter de courir le risque d'être soi-même « virtuel » comme le texte, on s'en souvient, nous l'enjoignait, chimère soi-même.

Ce qu'est Andrée Chedid. Laquelle, comme l'ange de l'histoire de Walter Benjamin, a le regard tourné en arrière.

Les Anges de l'histoire

La préhistoire se situe donc au point de rencontre de l'individuel et du collectif. Elle intéresse en effet aussi bien

---

[1] *Lucy*, p. 28.
[2] *Ibid.* p. 37.
[3] *Ibid.*, p76.
[4] Chrétien, Jean-Louis. *L'Appel et la réponse*, Éd. de Minuit, 1992, p. 57.

l'écrivain engagé dans sa quête personnelle que la communauté à la recherche de ses origines. Dans un commentaire sur le statut de la préhistoire dans l'œuvre de Claude Ollier, Dominique Vaugeois souligne à quel point celle-ci a inévitablement partie liée avec la psychanalyse et le refoulé de l'enfance, ce passé en « dormance » dont il ne reste pas de traces, mais dont nous gardons tout. Écrire sur les temps immémoriaux est de toute évidence une façon pour le romancier d'explorer sa propre « préhistoire », entendue comme « le passé invisible qui travaille le présent, qui détermine l'histoire mais n'en fait pas partie »[1]. Nulle part peut-être cette fonction de la préhistoire n'est aussi évidente que dans l'œuvre d'Éric Chevillard.

Du livre de Thomas Pilaster intitulé *Mes tigres* seules six pages dactylographiées ont été retrouvées par Marc-Antoine Marson, son biographe. Le récit de la tentative pour réintroduire le tigre dans nos campagnes s'achève par un épilogue en forme de manuel à l'usage des chasseurs :

> Inciser d'abord la peau depuis l'anus et sur toute la longueur du ventre en suivant la ligne médiane ; cela fait, écarter au maximum les deux pans de fourrure et procéder à l'écorchement, dépouiller proprement l'animal en commençant par les pattes postérieures ; ne conserver du squelette que le crâne énucléé, racler aussi la cervelle, nettoyer enfin puis tanner le revers de la peau avec un mélange d'alun de potasse et de sel. Pendant qu'elle sèche, ôter à son tour veste et pantalon, déchiqueter la viande avec les ongles et les dents, la dévorer sans la cuire, le sang gicle et forme des flaques.
>
> La nuit est là. La peau est prête. Vite s'habiller pour sortir. Direction le village[2].

---

[1] Dominique Vaugeois, « L'encre retourne à l'encrier. Le préhistorique et l'écriture de la fiction contemporaine », *Le Roman français au tournant du XXIe siècle* (sous la direction de Bruno Blanckeman, Aline Mura-Brunel et Marc Dambre), Presses Sorbonne Nouvelle, 2004, p. 180.

[2] Éric Chevillard, *L'Œuvre posthume de Thomas Pilaster*, 1999, pp. 106-107. Une première version de la présente étude consacrée à Chevillard a paru dans la *Revue des Sciences humaines* (n° 266/267, 2002).

Suivez le guide. C'est revêtu d'une peau de bête qu'on entre dans l'œuvre de Pilaster, alias Éric Chevillard. La tenue est ici de rigueur. Et l'on court le risque — c'est à craindre — de ne pouvoir s'en départir. Sauf peut-être à troquer l'habit du chasseur contre une barboteuse, accepter de vivre avec une chaise retournée sur la tête ou s'enfermer dans l'obscurité d'une grotte. Autant dire que l'œuvre de Chevillard est toute entière soumise à la loi de la régression. Laquelle nous fait passer immanquablement du service de gériatrie à la couveuse, de l'âge du cinéma à l'âge du bronze. Si l'on enjambe si aisément les millénaires, c'est qu'à l'évidence, on l'a vu, l'intervalle est moins grand qu'il n'y paraissait d'abord et que nous appartenons bien, selon un motif récurrent dans l'œuvre de Chevillard, à la même époque qui s'étend de la découverte du feu à la conquête spatiale. Telle est du moins l'opinion du gardien de la grotte de Pales qui, sur le point de remplacer l'ancien gardien défunt, se prend à rêver à la lecture de l'écriteau accroché à l'entrée du site par l'administration, écriteau dont il ne sait trop s'il concerne son prédécesseur ou les artistes du paléolithique : « Fermé pour cause de décès »[1]. Voilà à tout le moins de quoi ébranler nos convictions les plus solidement ancrées au sujet du découpage de l'Histoire en périodes distinctes et rassurantes, que nous pensions établies une fois pour toutes. Et pour achever de semer le doute, l'apparence d'un autre personnage, le professeur Glatt, inflige un démenti de plus à l'idée de progrès. Hésitant entre le singe — « bras ballants », « jambes trop courtes » — et le poisson — yeux « grossis, et saillants »[2] —, l'archéologue de *Préhistoire* possède ce qu'on appelle le profil de l'emploi. A tel point que lorsqu'il nous gratifie du portrait du personnage, et pour souligner le caractère précaire, incertain, de l'humanité de Glatt, le narrateur en appelle tout naturellement à l'anthropologie. Mais le plus remarquable tient sans doute à ce que le portrait de Glatt fournit l'occasion, selon un scénario qui nous est désormais familier, de rembobiner le film de l'histoire :

> [...] j'ai beau chercher, le professeur Glatt ne figure pas encore sur la fameuse planche où l'encyclopédiste a retracé en ac-

[1] *Préhistoire*, Éd. de Minuit, 1994, p. 44.

[2] *Ibid.*, pp. 28 et 29.

> céléré l'évolution de la vie terrestre, partant des origines, du protozoaire qui se hisse péniblement hors de l'eau, sur les coudes, et subit jusqu'au quaternaire une série de métamorphoses animales qui jonchent les âges géologiques de leurs mues de chairs et d'os, d'écailles, de cheveux blancs, pour aboutir en fin de parcours à l'être humain et s'y tenir plus ou moins, le temps de souffler, avant de faire brusquement demi-tour, rapidement, jetant un à un derrière lui ses vêtements neufs mais récupérant ses vieilles palmes au passage, pour replonger tête la première dans le liquide amniotique antédiluvien, la mer natale, enfin, les grandes vacances[1].

Le narrateur du roman de Chevillard met lui aussi en question notre réalité d'humains de la façon à la fois la plus radicale et la plus drôle, lorsqu'il avance l'idée selon laquelle nous ne sommes pas ceux que nous prétendons être, mais bien plutôt des usurpateurs. Sa théorie est inquiétante en vertu même de sa drôlerie, d'autant plus inquiétante qu'elle est assortie d'une preuve quasi irréfutable : « Nous sommes nous-mêmes aujourd'hui les descendants d'une espèce voisine et rivale de l'espèce humaine anéantie dont nous usurpons le prestige et les privilèges et dont nous singeons les manières civilisées, les poux ne s'y trompent pas [...]. Nous avons éliminé l'homme, puis nous avons pris sa place, et je le prouve : jamais l'homme, doué de la double faculté de raisonner et de rire, la seconde pour contrer la première, jamais l'homme ainsi éclairé ne serait entré dans l'Histoire »[2]. Ce scénario irrésistible, « contre-thèse caricaturale du postulat ontologique », selon l'expression de Bruno Blanckeman[3], présente au moins l'avantage inestimable de semer le trouble dans les esprits et de faire ressortir, par contraste, le caractère sérieux de « Lucy », croisée sur notre chemin, un peu plus haut.

Les premières pages de *Préhistoire* posent la question de la relève. Notre responsabilité vis-à-vis des artistes du passé s'exprime de manière métaphorique à travers le costume de gardien, hérité de Boborikine par le narrateur, et qui ne lui sied guère : « je dé-

---

[1] *Ibid.*.
[2] *Ibid.*, pp. 90-91.
[3] *Écrivains de la préhistoire*, op. cit, p. 173.

chausse ses souliers à chaque pas »[1]. Victime d'une mauvaise chute, le gardien boite, si bien que l'effet clownesque n'en est qu'accentué : « la jambe gauche du pantalon semble plus longue que la jambe droite [...] »[2]. Relève, on l'aura deviné, est à prendre ici moins au sens d'héritage qu'au sens concret de : se relever. Il n'y a, de ce point de vue, aucune différence entre le premier homme et le dernier. Atteint de claudication, le gardien porte sur son corps les marques d'un combat toujours à recommencer. La station debout est un apprentissage à refaire sans cesse. C'est à chaque fois le même tourment, les mêmes difficultés, la chorégraphie n'a guère évolué, qui nous ramène régulièrement nez contre terre. Pilaster a beau être surnommé « Angle Droit » en raison de ses grands pieds, il n'en subit pas moins, comme le héros de *Au plafond*, une certaine forme d'attirance vers le bas : « le bœuf en nous »[3] nous incline vers la terre.

L'écriture a donc affaire à la bête. Le romancier prédateur organise des battues (*Palafox*), dépeuple les villes (*Le Démarcheur*), se fait chasseur de têtes (*Thomas Pilaster*). Art de la traque, du leurre, du piège, du camouflage, l'écriture s'apparente chez Chevillard à la chasse. Avec ceci de particulier, qu'il devient vite impossible de déterminer qui est qui, du chasseur et de la proie. Le romancier permute les rôles, obligeant le lecteur à revêtir dans *Palafox* la panoplie du chasseur et à courir à la poursuite d'un improbable gibier. Métaphore du romancier, Palafox donne bien du fil à retordre. Impossible par exemple d'identifier son cri, tout à la fois « piaillement », « miaulement », « aboiement », « mugissement », « barrissement », etc. Seule certitude : l'animal fait des dégâts, pille les greniers, dévaste les vergers, tisse des toiles fines qui asphyxient les boutures. Une vraie calamité face à laquelle les pièges — mort aux rats, collets, souricières, pesticides, fumigènes — s'avèrent parfaitement inutiles. On est condamné à revenir bredouille car cet étrange oiseau non répertorié par Buffon est proprement insaisissable... comme l'écrivain lui-même.

Une question revient comme un leitmotiv : qu'est-ce qu'on va manger ? Le coup de crayon de Chevillard ressemble à un coup de

[1] *Préhistoire*, p. 9.
[2] *Ibid.*, p. 13.
[3] Éric Chevillard, *Au plafond*, Éd. de Minuit, 1997, p. 41,

fourchette lorsqu'il s'attarde sur la technique de la dissection ou la conservation des denrées corruptibles. Le narrateur de *Préhistoire* peut bien se demander en quoi ses « vues sur l'abattage des animaux de boucherie »[1] méritent d'être consignées, le fait est qu'il s'attarde sur la chose. Et s'y attarde au point d'en faire le sujet de son roman familial. Les conserves alimentaires ? Une affaire de famille[2]. De père en fils, tous, depuis l'arrière-grand-père, ont travaillé dans l'industrie de la conserverie. Notre héros a lui-même été employé dans l'entreprise, « quelques mois »[3], avant de bifurquer vers l'archéologie. Qu'il réponde à sa manière à l'impératif du père et passe ainsi d'une pratique de la conservation à une autre n'est pas étranger à notre propos, d'autant que son obstination dans l'erreur — confondre conserverie et conservation — s'accompagne d'une fable non moins intéressante. Dans le récit de la découverte de Pales dont il nous gratifie le personnage, récrivant l'histoire, imagine une alternative. « On sait comment ça se passe : des enfants jouent à cache-cache dans un sous-bois, le plus vif se glisse derrière des roches éboulées [...] pousse un cri de surprise [...] c'est bien ainsi que les choses se passent, en effet, ou alors un chasseur [...] voit tout à coup disparaître son chien [...] »[4]. La fable mérite que nous renoncions à notre tour à l'enfant pour suivre l'homme au chien. Qui en effet, mieux qu'un chasseur, eût pu découvrir cette grotte qui n'est autre qu'un tableau de chasse, une collection de trophées ou, pour mieux dire, une « triperie pétrifiée »[5], selon l'expression de Malraux à propos de la grotte de Lascaux ? Mammouths, bisons, tigres : autant de candidats à la boucherie...

La préparation des aliments est une préoccupation constante, au point que Chevillard reconsidère l'Histoire de ce point de vue. Si la date du 10 février 1809 retient l'attention du narrateur de *Préhistoire*, ce n'est pas en raison d'une célèbre bataille remportée par les soldats de l'Empereur. *Le Courrier de l'Europe* salut un autre

---

[1] *Préhistoire*, p. 65.

[2] La mère de Thomas Pilaster s'appelait Alimen, de son nom de jeune fille.

[3] *Préhistoire*, p. 139.

[4] *Ibid.*, p. 74.

[5] Malraux, André. *Le Miroir des limbes*, *Œuvres complètes*, vol. 3, Bibliothèque de « La Pléiade », 1996, p. 454.

événement. Le problème de la conservation des denrées périssables, rendu urgent par la nécessité de ravitailler les troupes napoléoniennes sur les champs de bataille européens, est enfin résolu, « Appert a trouvé l'art de fixer les saisons »[1]. Et Chevillard de faire la biographie de Nicolas Appert, l'inventeur des conserves alimentaires déclaré « Bienfaiteur de l'humanité »[2] sous la Restauration, poussant même le zèle jusqu'à citer les archives départementales de la Marne, au point de s'en faire — presque — un ancêtre imaginaire.

Grotte découverte par un chasseur, dissertations sur la dissection des animaux, généalogie liée à l'industrie de la conserve : autant de variations sur le nom chevillard, synonyme d'équarisseur. Inutile de différer davantage : c'est du côté des abattoirs de La Villette qu'on pouvait jadis croiser « notre homme », le chevillard étant celui qui dépèce les bêtes, « ces écorchés, pendus à des crochets »[3], comme dans un célèbre tableau de Rembrandt. Éric Chevillard n'en finit donc pas de revivre la « scène primitive » du busard blessé, empêtré dans le fil barbelé, dévisageant l'enfant impuissant, avant d'être déchiqueté par un percheron devant le sauveteur médusé, terrorisé au spectacle des mâchoires du cheval de labour arrachant l'aile du rapace. « Tout le temps que dura le supplice, la tête de l'oiseau demeura parfaitement droite et immobile, son œil ne cilla pas, seul son bec s'ouvrait, se fermait puis se rouvrait, mais aucun son n'en sortait jamais »[4]. Comme si l'enfant devenu soudain adulte avait lu son nom dans l'œil « fou » de la bête, pour aussitôt s'enfuir à toutes jambes. On aura beau, après cela, essayer de renouer avec les joies de l'enfance, c'est peine perdue. Même les charades enfantines nous ramènent invariablement au même point. Cela débute sous forme hypothétique — « Si j'étais un animal... » — et finit avec le couperet d'une affirmation : « je suis [...] un hachoir à jambon »[5] ! Impossible, on le voit, de prendre la place de la victime, tout comme il est impossible d'épeler le patronyme. Écorcheur malgré lui, le héros des *Absen-*

[1] *Préhistoire*, p. 163.
[2] *Ibid.*, p. 164.
[3] Éric Chevillard, *Les Absences du capitaine Cook*, p. 183.
[4] *Ibid.*, p. 242.
[5] *Préhistoire*, p. 123.

ces du capitaine Cook s'appellera donc simplement « notre homme ».

De son patronyme, Chevillard ne dit rien nulle part, rien du moins d'explicite. Il ne cesse pourtant d'évoquer la chose à mots couverts, de tourner autour, poussant la malice jusqu'à se servir d'un crochet de viande en guise de portemanteau[1], rêve de donner son nom à la préhistoire[2], évoque le père fondateur de la science préhistorique, Jacques « Boucher » de Crèvecœur de Perthes, ou entonne la ritournelle généalogique : « Si c'est une fillette nous l'appellerons paupiette, si c'est un garçon saucisson »[3]. Décidément, rien ne nous est épargné et une inquiétante odeur d'acier inoxydable règne sur son œuvre. Les qualités de son style même sont celles du couteau de boucher : précision dans l'exécution, méticulosité, virtuosité dans la rapidité du geste, et un humour féroce, incisif, mêlé à une certaine froideur.

Au chapitre vingt et un des *Absences du capitaine Cook*, « notre homme » voudrait nous faire croire qu'il y a eu maldonne, erreur sur la personne et que tout va rentrer dans l'ordre. S'attardant sur la paternité de l'*Iliade* et de l'*Odyssée* il plaide la thèse du « quiproquo » entre Homère et son homonyme — « Homère », un poète grec tombé dans l'oubli — et suggère, pour rétablir la vérité, de « substituer le nom d'Homère au nom d'Homère »[4] dans tous les livres de toutes les bibliothèques. Vaines arguties, dira-t-on, qui ne font guère qu'aggraver son cas. Ce serait se méprendre, car il en va du « triton palmé » comme d'Homère : rien ne permet d'affirmer qu'il ne sera pas bêtement confondu avec le « triton ponctué » ! Grave méprise, si l'on en croit le romancier, toujours soucieux de ne pas appeler un chat un chat. Chevillard n'a en effet qu'une idée en tête, et il s'y emploie : nommer chaque animal par le mot propre. Avec son dictionnaire, il fait la chasse au mot.

La quête des origines, on le voit, est d'abord et avant tout gouvernée ici par la question du nom. « Mais la sortie de cette foire », s'impatiente « notre homme » ? Il n'y en a pas ! On n'échappe pas

---

[1] *Au plafond*, p. 39.

[2] *Préhistoire*, p. 42.

[3] *Les Absences du capitaine Cook*, p. 227.

[4] *Ibid.*, p. 149.

à la contrainte de ce que Philippe Bonnefis appelle le « pacte onomastique »[1]. Jamais peut-être l'avertissement lancé par Robert Pinget dans *Mahu ou le matériau* n'aura trouvé circonstance mieux appropriée qu'ici : « Ton nom, c'est ton odeur ; tu dois l'habiter [...]. »[2] Confirmation au chapitre vingt-cinq des *Absences du capitaine Cook* qu'on lira le nez pincé, l'odeur des peaux de lapin dominant tout tandis que « notre homme », essorilleur habile dans le maniement de la hachette, sommé sans doute de répondre à l'impératif du nom, d'accomplir le programme du nom, rêve d'accéder à la présidence de l'entreprise des tanneries. Voudrait-on oublier le patronyme, qu'il reviendrait avec plus de force encore.

O-PO-LE ...

Répercuté par les parois de la grotte de Pales, amplifié par cette caisse de résonance qu'est la grotte, le patronyme du vieux professeur jaloux et homicide à qui le spéléologue Gordon avait osé disputé la paternité de la découverte du site résonne encore lorsque la police arrive sur les lieux. Et voilà le nom de l'assassin hurlé par la victime lors de sa chute dans l'abîme. Un nom qui « résonnerait toujours si l'on ne s'était résolu à combler le gouffre. Curieux phénomène, en effet, le volume sonore de ce cri ne cessa d'augmenter durant les jours qui suivirent le meurtre de Gordon. A chaque nouveau rebond, l'écho revenait plus fort, enflait dans les galeries souterraines, se propageait au gré de leurs ramifications, déjà on pouvait l'entendre bien loin du gouffre, dans la cité (*polis*), remontant chez les particuliers par les tuyauteries, le nom d'Opole retentissait dans toutes les salles de bains, les cuisines [...] »[3].

Vieux, si vieux le nom, qu'il remonte de la nuit des temps... Qui peut dire en effet de quand date le premier « chevillard » ?

Si l'on en croit Philippe Bonnefis, toute œuvre est soumise à l'impératif du nom, gouvernée par le besoin d'explorer l'énigme du nom. Cette thèse du pacte onomastique, défendue dans *Pascal Quignard. Son nom seul,* est largement étayée par Quignard lui-même, dans sa mise en scène de la préhistoire. Se montrant non

---

[1] Voir par exemple le livre de Philippe Bonnefis, consacré à un autre écrivain contemporain : *Pascal Quignard. Son nom seul.* (Galilée, 2001).

[2] Robert Pinget, *Mahu ou le matériau*, 1952, Éd. de Minuit.

[3] *Les Absences du capitaine Cook*, pp. 90-91.

moins fasciné que Chevillard par les cavernes préhistoriques et se plaisant à imaginer, dans *La Haine de la musique*, que les premiers artistes exécutaient leurs peintures en chantant, Quignard soutient que « les grottes paléolithiques sont des instruments de musique dont les parois ont été décorées »[1]. Mais s'il est un paléosite qui fascine tout particulièrement Pascal Quignard, plus encore peut-être que les grottes, c'est incontestablement celui où eut lieu la pseudo-découverte de Boucher de Perthes. Le 23 mars 1863, Boucher de Perthes fit la découverte d'un morceau d'os qu'il identifia immédiatement comme un fragment de mâchoire humaine. Le roman de Christine Montalbetti, on s'en souvient, se termine sur la scène dans laquelle Boucher de Perthes brandit victorieusement la mâchoire de l'homme antédiluvien. L'objet en question ayant été trouvé au lieu-dit Moulin-Quignon, l'épisode renvoie précisément à l'énigme insondable du nom, qui ordonne l'œuvre de Quignard. La découverte de Moulin-Quignon met donc tout simplement l'auteur du livre intitulé *Le nom sur le bout de la langue* en présence d'un « Quignard fossile vieux de plus de 85 000 ans »[2]. Il y a là, on en conviendra, de quoi en effet stimuler la rêverie...

Diversement thématisée, la problématique du nom est partout présente dans l'œuvre de Chevillard. *Palafox*, par exemple, est le nom d'un général espagnol surtout connu pour la défense de Saragosse en 1809 ; il a été tiré au sort, nous précise-t-on, dans le Dictionnaire illustré par la bien nommée Maureen Buffoon[3]. Mais c'est surtout dans les innombrables considérations touchant à la boucherie que Chevillard met en scène le nom, ou qu'il lui fait une

[1] Pascal Quignard, *La Haine de la musique*, Callman-Lévy, 1996, p. 163.

[2] Philippe Bonnefis, *Pascal Quignard. Son nom seul*, Galilée, 2001, p. 101.

[3] *Palafox*, p. 13 et suivantes. Dans *Mes Tigres*, la décision de réintroduire le tigre dans nos campagnes est une idée du personnage *Albert Moindre*, un double de l'auteur « suffisamment décrit par son patronyme » (*L'Œuvre posthume de Thomas Pilaster*, p. 100). Dans *Les Absences du capitaine Cook*, « notre homme » pratique la pêche sur la banquise, au moyen de trous aménagés dans la glace ; il remonte des profondeurs une montre en or « gravée à ses initiales » (p. 154). Enfin, feignant de rejeter toute espèce de symbolique des noms — mais pour mieux attirer notre attention sur le phénomène — Marc-Antoine Marson prétend que les noms qui figurent dans les ouvrages de Pilaster « ont été arbitrairement relevés par lui sur la première rangée de tombes du petit cimetière de Joinville » (pp. 61-62).

scène. L'œuvre romanesque de Chevillard n'aspire pas à élucider l'énigme ; elle s'emploie plutôt à l'entretenir et l'approfondir. Car la mémoire des noms est un gouffre sans fond.

La grotte de *Préhistoire* est à maints égards l'exact contraire du Panopticon : le désir d'une transparence sans reste — tel qu'il se manifeste par exemple dans *Globalia* de Rufin — est ici remplacé par le culte de l'opacité et de l'équivoque, Chevillard préférant appréhender la question des origines par en dessous, ou à revers. Le point de vue ici adopté n'est pas sans évoquer les *Mémoires écrits dans un souterrain*. Un peu comme dans le roman de Dostoïevski, l'homme du sous-plancher est ici un employé dont le regard est essentiellement critique. Son propos et ses digressions ont pour effet de désavouer notre conception historiciste du temps, fortement teintée d'anthropocentrisme, qui consiste à projeter le présent sur le passé ; laquelle erreur d'optique ne se démontre jamais aussi efficacement que par l'absurde :

> Il serait possible de raconter l'Histoire à rebours, partant d'aujourd'hui, en commençant donc par la fin pour remonter le cours des âges jusqu'aux plus anciens vestiges connus, alors on verrait se dégager aussi bien une logique de progrès, les effets et les causes invertis, l'enchaînement des faits nous paraîtrait non moins inexorable que celui dont nous dépendons. On mesurerait avec le même ébahissement le chemin parcouru par les hommes depuis l'époque des villes automobiles, téléphoniques, peu à peu débarrassées de ces nuisances, déconstruites quartier par quartier pour laisser place à la campagne paisible et isolée, à ces villages fermiers où les toits des maisons prenaient appui sur des nids d'hirondelles, avant que de nouvelles améliorations n'interviennent, toujours dans le sens de la simplification, les lourdes pierres des murs si difficiles à extraire étant astucieusement remplacées par de légères cloisons de branches ou de torchis, pour en arriver enfin au confort de nos cavernes modernes[1].

Remarquable, la tonalité de l'investigation romanesque des origines par Chevillard mérite tout particulièrement d'être soulignée. Cultivant l'art de l'équivoque, privilégiant l'ambivalence et

[1] *Préhistoire*, pp. 129-130.

la dérision, Chevillard passe son temps à nous mettre en garde contre les préjugés à l'œuvre dans toute représentation téléologique de l'Histoire. Selon Bruno Blanckeman, la spéculation de Chevillard relativement aux origines affirme sans cesse, dans *Préhistoire*, sa nature critique. « Elle met en évidence la triple imposture dont la catégorie des origines semble avoir été l'objet dans la pensée moderne : son hypostasie idéologique dans une certaine histoire anthropologique (les origines de l'Homme, ou la vérité par le primate), dans une certaine vulgate psychanalytique (les origines de l'individu, ou la vérité par l'utérus), dans une certaine théorie du littéraire (les origines de l'œuvre, ou la vérité par la source) »[1]. Dans le même esprit, à travers les atermoiements du personnage qui n'en finit pas de différer le moment de se mettre au travail, *Préhistoire* « oppose [...] un double refus à une mythologie possible de l'écrivain : l'écrivain comme guide (celui qui promène ses lecteurs dans des lieux de culture attestés [...] ; l'écrivain comme gardien du site (celui qui veille jalousement à transmettre le patrimoine et se sait investi d'une mission supérieure »[2]. Et lorsqu'il aborde la question des origines de la littérature, le narrateur de *Préhistoire* se montre tout particulièrement circonspect et résiste à toute tentation de fixer dans le temps une origine. Il est « probable » qu'on chantait dans les grottes, explique-t-il, « notez que je n'affirme rien, cependant une certaine forme de littérature orale existait peut-être [...] »[3]. La prudence oratoire dont s'entoure le narrateur et qui s'exprime ici à travers un discours modalisateur très appuyé est l'indice de la méfiance d'Éric Chevillard vis-à-vis des récits d'origine. L'origine de l'homme se perd dans la nuit des temps et restera à tout jamais inconnaissable. En ce sens, on peut même dire que l'homme est un être sans origine, qu'il n'est jamais apparu, mais plutôt qu'il ne cesse de paraître ou, pour parler comme Jean-Luc Nancy, de « comparaître », venir au monde étant la chose la plus commune.

Ce souci de prendre ses distances avec les mythes des origines apparaît dans le récit de la naissance d'Eve, dont nous gratifie *Le*

---

[1] Bruno Blanckeman, « De la préhistoire à l'après-histoire », *Écrivains de la préhistoire*, pp. 164-165.
[2] *Ibid.*, p. 168.
[3] *Préhistoire*, p. 70.

Caoutchouc décidément (1992). Encore une fois, Chevillard revisite les fondements mêmes de notre culture :

> Pumpe extrait de son tube de pâte dentifrice au lieu de l'éternel et néfaste serpent, Eve elle-même, dont les petits pieds se posent sur le carrelage [...] ; apparaissent bientôt les chevilles, les mollets, les genoux [...], la gorge, les épaules et les bras, le cou [...], mais nul ne connaîtra le visage d'Eve, sa tête s'incline sur sa poitrine, son corps s'affaisse, elle tombe à genoux, son front heurte le carreau, sans bruit, déjà Boton accouru jette une serpillière sur la forme blanche recroquevillée, effaçant toute trace de ce rapide miracle[1].

La naissance à laquelle il nous fait assister est donc une naissance manquée, comme à chaque fois qu'on essaye de penser les origines. Mais manquée de façon remarquable puisque le récit, s'originant lui-même sur une métaphore (ressemblance de forme entre la pâte dentifrice et un reptile, aussitôt confondu avec le serpent de la Genèse) va, par glissement métonymique, substituer Eve au serpent de la Genèse. Une figure de style vient ainsi se superposer à une autre, mais pour s'effacer avant même la fin de la phrase, et nous laisser en présence d'une simple « forme blanche recroquevillée », le récit reprenant ou effaçant ce qu'il nous avait d'abord donné. Coup de serpillière d'autant plus efficace que la fable proposée faisait appel au vieux fond culturel que tout lecteur, croyant ou non, porte en lui. Ce dernier a cependant bel et bien assisté à un petit « miracle » : celui de l'écriture, capable d'engendrer un récit à partir de rien, et de donner à croire, même quand aucune croyance ne semble plus possible. Personne ne peut s'expliquer le mystère de la création artistique, ni dire de quel tube sort cette pâte-là ; lire, c'est un peu croire aux miracles.

La réflexivité de l'écriture n'est pas le moindre des mystères. *Préhistoire* abonde à cet égard en réflexions sur l'art de raconter une histoire. Le personnage de Chevillard met par exemple en question l'idée selon laquelle toute narration est orientée vers son dénouement, vers sa fin, qu'elle prépare :

---

[1] Éric Chevillard, *Le Caoutchouc décidément*, Éd. de Minuit, 1992, pp. 49-50.

> L'origine toujours mystérieuse des histoires m'intéresse davantage que leur fin toujours prévisible, c'est pourquoi je serais un conteur lamentable — ne suis-je pas naïvement en train d'allumer le feu de la veillée sur le toit de ma chaumière ? — , un piètre conteur uniquement soucieux des commencements, des sources, des généalogies, des étymologies, et reculant sans cesse le point de départ de son récit au lieu de passer outre, à la suite, à l'action[1].

Et de fait, *Préhistoire*, roman ludique à plus d'un titre, ne cesse de déjouer les attentes du lecteur, pour en susciter d'autres, entretenant le suspense par des voies détournées ou inattendues, y compris notamment par le moyen de commentaires métatextuels, à valeur réflexive. On aura noté combien le narrateur se montre à cet égard soucieux d'isoler sa manière propre, différente des autres « conteurs », comme si son style, sorte de signature, permettait de le distinguer entre tous. C'est bien un fantasme de cet ordre que Chevillard entretient lorsqu'il insiste, par l'intermédiaire de son narrateur, sur l'originalité de telle ou telle peinture pariétale. Même si les peintres paléolithiques œuvraient au fond des grottes de façon parfaitement anonyme, et si une cohérence stylistique se dégage de chaque période examinée, il n'en demeure pas moins qu'un œil exercé pourra y déceler des variations stylistiques permettant d'attribuer ces peintures à des artistes différents. « [...] les trois figures sont évidemment de la même main. Les reproductions photographiques dont je dispose ne permettent pas d'en douter. Le style de chaque artiste était déjà caractéristique, facilement identifiable, en dépit de thèmes et de techniques communs à tous »[2]. Très prudent sur le chapitre des origines, Chevillard se montre donc beaucoup plus affirmatif, et même catégorique, sur la question du style. Autrement dit — et même si notre auteur se montre à maintes reprises fasciné par la gémellité — il ne saurait y avoir deux chevillards.

Au discours idéologique sur la préhistoire et aux thèses relatives au « chaînon manquant » qui ferait le lien entre le singe et l'homme, Chevillard oppose donc, avec malice et ironie, la figure

---

[1] *Préhistoire*, p. 146.
[2] *Ibid.*, p. 114.

du boucher. Point de jonction entre la nature et la culture, entre l'animal et l'homme, la figure du boucher participe des deux règnes, si voisins qu'ils passent leur temps à se confondre. Dans *Palafox* le professeur Zeiger, un ornithologue polyglotte, imite à s'y méprendre le chant des oiseaux : il « pourrait [...] se fiancer avec une autruche », mais « il hésite à franchir le pas »[1]. Côté amours, le monde animal nous donne des leçons. Les astéries par exemple se reproduisent par scission : « le grand avantage de la reproduction asexuée [...] réside dans sa simplicité »[2]. Rien de tel chez les bipèdes ; on s'expose à « une foule de démarches, les revers humiliants et les mauvaises surprises ». Une malédiction semble peser sur le couple. « Tel amant qui pose un baiser sur des lèvres peintes, outre cette adorable petite bouche, embrasse aussi des centaines et des centaines de cochenilles mexicaines écrasées, pressurées, puis fondues dans un bâton de graisse animale [...], s'il cherchait un prétexte pour rompre, il le tient »[3]. La parabole du rouge à lèvres suggère que le règne animal, loin d'être tenu à l'écart, vient s'immiscer dans les relations amoureuses pour les contrarier, les empoisonner. La bête avait été domestiquée, apprivoisée, croyait-on, elle tient là sa vengeance. Car l'homme ne s'est pas seulement séparé de l'animal — c'eût été tout au plus des relations de voisinage — , il a eu l'insolence d'en extraire son repas quotidien et ses vêtements, de s'en couvrir de la tête aux pieds. Qu'est-ce en effet que chausser des mocassins si ce n'est fouler aux pieds l'animal ? Une telle arrogance devait se payer, et se payer chèrement...

A l'école, Monge rêve devant une planche d'anatomie représentant un Indien ; il imagine des exploits extraordinaires, des combats glorieux à mains nues contre des hordes, jusqu'à la mort de l'Indien : « c'est un caillou pointu dans son mocassin qui lui arracha [...] son dernier cri »[4]. Autre mort « bête », celle dont Thomas Pilaster a fait l'expérience le jour qu'il visitait avec sa femme la grotte de Pales. La malheureuse n'en est pas ressortie vivante : « son pied dérapa sur une plaque de calcite, elle tomba en

[1] *Palafox*, p. 21.
[2] *Ibid.*, p. 30.
[3] *Ibid.*, p. 146.
[4] *Le Démarcheur*, p. 9.

avant, durement, et se fendit le crâne contre l'arête d'une roche »[1]. Dans *La Nébuleuse du Crab* le chaplinesque Crab est arrêté par la police et incarcéré pour s'être étalé de tout son long sur un présentoir d'assiettes devant un magasin de porcelaines après avoir trébuché sur son lacet dénoué. On ne compte pas les personnages ainsi soumis à l'impôt de la chaussure. Palafox aussi est voué à l'objet en question. Lorsqu'on le croit mort, peu après sa naissance, c'est une boîte rectangulaire en carton qui tient lieu de cercueil. Et voilà notre Palafox qui repose — momentanément — dans une boîte à chaussures ; il mourra d'ailleurs comme un vulgaire insecte, écrasé par... un coup de soulier !

Et l'on se prend à rêver à la lecture de l'admirable titre du troisième ouvrage de Thomas Pilaster dont il ne reste aucune trace, *Étude de babouche pour la mort de Sardanapale*, livre dans lequel « la sandale d'Empédocle et la pantoufle de Cendrillon se rencontrent et... conversent ! »[2]. « Degré le plus bas de ce qu'on nomme la culture », selon Jacques Derrida[3], la chaussure peut-être considérée comme un objet à produire des récits. Fable de la lutte des forces de l'Amour et des forces de la Haine (Empédocle revu par Crab), variations sur la légende d'Œdipe dans *Au plafond* (« le fils au pied léger ») ou sur la légende de Cendrillon : autant de récits présents chez Chevillard et recyclés par lui, sous forme ludique, espiègle (Cendrillon renonce ici au bal pour passer la serpillière), récits avec lesquels notre auteur joue à l'envi, très exactement comme Palafox joue avec une vieille pantoufle, « usée, percée, déformée par l'usage »[4]. La chaussure est omniprésente, au point que notre auteur pourrait se placer sous les auspices de saint Crépin, le patron des cordonniers. Ce que, d'une certaine manière, il fait : *Préhistoire* est dédié à Gaston Chaissac, peintre et sculpteur qui, avant de devenir adepte de l'art « brut », était cordonnier ; notre auteur lui a consacré un ouvrage, *D'attaque* (2005).

Au tournant du millénaire, le genre romanesque légué par les générations précédentes est à l'image de la paire de souliers dépa-

---

[1] *L'Œuvre posthume de Thomas Pilaster*, p. 113.
[2] *Ibid.*, p. 57.
[3] Derrida, Jacques. *La Vérité en peinture*. Flammarion, coll. « Champs », 1978, p. 301.
[4] *Palafox*, p. 40.

reillés que le gardien de la grotte de Pales contemple longuement, retardant ainsi le moment de se mettre au travail : une forme usagée, éculée tant elle a servi et peu favorable à la marche, le soulier gauche étant « indigne du soulier droit »[1]. La solution Chevillard ? En accélérer l'usure, s'obstiner dans le roman. Détours, digressions, emprunts parodiques, associations d'idées incongrues, toutes les ruses sont bonnes pourvu qu'on reste, comme le héros des *Absences du capitaine Cook*, à bonne distance des sentiers battus. Au chapitre dix-neuf, on l'a vu, « notre homme », sorte de Janus postmoderne, décide tout bonnement d'adopter la marche en arrière. L'un des livres imaginaires de Marc-Antoine Marson, le biographe de Thomas Pilaster, s'intitulait justement *Machine arrière*[2]. Et c'est ainsi, donc, que toute la seconde moitié du roman se parcourt à reculons. Il y a là une discipline rigoureuse, et même une éthique de l'écriture. Elle apparaît au chapitre trente et un dans l'éloge de ce que, faute de mieux, le narrateur appelle « les anges » :

> Sous le nom d'ange, notre homme entend tout ce qui dans un livre n'est pas nécessaire à l'action (en serait-il un lui-même ?), tout ce qui d'une certaine façon l'entraverait plutôt [...]. Pourquoi ne pas se l'avouer ? Les anges nous manquent. [...] Nos livres favoris sont ceux où ils abondent : ce sont ces livres dans lesquels par leur faute *on n'avance pas*, desquels *on ne sort pas, on ne voit pas le bout* et dont on prolonge indéfiniment la lecture en l'interrompant souvent, longtemps, nos vrais livres de chevet, ce sont ceux-là, la preuve : on ne peut se résoudre à les finir. On choisit donc de vivre dedans, avec les anges, ange soi-même.[3]

Adeptes de l'oraison funèbre du roman, s'abstenir ! Certes, avec *Thomas Pilaster*, Éric Chevillard semble ajouter un nouveau chapitre à la longue histoire de la mort de l'écrivain, dont l'œuvre n'est donnée ici qu'à titre posthume. On peut cependant, avec quelque apparence de raison, se méfier de ce mort-là. Faire le mort, n'est-ce pas là l'ultime ruse du chasseur ? Dans les chapitres

---

[1] *Préhistoire*, p. 15.
[2] *L'Œuvre posthume de Thomas Pilaster*, p. 181.
[3] *Les Absences du capitaine Cook*, pp. 232-234.

29 et 30 des *Absences du capitaine Cook*, « notre homme » a la mauvaise surprise de se découvrir statufié de son vivant, « une horrible chose en bronze »[1] ayant été à son insu édifiée au milieu d'un jardin public. Ironie du sort ou « embêtement », il est chargé d'entretenir sa statue qu'il « ponce, frotte, astique », armé de détergents, brosses et éponges pour la laver des marques du vieillissement et des « inscriptions obscènes ou injurieuses », métaphore à peine voilée du travail de la critique, des commentaires sur l'œuvre : « notre homme utilise [...] un abrasif et polit négligemment la pierre jusqu'à ce que toute trace disparaisse. Puis il revient au bronze qu'il inonde de lait caillé, d'abord [...] »[2]. Sous couvert d'attaque en règle contre les « vandales », Chevillard nous fait assister là à ses *Palilia.* Je veux parler des fêtes de la déesse Palès, protectrice des troupeaux et qui a donné son nom, n'en doutons pas, à la grotte de *Préhistoire.* La veille des fêtes célébrant Palès, on accomplissait à Rome une cérémonie de purification dans les maisons et les étables au moyen d'un mélange sacré, puis on arrosait les troupeaux et les étables avec l'eau lustrale. Le travail ne serait pas ici complet si l'on omettait l'essentiel : astiquer la statue après l'avoir aspergée de liquides. C'est à ce rituel que se livre « notre homme », méthodiquement, malgré lui condamné à passer une peau de chamois sur la statue d'un homme sans nom, comme un monument au premier chasseur, notre ancêtre. Des passants ou des lecteurs approcheront de la statue. Il s'en faudrait de peu pour que l'abîme s'ouvre sous leurs pieds et qu'ils entendent : « CHEVILLARDS ! »

Mais c'est sans compter que la gloire n'est pas toujours où l'on croit. L'écrivain dont l'histoire nous est contée dans le roman intitulé *Du hérisson* l'a bien compris et en a même tiré, à ce qu'il semble, une sorte de sagesse à usage interne : « Que m'importe que l'histoire littéraire ne daigne pas retenir mon nom si je demeure une énigme éternelle pour la paléontologie »[3]. Et l'écrivain de se prendre à rêver d'« une concession à perpétuité dans une châsse vitrée du musée de l'Homme ». On ne pouvait en effet rê-

---

[1] *Ibid.*, p. 21.
[2] *Ibid.*, p. 218.
[3] *Du hérisson*, Éd. de Minuit, 2002, p. 157.

ver d'un lieu plus approprié que ce musée. Lequel, dans la logique de la fable, n'est autre que « le vrai Panthéon auquel l'ambitieux aspire ».

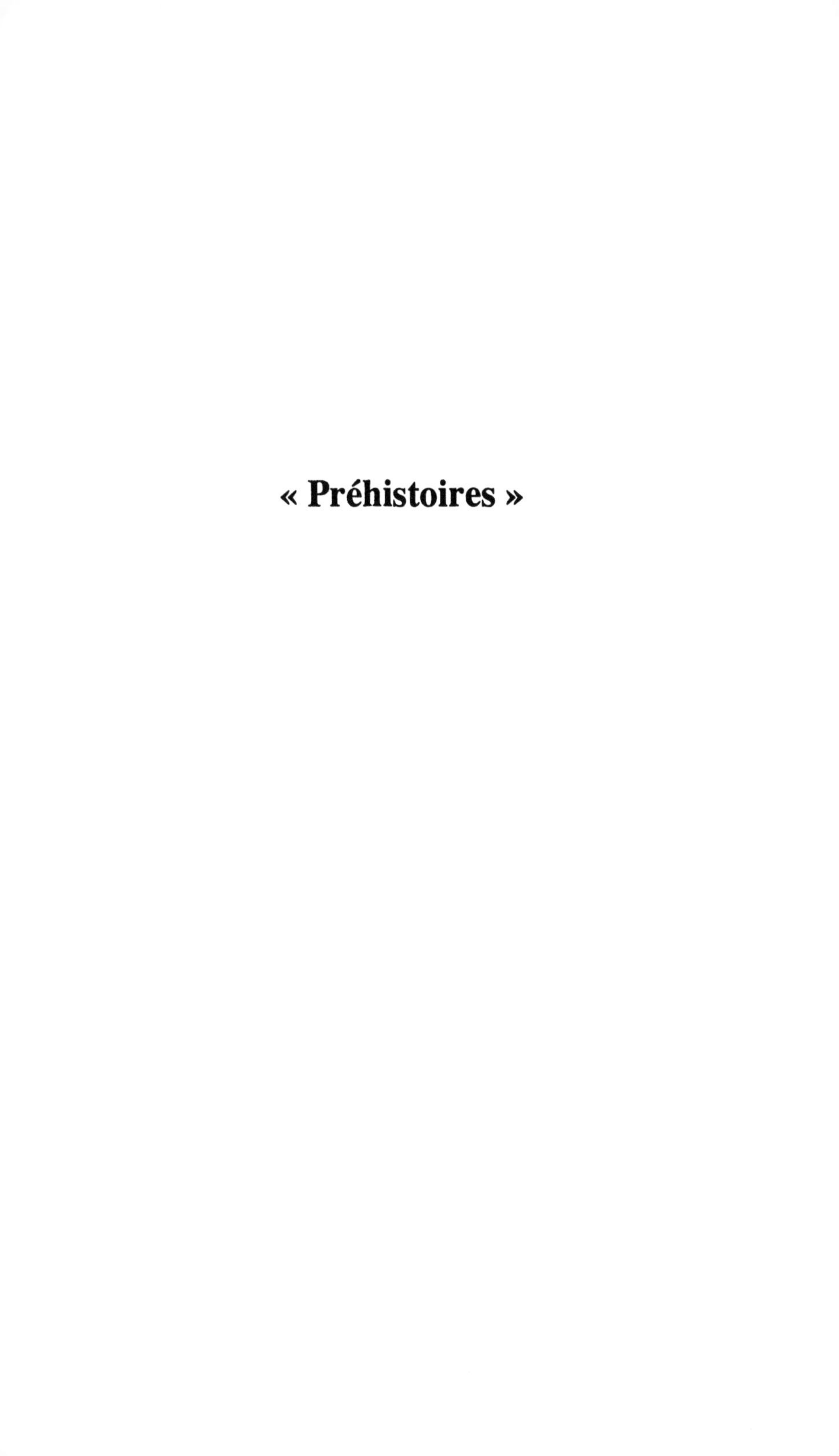

« Préhistoires »

Le paléolithique et la République

Dans une réflexion sur « L'Angoisse des origines », Jean-Claude Larrat s'attarde sur le statut de la préhistoire dans l'œuvre et l'imaginaire de Malraux. Du *Musée Imaginaire* aux *Antimémoires* les peintures rupestres occupent chez cet auteur une place privilégiée. C'est du reste de l'époque de son passage au Ministère des Affaires culturelles que date la fermeture définitive de la grotte de Lascaux, par souci de protection. Émerveillé au spectacle des bisons magdaléniens, Malraux écarte sans hésitation toute tentation de considérer l'art des cavernes comme un art « primitif ». Au contraire de Georges Bataille, pour qui Lascaux marque la naissance de l'art et l'enfance de l'humanité, Malraux préfère y voir celui d'une civilisation élaborée. En d'autres termes, il n'y aurait à ses yeux de civilisation qu'adulte. Une telle approche de l'art rupestre traduit selon Jean-Claude Larrat « la difficulté qu'éprouve Malraux à penser les notions d'origine et d'évolution »[1]. Sur la question — abyssale — des origines, les images peintes sur les parois des grottes sont donc chez Malraux investies d'un rôle bien particulier. Communément considérée dans l'imaginaire collectif comme un symbole féminin, la grotte préhistorique représenterait ce que la psychanalyse lacanienne appelle la « béance maternelle », c'est-à-dire le lieu de l'indifférenciation avec la mère fusionnelle. Les peintures magdaléniennes permettraient donc à Malraux de regarder ce qui, autrement, ne pourrait pas l'être. « Sans elles, précise Larrat, la préhistoire ne serait que le gouffre vertigineux des grottes vides, la nuit terrifiante de la "mère" originelle »[2].

Dans l'un de ses romans, Pierre Michon nous reconduit à la question insondable des origines, à sa béance. Dans un court récit

[1] Jean-Claude Larrat, « L'Angoisse des origines », *Écrivains de la préhistoire*, op. cit., p. 81.
[2] *Ibid.*, p. 88.

d'abord publié en revue en 1988 sous le titre *L'Origine du monde*[1] (titre d'un célèbre tableau de Gustave Courbet), puis chez Verdier en 1996 sous forme de roman intitulé *La Grande Beune*, qui réunit les trois textes originaux en un seul volume, Pierre Michon nous transporte sur les rives d'un affluent de la Vézère, dans les années 60, et nous fait visiter la « Grotte préhistorique de Chez-Quéret », non répertoriée dans les guides de la région. Le récit est ainsi rythmé que le lecteur est d'abord placé en position de voyeur et convié à assister aux ébats amoureux du jeune instituteur et de son amie Mado au bord d'une route départementale, dans une vieille Dauphine — version *Sixties* de la scène du fiacre dans *Madame Bovary* — avant de pouvoir découvrir la grotte en question. Pas de visite de grotte qui n'ait été d'abord payée du tribut de la chair. Il faut ensuite, pour découvrir le passage quasi secret qui conduit sous terre, pénétrer dans une grange et contourner une moissonneuse-batteuse verte de la marque John Deere avant de trouver l'entrée de la grotte. Et lorsque, après nous être faufilés dans un étroit boyau, après avoir gravi un raidillon de sable solidifié, et maintes fois trébuché, nous arrivons enfin dans la grande salle que le guide éclaire au moyen d'un compteur électrique, révélant du même coup une immense salle, c'est pour découvrir une vaste coupole vierge, une étendue de calcite toute blanche qui n'a pas servi, comme une toile blanche apprêtée sur un chevalet qu'aucune main n'aurait encore effleurée. Si bien qu'au lieu d'admirer des peintures pariétales, nous voici contraints d'imaginer ce qui aurait pu être. « Il n'y avait pas de peintures. C'était Lascaux au moment où les célibataires accroupis épousent leur pensée, conçoivent, brisent les bâtons d'ocre et touillent le charbon de bois dans une flaque, se taisent, le chapeau à andouillers posé à côté d'eux [...] »[2]. La préhistoire est donc bien présente dans *La Grande Beune*, mais elle l'est pour ainsi dire « en creux ». Michon nous promet un festin pour le regard, mais c'est pour aussitôt nous reconduire vers la sortie : « comme vous pouvez le voir, il n'y a rien à voir », s'exclame le guide[3]. Circulez ! Ce geste est certainement révéla-

---

[1] *L'Origine du monde* a paru dans les numéros 424, 425 et 426-427 de *la Nouvelle Revue Française* (mai, juin et juillet 1988).
[2] Pierre Michon, *La Grande Beune*, Verdier, 1996, p. 70.
[3] *Ibid.*, p. 71.

teur d'un refus de la part de Michon d'une certaine forme romanesque conventionnelle, le roman préhistorique, en vogue depuis le siècle dernier, et qui n'a guère à offrir qu'une variante du roman exotique d'autrefois, édifiant et moralisateur : voyez le chemin parcouru depuis nos ancêtres. Michon se refuse catégoriquement à ce genre de clichés ou d'inepties. Mais *La Grande Beune* est aussi symptomatique de l'extrême prudence de Michon face à la question des origines. Peut-on seulement imaginer l'origine de l'art ? Du geste créateur, l'écrivain ne nous montre « rien », préférant nous renvoyer à notre ignorance sur la question. Si en effet l'étude scientifique des sols et des outils découverts sur place a pu révéler avec précision quel type de pigments étaient alors couramment utilisés, ainsi que les techniques en usage, en revanche, notre savoir s'arrête dès que la main du peintre préhistorique s'élève vers la paroi qu'elle va peindre. Il semblerait donc que nous soyons à jamais condamnés à l'ignorance.

Du point de vue de l'échelle du temps, *La Grande Beune* met sous nos yeux plusieurs temporalités, un peu comme une coupe opérée dans une couche de sédiments mettrait à jour des strates distinctes. Au temps géologique (les grottes), s'ajoute celui de la préhistoire (les hommes des cavernes), celui de l'Histoire (la fin du XIXe siècle, les guerres, les années 60), et celui des pulsions (le désir physique du narrateur pour la buraliste Yvonne). Les références à l'Histoire méritent tout particulièrement d'être examinées car elles sont riches d'enseignements quant à la place qu'occupe le paléolithique, depuis la fin du XIXe siècle et jusqu'à nos jours, dans la culture française. Par contraste avec *Lucy. La femme verticale*, la préhistoire est chez Pierre Michon résolument ancrée dans le sol national et dans l'Histoire de France.

Au début du roman, le narrateur fait en effet état de la querelle idéologique qui s'est dessinée en France dès le dernier quart du XIXe siècle, opposant deux visions du monde radicalement différentes et inconciliables. Au fond de la salle de classe, un meuble à vitrine contient harpons, haches, lames et silex dûment étiquetés : « Cela venait du siècle dernier, de l'époque barbichue, de la République des Jules, de ces temps où des curés périgourdins athlétiques retroussant leur soutane rampaient dans les grottes vers les os d'Adam, et où des instituteurs, périgourdins aussi, de même rampaient et se crottaient avec quelques mouflets vers l'os prouvant que l'homme n'est pas né d'Adam »[1]. *La Grande Beune* aborde donc une donnée essentielle de la culture nationale. On ne saurait sous-estimer l'importance de cette contamination du phénomène préhistorique par l'idéologie, d'autant qu'à l'époque en question, la troisième république œuvrait dans le sens de la laïcisation, que la loi de Séparation de l'Eglise et de l'Etat de 1905 viendra entériner. Michon lui-même nous invite à prendre en compte la dimension politique, si l'on se souvient que dans son livre sur Van Gogh, *Vie de Joseph Roulin,* dont l'action se situe en 1888, en pleine époque « barbichue », il met en scène un facteur « rouge ». C'est en effet par l'intermédiaire d'un simple employé des Postes qu'il abordait là les questions touchant à la création artistique : animé d'une passion sociale et politique, Joseph Roulin est un nostalgique de la Commune et le fervent partisan d'une république laïque.

Dans le roman qui nous intéresse le propos est cependant moins tranché, *La Grande Beune* renvoyant « les naïfs » des deux bords, « ceux qui croyaient aux Ecritures et ceux qui croyaient aux lendemains de l'homme », dos à dos. Pour avoir causé les ravages que l'on sait, les deux guerres mondiales ont mis un coup d'arrêt brutal aux idéaux, et ni l'homme ni Dieu « une fois pour toutes n'eurent plus cours »[2]. Le diagnostic est établi en 1988, alors que les signes avant-coureurs de l'effondrement du communisme, à l'Est, se font jour, effondrement qui rendra plus prégnant le déclin ou la faillite des idéologies. La politisation du phénomène préhistorique n'en est pas finie pour autant. L'action de *La Grande Beune* est en effet située à une autre période cruciale pour l'Histoire de France. Personnage principal du roman, l'instituteur âgé de vingt ans vient d'être nommé à Castelnau pour la rentrée des classes de septembre 1961. Même si aucune allusion n'y est faite, la date est d'importance puisque nous sommes tout bonnement en pleine guerre d'Algérie. En cette fin de millénaire, Pierre Michon n'est pas le seul à se tourner vers l'année 1961. Cela est vrai, par exemple, de Leïla Sebbar. Mais si elle partage la même fascination pour le début de la décennie, et plus précisément

[1] *Ibid.*, pp. 14-15.
[2] *Ibid.*, p. 15.

l'année 1961, Leïla Sebbar isole quant à elle une journée particulière, dont elle a choisi de se souvenir, celle du 17 octobre, sinistre journée à laquelle elle consacre une roman, *La Seine était rouge* (1999). Ce jour-là tandis que les pêcheurs de Castelnau préparent les appâts au bord de la Vézère, plusieurs dizaines de cadavres d'immigrés algériens, victimes de « ratonnades » pour avoir manifesté non seulement contre la guerre d'Algérie, mais aussi contre le sort qui leur était fait en France — rafles dans les bidonvilles, descentes policières dans les cafés arabes, arrestations et détentions arbitraires — seront jetés dans la Seine, sur ordre du préfet... Maurice Papon ![1]. S'il a fallu attendre 1995 pour que l'État français admette publiquement, par la voix du président Jacques Chirac, que le régime de Vichy s'est fait le complice de l'Occupant[2] et reconnaisse ainsi officiellement sa part de responsabilité dans la déportation des Juifs pendant la seconde guerre mondiale, un autre deuil reste à faire : celui de la guerre d'Algérie.

En 1961, période où se situe l'action de *La Grande Beune*, la guerre d'Algérie est entrée dans sa dernière phase et avec les Accords d'Evian de 1962, la France, qui fut longtemps la seconde puissance mondiale après l'Angleterre, est sur le point de perdre sa dernière grande colonie. Les jeunes élèves de Castelnau devront ainsi apprendre à se familiariser avec un terme de géométrie appelé à devenir monnaie courante. Désormais, le mot « hexagone » désignera la France, dont il va vite devenir le synonyme, mais une France amputée de son empire colonial et réduite à ses frontières dites naturelles. Le début des années 60 inaugure donc une période de crise dont on n'a pas fini de mesurer les conséquences, la perte des colonies correspondant à la plus grande *désorientation* possible, au sens plein du terme. Concomitante de la guerre d'Algérie, la création d'un ministère des Affaires culturelles au sein du gouvernement, dont la responsabilité incombera à Malraux, peut être considérée comme une forme de compensation : ayant perdu son prestige et son influence sur la scène internationale en même

[1] Sur les événements du 17 octobre 1961, voir *La Seine était rouge* de Leïla Sebbar (Thierry Magnier, 1999), mais aussi *Le Sourire de Brahim* de Nacer Kettane (Denoël, 1985).

[2] Allocution prononcée le 16 Juillet 1995 sur le site de l'ancien Vélodrome d'Hiver.

temps que ses colonies, la France a endossé le rôle de gardienne des Arts du monde entier.

Les grottes préhistoriques n'échappent pas à ce phénomène de contamination par l'Histoire. C'est ce que semble suggérer Michon lorsque, entretenant la confusion, il campe le représentant de la commune en train de prononcer un discours : « on se demande à qui s'adresse le maire des Eyzies, le 11 Novembre, avec son petit papier dans la bise devant le monument aux morts »[1]. Que les « morts pour la patrie » puissent être confondus avec les hommes du paléolithique dit assez à quel point il est tentant de franchir la ligne de partage entre l'Histoire et la préhistoire, ou du moins d'entretenir l'équivoque. La contamination de la préhistoire par le politique et l'idéologie n'est peut-être nulle part aussi évidente que dans le cas de Lascaux. C'est à la même époque en effet que la célèbre grotte, fermée par Malraux en 1963, va devenir un peu plus encore le lieu mythique que l'on sait.

On peut du reste, avec quelque apparence de raison, se demander ce qui justifie la présence de Lascaux dans *Les Lieux de mémoire*, le célèbre ouvrage publié sous la direction de Pierre Nora, où elle côtoie Vercingétorix, le drapeau tricolore, *La Marseillaise* et la devise républicaine « Liberté, Égalité, Fraternité ». De toute évidence, la célèbre grotte vieille de dix-sept mille ans ne saurait a priori jouer un rôle comparable à celui des Gaulois et de Vercingétorix, éléments fondateurs de la mémoire collective. Comme le rappelle Jean-Paul Demoule, Pétain, par exemple, avait invoqué la mémoire de Vercingétorix « pour justifier la capitulation par l'évocation d'une antique défaite fondatrice, qui fit de barbares indisciplinés les sujets civilisés du nouvel ordre romain »[2]. Certes Lascaux ne saurait a priori être investie d'une signification comparable ni jouer de rôle dans la mémoire nationale. Sauf peut-être chez Jean Rouaud — nous serons amenés à le vérifier plus loin — les ossements du paléolithique ne sauraient pas davantage être confondus avec les restes de soldats morts pour la patrie. Pourtant, la première réunion officielle destinée à préparer les commémorations du Bicentenaire de la Révolution se tint à Lascaux, du 24 au

---

[1] *La Grande Beune*, pp. 16-17.

[2] Jean-Paul Demoule, « Lascaux » in *Les Lieux de mémoire* III, sous la direction de Pierre Nora, Gallimard, Quarto, 1997, p. 4090.

26 février 1989. Requis par la mémoire nationale, ce lieu le fut d'autant plus qu'un discours officiel fut prononcé par le président Mitterrand lui-même. Lequel, comme on sait, avait transformé son pèlerinage annuel à la roche de Solutré en rite national. La présence officielle de Lascaux dans les célébrations du Bicentenaire, la réappropriation discrète des vestiges archéologiques par les discours officiels qui les entourent, et sans doute aussi la place qu'a acquis la préhistoire dans la littérature font que la grotte de Lascaux est devenue un peu le « degré zéro de notre mémoire nationale », « prête à accueillir tout ce qu'on veut bien y déposer, de concepts, d'affects ou de symboles »[1]. Un tel phénomène d'investissement, tant idéologique qu'affectif, est patent en littérature. D'autant que, comme le souligne Jean-Paul Demoule, l'enjeu d'un site préhistorique aussi prestigieux que Lascaux est lié à la question des origines : « origine de la pensée, de la religion, du mythe, du pouvoir, de la guerre, etc. Pas de théorie du pouvoir sans un minimum d'étaiement par les sociétés qui virent naître les premières hiérarchies ». Et c'est précisément cette « position originelle » qui lui confère sa « force idéologique »[2].

Que Lascaux occupe une place mythique dans la culture française, nul ne pourrait le contester. L'histoire même de sa découverte par des enfants participe du mythe. On a beau compter et recompter, le 12 septembre 1940, date de la découverte de Lascaux, Jacques Marsal et ses acolytes ne pouvaient plus guère être considérés comme des « petits ». Or le mythe est tenace. Lorsqu'il évoque dans *L'Invention de l'auteur* la découverte de la grotte par des « enfants du Périgord se glissant dans un trou à la recherche de leur chien disparu »[3], Jean Rouaud accrédite une (belle) légende que l'on doit à Malraux.

De l'avantage, en effet, d'être petit…

Mais pourquoi faut-il justement que Lascaux ait été découverte par des enfants ? A cette question, la réponse que nous fournit Rouaud mérite d'être citée :

[1] *Ibid.*, p. 4095.
[2] *Ibid.*, p. 4090.
[3] Jean Rouaud, *L'Invention de l'auteur*, Gallimard, 2004, pp. 203-204.

> Le XXe siècle, c'est la perte de l'innocence, dont la crise du roman n'a été qu'un des symptômes. L'ère du soupçon a tout imprégné. Le progrès dans lequel les hommes du XIXe avaient mis tout leur espoir a offert ses méthodes de fer aux crimes de masse. D'où le mot d'Adorno : comment écrire de la poésie après Auschwitz, phrase aussi célèbre que celle sur le sacré de Malraux. La découverte de Lascaux se fait au moment où la France s'est volatilisée. On convie tout un peuple à retourner à la matrice. On recommence tout, sous le signe de la beauté joyeuse des vaches bondissantes. Et comme de juste, comme dans le petit Poucet, ce sont les enfants, les porteurs d'innocence qui trouvent la voie. Bien sûr que les quatre garçons avaient depuis longtemps quitté la petite école, mais qu'on les ait rajeuni dit bien à quel point ce pays avait besoin de retourner en enfance sous le regard de son vieux père déguisé en maréchal fouettard et débonnaire.[1]

Lorsque Malraux, dans ses *Antimémoires*, nous fait pénétrer dans une grotte de Lascaux décrite comme une cache d'armes, c'est encore au mépris de la vérité historique puisque l'on sait que la grotte en question n'a jamais servi de repaire. Faut-il y voir la volonté de récrire l'Histoire et de promouvoir le mythe d'une France résistante ? Cela est bien possible, en effet. Mais l'on peut surtout en déduire qu'en temps de crise, les grottes préhistoriques font l'objet d'un investissement idéologique et symbolique. Le plus bel exemple de ce phénomène de projection est sans doute fourni par Georges Bataille dans *Lascaux ou la naissance de l'art.* Publié en 1955, à une époque où le souvenir de la seconde guerre mondiale est bien vivace, l'essai de Bataille est l'occasion d'une réflexion sur la nature de l'homme. Le commentaire de la célèbre scène du puits de Lascaux, qui représente un homme avec une tête d'oiseau, suggère que l'homme est devenu homme non seulement dans l'acte de créer — qui le distingue des animaux — mais surtout dans le fait de reconnaître qu'il existe aussi en lui une part non-humaine. De toute évidence, le souvenir des atrocités de la guerre et de la barbarie des camps est très présent.

La volonté de préserver Lascaux en l'interdisant au public participerait donc non seulement du désir (louable) de mettre un frein

---

[1] « Entretien avec Jean Rouaud », propos recueillis par Michel Lantelme, *Revue André Malraux Review*, University of Oklahoma, n° 34, 2007, p. 145.

à la détérioration des peintures due à une fréquentation trop importante du site, mais également, et de façon plus subtile, de circonscrire un espace symbolique imaginaire. Rendre la grotte inaccessible revenait à augmenter son caractère mythique. Le site ayant acquis le titre de monument « historique » [*sic*], la fermeture de Lascaux en 1963 procédait de ce phénomène de mise sous clef du passé décrit par Baudrillard. Il ne nous restait plus, après cela, qu'à admirer Lascaux II, une vulgaire copie, « degré Xerox de la culture »[1].

Telle qu'elle se manifeste une nouvelle fois un quart de siècle plus tard, au moment du Bicentenaire, cette obstination à faire de Lascaux le premier « monument national » et les discours qui entourent la grotte, participent également d'une idéologie plus souterraine, qu'ils contribuent à alimenter. La monumentalisation de Lascaux se renforce en effet au moment même où le mythe d'une France immémoriale et d'une identité transmise par le sol est train de s'effriter.

Sur ce chapitre, le roman préhistorique de Jean-Loup Trassard, *Dormance*, est particulièrement révélateur et symptomatique de ce qu'on pourrait appeler la mémoire préhistorique de la France. Tout entier soumis à la pulsion régressive, à l'utopie d'un retour et au désir d'enracinement territorial, ce roman préhistorique qui entraîne le lecteur sur les traces d'un chasseur du magdalénien repose sur le fantasme d'une permanence. Ce qui a été, y compris le passé le plus lointain, serait moins oublié, moins perdu qu'on ne le croie, il est là qui affleure. Il serait même possible de partager des expériences communes avec nos ancêtres reculés, par exemple au moyen d'expériences sensorielles : « sur les écorces ma main rejoint la sienne, ma main est la sienne, par le biais d'une sensation forcément identique au contact du râpeux »[2]. Dans *Dormance*, Jean-Loup Trassard va même plus loin. Il se plaît à imaginer que sa naissance eut lieu à la lueur de bougies et de lampes à pétrole, l'électrification récente de la maison ayant été « rompue sous un orage »[3], et compare ce mode d'éclairage désuet aux « lampes de

[1] Jean Baudrillard, *L'Illusion de la fin*, p. 109.
[2] Jean-Loup Trassard, *Dormance*, Gallimard, N.R.F., 2000, p. 30.
[3] *Ibid.*, p. 136.

l'origine dont la mousse buvait une graisse animale »[1], se donnant ainsi une naissance quasi mythique. « C'est peut-être son choix qui a déterminé le lieu de ma naissance et de ma vie, le point d'où j'écris »[2]; « il m'a fait naître, en somme, car sans lui ces arpents de terre n'auraient pas été humanisés peut-être [...] »[3]. La langue elle-même n'échappe pas au fantasme du pistage. Saisie dans ses archaïsmes, dans certaines tournures ou sonorités, elle garderait la trace ou la mémoire de ce passé immémorial[4].

Cette langue, on sait de quelle manière elle s'est imposée. Car l'école Républicaine ne tolère pas les patois. Dans *La Gloire des Pythre* (1995) de Richard Millet, les paysans de Corrèze sont tenus d'abdiquer leur patois lorsqu'ils franchissent la grille de l'école, au profit de l'autre langue, la française, la vraie, seule capable de surmonter la mort, dont l'odeur épouvantable est décrite pendant les cinquante premières pages du roman — rien de moins : « les femmes récitaient en français des prières lentes que nous écoutions comme autrefois le maître ; car le français nous rassurait, mettait entre la nuit et nous, entre le désordre primitif et la résignation, l'épaisseur de syllabes fortes et claires — les seules qui puissent lutter d'égal à égal contre les éléments, songions-nous parmi les vents contraires et la pluie qui balayaient la lande [...] ».[5] On ne saurait mieux souligner l'importance du pacte qui unit la langue et la nation.

Pierre Michon appartient de ce point de vue à la même famille « d'explorateurs des profondeurs »[6] ou d'« excavateurs » que sont, selon l'expression de Pierre Ouellet, Jean-Loup Trassard, Richard Millet et Pierre Bergounioux. Plateau du Limousin, vallée de la Vézère ou plateau de Millevaches nous font parcourir le temps à reculons. Réactivant notre mémoire d'hominien, Bergounioux décrit dans *Miette* (1995) un monde « contemporain [...] de l'origine », figé dans un temps qui ne passe pas, un monde rural proche

---

[1] *Ibid.*, p. 78.
[2] *Ibid.*, p. 38.
[3] *Ibid.*, p. 101.
[4] *Ibid.*, voir p. 150-151.
[5] Richard Millet, *La Gloire des Pythre*, Gallimard, coll. « Folio », 2006. p. 59.
[6] Pierre Ouellet, « Le roman de la terre », *Asiles. Langues d'accueil*, FIDES, Québec, 2002, p. 134.

du néolithique, dans lequel gestes et visages seraient inchangés depuis la nuit des temps[1]. Chez ces « écrivains spéléologues », l'art du portrait notamment est remarquable. *La Grande Beune, Miette* et *La Gloire des Pythre* dépeignent « l'homme et la femme sortis du bois, à peine, et de la bête »[2]. Pythre, Yvonne, Miette forment une galerie de portraits « peints sur le roc, faces d'homme et âmes de femmes barbouillées d'or, de terre et de sang »[3]. Romans ocres plus que romans sépia, ces œuvres abondent également en ossements de toutes sortes. On passe son temps à déterrer les morts et à déplacer les tombes dans *La Gloire des Pythre* — les lois de la République interdisent de gésir n'importe où —, tandis que le sol de la caverne de *La Grande Beune* est jonché de crânes et de vertèbres. Et, encore une fois, le maniement de la langue distingue ces écrivains. Pierre Bergounioux, Pierre Michon et Richard Millet — à qui l'on peut rajouter Michel Chaillou et Jean-Loup Trassard — cultivent une langue à la beauté toute classique, un français épuré. Soucieux d'étymologie — autre passion orphique de l'origine —, ils pratiquent une prose exigeante, d'où jaillissent régulièrement des étincelles. Comme l'écrit Pierre Ouellet, « il faut allumer un feu dans la langue de son passé pour y incinérer ses morts »[4]. Ou, comme chez Jean-Loup Trassard, pour y retrouver quelque chose de l'origine perdue.

A cette croyance en une langue d'origine — car c'est bien de cela qu'il s'agit, l'origine des langues —, on pourrait opposer, avec Jacques Derrida, que la langue dite natale nous demeure toujours étrangère, que non seulement aucune appropriation de la langue n'est possible, mais que le concept même de langue originaire doit être mis en question. Pour Derrida, il n'y a pas de « langue de départ » ; il n'y a que des « langucs d'arrivée » — dans le sens où la langue est ce qui m'arrive, déjà constituée[5]. Dans *Le Monolinguisme de l'autre ou la prothèse d'origine*, publié la même année que *La Grande Beune*, soucieux de déterritorialiser la langue et de

[1] Pierre Bergounioux, *Miette*, Gallimard, coll. « Folio », 2005, p. 97.
[2] *Ibid.*, p. 135.
[3] *Ibid.*
[4] *Ibid.*, p. 144.
[5] Jacques Derrida, *Le Monolinguisme de l'autre ou la prothèse d'origine*, Galilée, 1996, p. 117.

délier le pacte qui unit la langue et la nation, Jacques Derrida dénonce les effets pervers de cette association ou de cette confusion entre le sol, la langue et l'identité, dont la culture française est imprégnée, de la croyance en un lien pour ainsi dire charnel entre la nation et la langue. Considérer que la culture française s'enracine dans le territoire et émerge organiquement du sol français, à la manière d'une plante, et que la langue, dans sa transparence et son « génie », exprime l'essence de l'identité nationale revient à exclure ceux qui, comme Derrida lui-même ou comme les immigrés, ne sont pas nés en France. Or en 1996, on l'a vu, la France traverse justement une crise d'identité non moins importante que celle qu'elle a connue avec la décolonisation de l'Algérie, au début des années 60. Et il n'est sans doute pas indifférent pour notre propos que le personnage principal de *La Grande Beune* soit, justement, un instituteur. Une crise de société est d'abord et avant tout une crise de la transmission, c'est-à-dire une crise de l'enseignement. Ce malaise dans la culture française affecte en effet tout particulièrement l'école dite républicaine. Même si la France, contrairement à l'Angleterre, ne pratique pas le recensement ethnique de sa population, chacun sait qu'entre 1961 et 1996 le profil démographique de la population en âge d'être scolarisée a passablement changé, reflétant une forte immigration en provenance de pays musulmans. Et ce n'est pas un hasard si dans *Georgette* ! (1986) Farida Belghoul affuble son héroïne, une jeune collégienne, de chaussettes dépareillées, l'une rouge, l'autre verte : chacun aura reconnu là les couleurs du drapeau algérien. A partir de 1989, la question de la laïcité va occuper le devant de la scène, avec l'affaire du foulard coranique.

Certes, la « bataille du voile » n'est pas tout à fait nouvelle puisque déjà en 1958, tandis que les pêcheurs de Castelnau comparaient leurs trophées, accoudés au comptoir de la pension *Chez Hélène,* ou que Jeanjean faisait onduler sous le fouet le corps de son amante Yvonne, la buraliste, à Alger, lors de certaines cérémonies officielles, les algéroises étaient invitées à ôter leur voile en signe d'allégeance à la République[1]. Une trentaine d'années

[1] Todd Shepard, « La Bataille du voile pendant la guerre d'Algérie » *in Le Foulard islamique en questions*, sous la direction de Charlotte Nordman, Éditions Amsterdam, p. 134-141.

plus tard, le renvoi de deux collégiennes allait mettre le feu aux poudres. L'affaire du foulard, qui débute en octobre 1989, intervient à un tournant de l'Histoire. C'est l'année même où la France achève de commémorer en grande pompe le Bicentenaire de sa Révolution. Mais c'est surtout et avant tout l'année de l'effondrement du communisme. Comme le souligne Françoise Gaspard dans *Le Foulard et la République*, le communisme, idéologie séculière qui apparut pendant longtemps comme la seule grande alternative au capitalisme, allait bientôt être remplacé par une autre idéologie, le fondamentalisme prenant la place laissée libre par le communisme. Dans ce contexte, la jeune fille voilée n'allait pas tarder à être diabolisée[1]. La loi de 2004 sur l'interdiction des signes religieux ostentatoires, jugés incompatibles avec le principe de laïcité, ne pourra manquer d'être perçue par ses détracteurs comme visant essentiellement la communauté d'origine maghrébine, et comme une forme de néo-colonialisme.

Et que dire de l'apprentissage de l'Histoire, tel que l'école de la République l'a pratiqué pour des générations d'élèves, au rang desquels figure l'auteur de *La Grande Beune* ? Cet enseignement, on s'en doute, laisse des traces durables. En témoigne la leçon d'Histoire enseignée par le grand chaman de la « mission civilisatrice » qu'est l'instituteur, vue par les yeux d'un fils d'immigrés algériens, dans *Le Gone du Chaâba* d'Azouz Begag :

> — Nous sommes tous les descendants de Vercingétorix.
> — Oui, maître !
> — Notre pays, la France, a une superficie de...
> — Oui, maître !
> Le maître a toujours raison. S'il dit que nous sommes tous des descendants des Gaulois, c'est qu'il a raison, et tant pis si chez moi nous n'avons pas les mêmes moustaches [2]

Un tel discours exclut évidemment une partie des élèves et de la population, perçus comme « moins » français que les autres. On

[1] Françoise Gaspard, *Le Foulard et la République*, 1995.
[2] Azouz Begag, *Le Gone du Chaâba* [1986], Seuil, « Points virgule », 2003, p. 62.

sait de quelle idéologie procède ce type de discours, ainsi que les dérives xénophobes qui lui sont associées.

Michon n'est nullement indifférent à l'enseignement qu'il a reçu, tant s'en faut. Dans *Corps du roi* il se souvient des derniers jours de classe à l'école de Mourioux, avant les grandes vacances. Il était alors âgé de dix ans. « L'instituteur [...] nous lisait, pour son plaisir je suppose, quelques pages de textes littéraires ou qu'il pensait tels »[1]. De quoi s'agit-il ? Parmi la liste des ouvrages cités, on trouvera pêle-mêle *Booz endormi*, des extraits des *Mémoires d'outre-tombe*, le début de *Salammbô*, et celui de *La Guerre du feu*, le célèbre roman préhistorique de Rosny adapté au cinéma par Jean-Jacques Annaud. De la même manière, Jean Rouaud se souvient dans son roman autobiographique *Des hommes illustres* avoir admiré, sur certaines planches pédagogiques qui étaient alors un peu le pain quotidien des élèves du primaire, « Vercingétorix et sa moustache en forme de bicorne napoléonien, Clovis et son baptême », « le duc d'Aumale et sa smala »[2], ainsi qu'« une série biblique créée spécialement à l'intention des écoles chrétiennes » et un « Moïse barbu et chevelu brandissant les Tables de la Loi », sorte de « Moïse rouge »[3] par sa ressemblance à Marx. On peut penser, avec Bruno Blanckeman, que le rapport de Michon avec cet héritage, cette époque où l'on pouvait encore croire aux Écritures ou aux « lendemains de l'homme » et au mythe d'une France éternelle, est de l'ordre à la fois de « l'imprégnation et de la déprise »[4]. D'imprégnation d'abord, comme le suggère le titre même de son récit. Que Michon rebaptisât son roman et optât pour *La Grande Beune* plutôt que *L'Origine du monde* est symptomatique de cet ancrage dans le sol national, celui d'une province française. La vallée de la grande Beune, affluent de la Vézère, se confond ici avec l'origine de la même manière que chez George Bataille, on l'a vu, les peintures magdaléniennes faisaient de la vallée de la

---

[1] *La Grande Beune*, p. 82-83.

[2] Jean Rouaud, *Des hommes illustres*, Minuit, coll. « Double », 1999, p. 50.

[3] *Ibid.*, p. 51.

[4] Bruno Blanckeman, « Pierre Michon : une poétique de l'incarnation » in *Pierre Michon, l'écriture absolue*, Actes du 1er colloque international Pierre Michon, textes rassemblés par Agnès Castiglione, Publications de l'université de Saint-Etienne, 2002, p. 150.

Dordogne le centre du monde. Mais la relation est aussi de l'ordre de la déprise. « Petit-fils de la troisième République »[1], comme Jean Rouaud, Pierre Bergounioux ou François Bon, originaire comme eux de la province, publié par Verdier, un éditeur en position excentrée par rapport au milieu littéraire parisien, Michon est à la fois, selon ses propres termes, « un produit de l'école laïque » et un « immigré de l'intérieur »[2], en porte-à-faux par rapport à la langue. Car c'est bien la relation à la langue qui est encore une fois en jeu ici. Dans un entretien où il se compare avec d'autres écrivains de sa génération, « ceux de chez Verdier et d'autres », Michon se dépeint comme un « métèque » :

> On est peut-être les derniers rejetons pauvres de l'école laïque : ceux qui apprenaient en classe Racine et Hugo comme une langue étrangère. Cette littérature, cette belle chose qui n'était pas à nous, nous avons voulu violemment nous l'approprier.[3]

Ou encore :

> [...] pour être proférée sans mièvrerie, la langue des anges doit forcer le gosier des bêtes, être chantée par le dernier des hommes.

A bien des égards le propos de Michon rejoint ici celui du « franco-maghrébin » Jacques Derrida. Dans *Le Monolinguisme de l'autre*, Derrida s'attarde sur sa relation à la langue française. Derrida, pour qui la figure du maître d'école a longtemps représenté la langue, affirme : « je ne parle qu'une seule langue, (et, mais, or) ce n'est pas la mienne »[4]. Ayant grandi en Algérie, à une époque où l'Arabe était offert au lycée mais seulement au titre de « langue étrangère facultative »[5], et ayant vu sa nationalité, de même que celle de tous les Juifs d'Algérie, annulée par un décret de Vichy, Derrida entretient avec le français, de son propre aveu, une rela-

---

[1] Manet van Montfrans, « Quatre petits-fils de la Troisième République », *Ibid.*, p. 2.

[2] cité par Manet Montfrans, p. 5.

[3] Jean-Bernard Vray, « Une mythologie de l'ambivalence », *Pierre Michon, l'écriture absolue*, op. cit., p. 289.

[4] Jacques Derrida, *Le Monolinguisme de l'autre*, éd. citée, p. 50.

[5] *Ibid.*, p. 67.

tion ambivalente : c'est à la fois la langue de l'Autre — mais quelle langue n'est-elle pas toujours étrangère ? — et une langue vénérable, qu'il aime à corps perdu, une langue par lui vénérée. A tel point que Derrida admet avoir développé l'« exigence compulsive d'une pureté de la langue », s'imaginant en « dernier défenseur et illustrateur de la langue française »[1]. Un tel aveu mérite qu'on s'y attarde car la relation qu'entretient Michon avec la langue n'est pas fondamentalement différente de celle décrite ici. Parce qu'elle est vénérable, la langue inspire le respect, la retenue — ce que Derrida nomme « l'écluse » ou encore « le barrage ». Mais en même temps, il rêve de la violenter, de « lui faire *arriver* quelque chose », d'y laisser une empreinte. Cela porte chez Derrida le nom de « tatouage »[2].

Qu'on relise maintenant *La Grande Beune*, et l'on comprendra bientôt pourquoi, dans la description qu'il donne d'eux, Michon désigne les artistes paléolithiques d'une périphrase à la fois familière et énigmatique : les « vieux célibataires »...

Abordant la question de l'origine de l'œuvre d'art, Michon n'a de cesse de revisiter le mystère chrétien de l'incarnation. On peut sans doute, avec quelque raison, se risquer à considérer avec Stéphane Chaudier que Michon, « s'il était chrétien, serait un janséniste. Un janséniste sans Dieu, dissident, radical »[3]. Chez Michon « le fantasme s'articule à la culture catholique, la détourne et, paradoxalement, l'exalte ». « Il m'est rarement arrivé de prier » confie Michon[4]. Cet aveu qui apparaît dans *Corps du roi* est suivi de deux exemples qui laissent le lecteur pantois. A la mort de sa mère, tandis que l'âme errante de la défunte entrait dans ce que les Tibétains appellent le *bardo* — ces limbes qui fascinent tant Antoine Volodine —, Michon se souvient s'être précipité dans une librairie pour y acheter un livre. Devant la dépouille de sa mère, il se met à réciter non le Notre Père, mais un célèbre poème de Villon : « Frères humains qui après nous vivez, n'ayez les cœurs contre nous endurcis, car si pitié de nous pauvres avez, Dieu en aura

[1] *Ibid.*, p. 79.
[2] *Ibid.*, p. 85.
[3] Stéphane Chaudier, « La chair se fait verbe : poétique de Pierre Michon », in *Pierre Michon, l'écriture absolue*, op. cit., p. 137.
[4] Pierre Michon, *Corps du roi*, Verdier, 2002, p. 71.

plus tôt de vous merci »[1]. Si, comme l'explique Michon, *La Ballade des pendus* peut être dite pour une morte, *Booz endormi*, lui, peut être récité lors d'une naissance. Ces deux poèmes, celui de Villon et celui d'Hugo, se distinguent par la faculté qu'ils ont de pouvoir accompagner les deux moments clefs de l'existence humaine sans paraître dépareillés : « Ils rassurent le cadavre, ils assurent l'enfant sur ses jambes »[2]. La littérature est donc capable de se mesurer aux deux événements les plus importants, qui se situent aux deux extrémités de l'existence, l'origine et la fin — les deux termes qui nous occupent. Ce que Michon exprime en une superbe formule — a-t-on jamais entendu plus bel hommage à la littérature ? —, une formule qui pourrait tenir lieu d'exergue à notre essai. Pour lui la littérature est dotée de cet incomparable pouvoir : « tenir dans le même coup d'œil le *Big Bang* et le Jugement dernier »[3].

L'œuvre de Michon aborde le mystère de la chair sur un mode qui mérite qu'on s'y attarde. Que la belle Yvonne fût l'objet d'une cristallisation du désir et de fantasmes serait trop peu dire. Au spectacle de la buraliste, notre instituteur en suffoque. « Le monde était une chair blanche, un beau morceau »[4]. Attentif à tous les rougissements et autres variations de l'épiderme, l'instituteur laïque va bientôt faire une expérience qui, pour n'être pas religieuse, en emprunte cependant la forme et parfois le langage. L'Incarnation n'est-elle pas décrite dans *Corps du roi* comme « l'événement prodigieux, le cœur battant de l'Occident, la raison et la folie de l'Occident »[5] ?

Lors d'une promenade à l'écart du village, le narrateur rencontre Yvonne, la buraliste pour laquelle il ressent une vive attirance. Son trouble atteint son paroxysme lorsque celle-ci, détournant la tête, découvre une cicatrice à la base du cou, un « trait de miel noir »[6], qui ne peut être que la marque laissée par un fouet. On apprendra bientôt qu'Yvonne et son amant Jeanjean ont contracté l'habitude de se retrouver dans la grange, devant l'entrée

---

[1] *Ibid.*, p. 73.
[2] *Ibid.*, p. 74.
[3] *Ibid.*, p. 74.
[4] Pierre Michon, *La Grande Beune*, p. 29-30.
[5] *Corps du roi*, p. 82.
[6] *La Grande Beune*, p. 46.

de la grotte, pour leurs jeux érotiques. Ce sublime trait de miel noir est un peu à Michon ce que le tatouage est à Derrida. Lorsqu'il « rêve d'une grande forme vive corvéable à merci, blanche et estampillée de rouge »[1], lui aussi rêve d'imprimer sa marque à même la chair de la langue. Il faut s'en persuader, Jeanjean dans la grange, « adossé à son *Nobody* de calcite »[2], c'est Michon malmenant la langue à proportion de l'amour qu'il lui porte. Car le français de Michon n'est pas le français ordinaire. Ni du reste celui de Derrida. Lequel, comme un tatouage, demande du temps. L'œuvre de Pierre Michon est par comparaison infiniment brève. D'une maigreur presque inquiétante. N'était leur couverture jaune vif, c'est à peine si ses livres se remarqueraient sur l'étagère. Des petits bouts de textes, trois fois rien, qui se lisent d'une traite. Et qui laissent des marques, comme des coups de griffe. En puriste, Michon aime manier les longues périodes — le délié du poignet — ; mais il est aussi capable de nous brusquer — la phrase brève qui claque et nous fouette — après nous avoir attirés dans son texte, dans sa grange. Ce miniaturiste cisaille et polit ses textes comme un orfèvre ses bijoux ; on le soupçonnerait presque d'en garder par-devers soi, comme un artisan jaloux.

Il faut relire également, dans le même esprit, la description du jeune Bernard, autre figure de l'écrivain, admirant sa mère tandis qu'elle s'apprête devant la glace avant de rejoindre Jeanjean dans la grange — car elle se prête au jeu, c'est cela qui est terrible ! Précédemment la relation était rêvée sur le mode de la domination — mais qui domine l'autre, d'Yvonne ou de Jeanjean? — ; ici elle est vécue sur le mode œdipien. Vieille histoire sans doute, aussi vieille que le monde serait-on tenté de dire, puisque, à en croire Michon, les peintres du paléolithique peignaient déjà sur les parois des grottes *Œdipe-Roi* « dans une écriture de bêtes que nous ne pouvons pas lire »[3]. Si pour Jean-Claude Larrat, « l'image est (pour Malraux) le bouclier de Persée qui permet d'échapper à la fascination pétrifiante de la Gorgone Méduse, la mère fusionnelle »[4], Michon, qui nous avait d'abord sevrés d'images, va nous

---

[1] *Ibid.*, p. 83.
[2] *Ibid.*, p. 78.
[3] *Ibid.*, p. 58.
[4] Larrat, op. cit., p. 87.

mettre face à face avec sa Gorgone. Dans un passage de *La Grande Beune* qui ressemble à une petite illumination, il met en scène le fils d'Yvonne, pétrifié — et nous avec lui — au spectacle de sa Méduse, et nous conduit au bord du gouffre. Bernard le fils — comme d'aucuns disent Rimbaud le fils — observe les jambes et la taille de la belle — faut-il dire : le corps de la reine ? — lors de ses « va-et-vient fiévreux en lingerie devant les miroirs dans les talons claquants »[1]. Elle est certes un peu moins jeune que les exquises courtisanes de Watteau mais, quoi que Michon en dise, elle n'a pas non plus pas l'âge du renne. Bernard sait confusément que celle qui s'offre ainsi à ses regards de fils unique, il ne l'aura jamais — « célibataire » en cela. On n'épouse pas la langue. Car s'il lui arrive de voir la marque laissée par le fouet sur la peau, comme une signature, il en reste séparé par une frontière aussi invisible qu'infranchissable :

> Et il savait qu'en quelque endroit la source de miel et de lait n'était pas pour lui. Il savait certes cette jupe soulevable, quoique pour lui elle s'arrêtât quelque part, à des limites fermes et floues plus hautes que les bas, là où le grand don se convertit en supplice de ne pouvoir donner ni être donné [2].

L'école, notamment, se chargera de bâtir écluses et barrages afin d'endiguer le cours d'eau avant qu'il ne déborde — la Beune, qui borde le village, est toujours un peu menaçante — et de mettre un frein à ces pulsions. C'est ce que suggère Bruno Blanckeman lorsqu'il souligne que l'instituteur, le chaman, le prêtre, le républicain militant ou encore l'artiste, chacun à sa manière et selon ses compétences, « alphabétisent les pulsions »[3]. Le lecteur lui-même n'assistera pas à la scène réunissant les amants derrière la moissonneuse-batteuse, pas plus que nous n'avons vu les peintures de la grotte. Tout au plus lui sera-t-il donné d'apercevoir la « main suave » d'Yvonne « s'écorch[ant] au mur »[4], lointaine parente des mains négatives peintes au magdalénien sur les parois des caver-

---

[1] *La Grande Beune*, p. 78.
[2] *Ibid.*, p. 77.
[3] Bruno Blanckeman, « Pierre Michon : une poétique de l'incarnation », p. 148.
[4] *La Grande Beune*, p. 78.

nes. Le mystère de l'inscription restera exactement cela, un mystère. Et ce mystère n'a pas besoin de discours, un trait suffit, car le trait parle toujours de lui-même. Du geste « célibataire », nous n'avons donc aperçu qu'un court trait de miel noir dépassant du col de la chemise, au hasard d'un mouvement de la tête. Et tandis que Jeanjean brusque Yvonne et la bouge dans une grange, sorte de version laïcisée de l'étable biblique, comme le petit Bernard, nous en serons quant à nous réduits à n'entendre que le grognement des chiens dans la nuit.

Contentons-nous donc — il le faut — des belles prises d'un autre personnage, Jean le Pêcheur, braconnier de son état. Il est encore tôt lorsque, retour de pêche, on se retrouve *Chez-Hélène*, la pension située « sur la lèvre de la falaise »[1] et dont la pièce commune, ornée de têtes de renards empaillées, est enduite de badigeon sang de bœuf, couleur « rouge antique ». « Au comptoir il défit posément les bretelles du sac-médecine et à pleine main, du geste sûr mais un peu provoquant de ceux qui transgressent quelque loi et dans ce viol s'exaltent, il en sortit deux ou trois carpes qu'il leva bien, comme un Arawak, comme un mohican brandissant par les ouïes le grand Esturgeon qu'on ne voit que dans les rêves[2].

Lors de sa première parution en revue, en 1988, la conclusion du texte, devenue depuis celle du roman, était suivie de la mention : « *(À suivre)* ». En contrebas, la Beune peut bien continuer de couler, indifférente, plus sonore qu'à l'ordinaire — une petite averse a dû faire imperceptiblement monter le niveau de la rivière. Le ciel est bas, les poissons frayent... On dirait bien que le grand Assèchement qu'on nous a promis n'est pas pour demain.

Portrait de l'artiste en homme des cavernes

La littérature serait-elle menacée de disparition, comme d'aucuns le prétendent, force est de constater que les grottes de la

---

[1] *Ibid.*, p. 10.
[2] *Ibid.*, pp. 85-86.

préhistoire font alors office de refuge contre le marasme ambiant. Elles ont en effet le don de susciter des récits lors même que la littérature est jugée comme touchant à sa fin, arrivée au bout de ses propres limites. Parce qu'elles ont à voir avec les origines de l'espèce humaine, les origines de l'art, du bien et du mal, mais qu'en même temps ces origines se dérobent et nous échappent, les grottes préhistoriques apparaissent comme le lieu de la fabulation par excellence. En ce sens, « Lascaux » peut même être considérée comme une machine à fabriquer des récits. *Préhistoires* : la marque du pluriel que Jean Rouaud ajoute au mot, dans le titre de son récent ouvrage (2007), souligne assez le lien qui unit les temps les plus anciens et la faculté de créer et d'imaginer, proprement illimitée, associée à ce manque à savoir. Gages du perpétuel renouvellement d'inspiration que Lascaux suscite, le mystère et l'aura qui entourent la grotte sont encore ses meilleurs gardiens.

Pour ce qui est de l'omniprésence de la préhistoire dans la production romanesque contemporaine, le cas Rouaud n'est certainement pas le moins remarquable, loin s'en faut. Au point qu'il faudrait presque se représenter notre auteur avec, sur l'épaule (comme le personnage de son livre pour enfants intitulé *La Belle au lézard dans son cadre doré*), un petit lézard, « avorton du jurassique »[1], et donc à ce titre emblématique de tout ce qui est issu des temps les plus reculés. Le lézard préhistorique est un peu chez notre auteur l'équivalent du perroquet de Robinson : un compagnon de tous les instants.

Jean Rouaud verse par exemple une nouvelle pièce au volumineux dossier des hommes de Néandertal. On a vu précédemment à quel point leur place dans notre arbre généalogique et les explications fournies au sujet de leur disparition étaient tributaires de l'idéologie dominante et de l'image que nous avons de nous-mêmes. Chez l'auteur de *Préhistoires* les hommes de Néandertal, trop souvent dévalorisés, « qu'on range avec les cancres tout au fond de la classe des *sapiens*, à côté des lourds en esprit »[2], sont

[1] Jean Rouaud, *La Belle au lézard dans son cadre doré*, illustrations de Yan Nascimbene, Albin Michel, 2002, p. 19. Une première version de la présente étude consacrée à Rouaud, ici augmentée, a été publiée dans *Écrivains de la préhistoire* (Presses Universitaires du Mirail, coll. « Cribles », 2004).

[2] Jean Rouaud, *Préhistoires*, Gallimard, 2007, p. 65.

réhabilités et retrouvent, sinon un statut d'ancêtres auquel rien n'affirme qu'ils peuvent prétendre, du moins des qualités humaines qui les apparentent à *homo sapiens sapiens* et font d'eux des hommes à part entière. La pratique avérée du rituel qui consiste à honorer les défunts suffit à elle seule à justifier pleinement aux yeux de Rouaud un tel privilège. Les hommes de Néandertal, « inventèrent délicatement le chagrin. [...] ils furent les premiers à enterrer leurs morts » et à badigeonner d'ocre le défunt[1] — ce qui fait dire à l'auteur de *Préhistoires* que « l'invention du chagrin est monochrome »[2]. Des *Champs d'honneur* à *Sur la scène comme au ciel*, Rouaud lui-même, en imitateur des hommes de Néandertal, passe son temps à honorer ses défunts.

Les lignes consacrées à l'invention du chagrin fournissent également à Jean Rouaud l'occasion d'une définition de l'écriture. Car si cette invention confère aux hommes de Néandertal un statut unique, qui les singularise et fera d'*homo sapiens* lui-même un simple imitateur puisant son inspiration dans ce rituel funèbre qu'il s'emploiera à reproduire, l'invention du chagrin distingue les hommes de Néandertal pour une autre raison qui les rend entièrement humains : « la littérature commence avec ceux-là, les doux pleureurs du paléolithique qui, posant leurs armes de jet, prirent le temps de parer d'ocre et de fleurs leurs défunts [...] et il n'est pas besoin de trace écrite, je le sais pour être passé par là, l'écriture ne se paye pas de mots, c'est une pensée qui pleure [...] »[3]. Liée chez Rouaud à la mort du père, la préhistoire fait donc clairement l'objet d'un investissement symbolique et affectif. Investissement d'autant plus remarquable qu'elle se situe au point de rencontre des origines de l'espèce et des origines de l'être, de la phylogenèse et de l'ontogenèse. « Préhistoires », au pluriel, s'entend d'abord de toutes les fables relatives à notre origine. Et elles sont nombreuses.

Dans *Les très riches heures*, Rouaud rêve d'une machine à remonter le temps sur le modèle du métro qui lui permettrait de rebrousser chemin jusqu'à la « station Lascaux ». Un tel voyage n'aurait qu'un but, un seul : j'irais me poster dans un coin de la

---

[1] *Ibid.*, pp. 15-16.

[2] Jean Rouaud, « Préhistoire 2 », préface au Catalogue de l'exposition d'André-Pierre Arnal *Le Champ traversé*, Actes Sud, 1996.

[3] Jean Rouaud, *Régional et drôle*, Joca seria, 2002, pp. 17-18.

grotte pour voir la tête des peintres »[1]. Légitime curiosité, dira-t-on, puisque l'homme de Lascaux, généreux sur le chapitre du bestiaire, n'a pas révélé son visage dans les peintures qui sont parvenues jusqu'à nous, préférant dissimuler ses traits sous le masque de l'animal, comme dans le célèbre homme du puits, homme à tête d'oiseau. On pressent cependant, derrière cette pulsion scopique, une motivation et des enjeux qui dépassent la seule anthropologie. Comment ne pas reconnaître en effet dans le désir de voir sans être vu une variante du fantasme de la scène originaire, au sens freudien ? Il s'agirait de remonter le temps jusqu'au moment où la « chose » eut lieu, histoire par exemple de vérifier si l'acte en question a été prémédité ou s'il est au contraire le fruit du hasard.

D'où l'intérêt de Rouaud pour les peintures érotiques de Pierre Marie Brisson, un artiste visiblement fasciné par les peintures rupestres et dont les œuvres, soumises elles aussi au régime de la mélancolie, trahissent une « insupportable nostalgie » pour la « cellule à quatre pattes »[2] et la fusion des corps entrelacés. Dans *Les Corps infinis*, livre publié en collaboration par Jean Rouaud et Pierre Marie Brisson, les petites silhouettes noires, surprises en plein rut comme dans les frises de Pompéi, sont visibles seulement à travers ce qui ressemble à une fine couche de calcite déposée par le passage du temps, et qui les rend étrangement proches et lointaines à la fois. L'érotisme de Pierre Marie Brisson ne se donne à voir qu'à travers une patine, comme si le peintre, pris d'un remords, d'un repentir, avait rajouté un voile au dernier moment, avant de livrer ces scènes au regard de ceux qu'il faut bien appeler des voyeurs : « [...] peut-être par excès de pudeur, commente Rouaud, comme il est arrivé qu'on rajoute au pinceau une feuille de vigne sur les sexes de ceux qui n'étaient pas des anges, peut-être par excès de douleur au rappel des plaisirs enfuis »[3]. Vieux fantasme donc, auquel le grand-père des *Champs d'honneur*, en vacances dans le Midi de la France chez sa fille, la bien nommée « Lucie », rajoutera un chapitre de son cru sous forme d'escapade voyeuriste à l'île du Levant, le paradis des naturistes... Rien de

[1] Jean Rouaud, *Les très riches heures*, Éd. de Minuit, 1997, p. 53.
[2] Pierre Marie Brisson et Jean Rouaud, *Les Corps infinis*, 2001, Actes Sud, p. 8-10.
[3] *Ibid.*

très inattendu, j'en ai peur : chez Rouaud la grotte participe d'un imaginaire collectif des plus ordinaires et ranime un désir si commun qu'on hésite à le nommer : Lascaux était un lupanar, ni plus ni moins. La grotte abrite nos désirs les plus anciens, immémoriaux, une mémoire collective enfouie au fond de nous, dans ce que Malraux appelle « notre cerveau de saurien »[1] ou dans cette boîte crânienne qui, à en croire l'auteur du *Paléo circus*, n'a guère évolué ; cette fois-ci c'est l'anthropologue qui s'exprime sous forme de diagnostic : « le même cerveau de La Combe-d'Arc à la guerre des étoiles, trente-cinq mille ans sans une retouche [...] »[2]. A croire que si l'on pouvait effectivement rencontrer les hommes de Lascaux, on serait peut-être en pays connu.

Mais nos ancêtres du magdalénien étaient aussi capables d'art, et une visite aux somptueuses grottes ornées d'Altamira, Chauvet ou Lascaux aurait vite fait de montrer que nous n'avons de ce point de vue non plus, pas fait de progrès : « Ceux-là, qu'on imaginait en brutes épaisses tout juste descendues du singe, qu'on habillait de peaux de bêtes et qu'on coiffait d'un clou, ceux-là en savaient aussi long que nous sur la meilleure part de nous-mêmes »[3]. Et voilà le préjugé de la maladresse balayé d'un revers de la main ; nos histoires de l'art sont à récrire, la perfection a été donnée dès le début, un point c'est tout.

La préhistoire n'est pas limitée chez Rouaud à l'espace étroit des cavernes. Elle a plutôt tendance à se répandre, envahissant tout, jusqu'à la maison familiale. Laquelle se pense en effet sur le modèle de Lascaux, et annonce la couleur dès l'entrée. Depuis qu'un peintre sans le sou, hébergé quelque temps par la famille après la guerre, a utilisé le portail pour ses essais de couleurs, celui-ci est devenu une « palette géante »[4]. Dans *Des hommes illustres* la maison se visite à la lueur d'une torche, ombres vacillantes sur les murs, et garde les stigmates des soirées à la chandelle pour cause de panne d'électricité, avec des « disques noirâtres » au pla-

---

[1] André Malraux, *Œuvres complètes*, t. III, coll. « La Bibliothèque de la Pléiade », 1996, p. 874.

[2] Jean Rouaud, *Le Paléo circus*, Flohic, coll. « Musées secrets », 1996, p. 9.

[3] *Ibid.*, p. 11.

[4] Jean Rouaud, *Les Champs d'honneur*, Éd. de Minuit, coll. « Double », 1999, p. 95.

fond [1]. Comme quoi il suffit de peu de choses : la visite d'un peintre ou une panne E.D.F., et nous voici revenus au magdalénien.

Ce motif de la panne d'électricité n'est du reste nullement anecdotique. Sa fréquence dans les ouvrages sur la préhistoire (comme dans *Dormance* de Jean-Loup Trassard) est même tout à fait remarquable. Variation sur le thème de *La Guerre du feu,* la panne d'électricité présente l'avantage de nous replonger quasi instantanément dans le passé de l'espèce. Plus loin dans le temps, le peintre autrichien Wolfgang Paalen faisait état d'un même phénomène, mais dans un contexte différent, celui de la visite d'une célèbre grotte découverte en Espagne en 1879, celle-la même où le personnage de Houellebecq trouve refuge dans *La Possibilité d'une île* : « Une bienvenue panne d'électricité força le guide qui me précédait dans la grotte d'Altamira d'avoir recours à une lampe des plus primitives »[2]. L'événement est accueilli avec délice non seulement pour les raisons évidentes que l'on peut imaginer, à savoir que la lampe, parce qu'elle fait ressortir les moindres saillies de la roche, met ainsi en valeur l'aptitude des peintres à intégrer les irrégularités de la surface à leurs œuvres, et place le visiteur dans les conditions idéales pour apprécier les peintures pariétales. Mais le petit incident vaut aussi pour une autre raison. Il donne en effet à Paalen l'occasion de s'attarder sur la nature de l'inspiration créatrice, qu'il compare à un « court-circuit », du fait de la soudaineté avec laquelle, souvent, elle se manifeste, sur le « déclic » qui fit jaillir la première étincelle, ainsi que sur le « choc » provoqué par l'image. On aura reconnu là l'influence de Breton et du Surréalisme sur sa conception de l'œuvre d'art.

Il n'est, pour l'heure, pas encore question de l'origine de l'art chez Rouaud, mais plus modestement de la maison familiale. Dans cette mise en scène de la propriété familiale, le jardin apparaît indiscutablement comme le domaine du père. Expert paysagiste, le père est décrit comme un « Le Nôtre » néolithique animé de la passion des vieilles pierres au point d'aller jusqu'à dérober dans une chapelle bretonne un « chapiteau sculpté aux motifs et figures

---

[1] Jean Rouaud, *Des hommes illustres*. Minuit, coll. « Double », 1999, p. 14.

[2] *Wolfgang Paalen's Dyn, the complete reprint*, Christian Kloyber (Éd.), Springer/Wien/New York, n° 2, p. 36.

rongés par le temps »[1] pour le charger dans le coffre de la Dyna, direction le jardin familial... Comment ne pas penser à l'auteur de *La Voie royale*, arrêté au Cambodge dans les années vingt et condamné à la prison pour vol de statues et bris de monuments au temple de Banteaï-Srey, avant de donner son nom à un texte législatif, la Loi Malraux instaurant un périmètre de protection autour des monuments historiques ?

L'aventure en question sera du reste fatale à la Dyna, le véhicule étant semble-t-il moins approprié au transport des pierres qu'aux voyages du représentant de commerce qu'est Joseph. Le véhicule sera en fin de compte remplacé par une Peugeot, et c'est au volant d'une 403 que Joseph sillonnera la Bretagne pour proposer aux écoles primaires des planches pédagogiques, séries thématiques dont les collégiens sont friands, ces sortes d'illustrations qui restent longtemps gravées dans l'esprit des écoliers, comme par exemple celles qui accompagnent les grandes découvertes : une dizaine d'images permettant d'enjamber les siècles et les millénaires, l'histoire ramassée en quelques gravures, où « Pasteur contemplant la rage au fond d'une éprouvette » côtoie « un homme velu grattant un silex au-dessus d'un petit tas de feuilles mortes »[2]. Il faut relire le portrait du père, décrit en train de faire coulisser verticalement dans le coffre aménagé de sa Peugeot le tableau représentant l'homme des cavernes armé de son silex. Rien d'anecdotique dans cette étrange association entre les véhicules motorisés et la préhistoire, bien au contraire. Il semble en effet que chez les Rouaud tout véhicule fonctionne sur le mode d'une machine à remonter le temps. C'était déjà le cas dès le premier roman avec la 2 CV du grand-père, « la vieille Bobosse », « caverne roulante [des] nomades préhistoriques »[3], un véhicule promu au rang d'objet littéraire, qui tient à la fois du *mobile-home* familial et de la voiture tout-terrain. Avec *Les Champs d'honneur* l'œuvre romanesque de Jean Rouaud s'ouvre sur le récit des formidables équipées à cinq dans ce véhicule qui semble sorti tout droit de la galerie de l'évolution plutôt que du Salon de l'automobile, métaphore d'une vieille forme littéraire — le genre romanesque — qui

---

[1] Jean Rouaud, *Des hommes illustres*, *op. cit.*, p. 74.
[2] *Ibid.*, p. 50.
[3] *Les Champs d'honneur*, *op. cit.*, p. 123.

n'a plus à faire ses preuves et possède ses adeptes ou ses inconditionnels : « La 2 CV est une boîte crânienne de type primate : orifices oculaires du pare-brise, nasal du radiateur, visière orbitaire des pare-soleil, mâchoire prognathe du moteur, légère convexité pariétale du toit, rien n'y manque, pas même la protubérance cérébelleuse du coffre arrière »[1].

C'est incontestablement sur la figure du père que se concentre la préhistoire. A Carnac, où il repasse fréquemment au volant de sa voiture lors de ses allées et venues en Bretagne, Joseph nous est décrit assis sur une pierre plate, d'où il contemple les énigmatiques alignements de menhirs et fume pensivement une cigarette tout en rêvant à l'œuvre de ses lointains ancêtres. Plus près ici de Guillevic que de Flaubert, pour qui les pierres de Carnac sont « de grosses pierres »[2], notre personnage se transforme en théoricien de la préhistoire et passe mentalement en revue les différentes hypothèses. Comment en effet expliquer cette étrange géométrie, et la signification des pierres dressées? À quoi rêvaient les hommes de Carnac ? La question, comme on sait, est au cœur de l'œuvre poétique d'Eugène Guillevic, qui n'a de cesse d'y revenir. Pour ce dernier, Carnac se distingue par l'odeur indéfinissable qui se dégage du lieu, une odeur de terre, mais « passée à l'échelon de la géométrie »[3].

Sensible lui aussi à l'appel de Carnac, et intrigué par son mystère qu'il tente mentalement de résoudre, le personnage du père dans *Des hommes illustres* élimine d'abord l'idée selon laquelle cette « allégorie chiffrée du monde » serait un calendrier cosmique ou une sorte d'almanach géant ; puis l'hypothèse des pseudo-druides, « lève-tôt épisodiques »[4], selon laquelle tel mégalithe serait le point axial de l'univers ; et enfin la légende de Saint Cornély qui voudrait nous faire croire que les pierres dressées sont en fait des légionnaires romains changés en statues — « chaque men-

---

[1] *Ibid.*, p. 32.

[2] Gustave Flaubert, « Des pierres de Carnac et de l'archéologie celtique », *L'Artiste*, 18 avril 1858 (cité par Jean-Pierre Mohen dans *Les Mégalithes. Pierres de mémoire*, Gallimard, coll. « Découvertes », 1998, p. 137.

[3] Eugène Guillevic, *Sphère* (1963) suivi de *Carnac*, (1961), Gallimard, coll. « Poésie », 2000, p. 188 et 197.

[4] Jean Rouaud, *Des hommes illustres, op. cit.*, p. 58.

hir est un Italien qui n'est pas rentré au pays »[1] —, pour finalement opter pour une autre hypothèse qu'il juge, somme toute, la plus simple et la plus « réaliste », la preuve, s'il en était besoin, qu'il regarde Carnac avec les lunettes de l'homme du vingtième siècle : « Ça ressemble quand même bien à un cimetière »[2]. Suite à quoi, il ramasse un oiseau mort et, après s'être saisi d'un mètre à ruban sorti de sa poche et vérifié en scrupuleux géomètre la régularité de l'intervalle, va précautionneusement l'enterrer au bout de l'alignement dans un rectangle de carton découpé dans son paquet de Gitanes, la célèbre marque de cigarettes introduite en 1910, à la veille de la première guerre, avant de planter une petite pierre verticalement au-dessus de la sépulture, la plus petite de la rangée, « parachevant » ainsi « l'œuvre des lointains fossoyeurs ». Geste sublime, par lequel le père apporte sa pierre à Carnac, son « grain de sable théorique »[3], et qui fait aussi de lui un homme protohistorique. Au terme de cette étonnante cérémonie funéraire, le père ajoute son paraphe sous l'œil émerveillé des enfants : « quand nous remontâmes dans la voiture, papa ouvrit le guide de Bretagne à la page consacrée aux alignements et, comme on signalait ici 874 pierres dressées, il prit son stylo, raya le chiffre et au-dessus écrivit 875. Il se retourna vers nous. Clin d'œil »[4]. Il s'est bel et bien passé quelque chose à Carnac, en effet.

Splendide, le portrait du père, se détache et occupe une place à part dans l'œuvre romanesque de Rouaud, sans doute parce que celui-ci est vu avec les yeux de l'enfance. Rouaud pourtant ne s'en satisfait pas. A entreprendre la statue du père, on court le risque de lui tailler un « uniforme de pierre » et lui ôter la vie une nouvelle fois. L'entreprise biographique confirme d'ailleurs les soupçons : « Ils ont été déçus, les camarades de Joseph, du portrait que j'avais fait de cet homme. Ils ne l'ont pas *reconnu* », concède le narrateur de *Sur la scène comme au ciel*[5].

Que le portrait soit ainsi jugé comme manquant de ressemblance et déçoive son auteur de la sorte ne doit pas nous étonner.

---

[1] Jean Rouaud, *Carnac ou le prince des lignes, Seuil*, 1999, p. 10.
[2] *Ibid.*, p. 63.
[3] *Ibid.*, p. 61-62.
[4] *Ibid.*, p. 66.
[5] Jean Rouaud, *Sur la scène comme au ciel*, Éd. de Minuit, 1999, p. 107.

En matière de portrait, nous sommes en effet soumis à une loi immémoriale, la Loi de la ressemblance, en vertu de laquelle, invariablement, nous évaluons un portrait. Au dossier de la ressemblance on versera l'essai de Rouaud intitulé *La Désincarnation*. Cet ouvrage fait le lien entre la question de la ressemblance du père et du fils et une question d'ordre esthétique, déjà présente dans l'œuvre romanesque, celle de la *mimesis* : le portrait ressemble-t-il au modèle? *La Désincarnation* est un essai organisé autour du Concile de Nicée et de la question théologique de la double nature, savoir si le Fils est de même nature que le Père. Rouaud ne se contente pas de ranimer un vieux débat théologique, il montre dans cet ouvrage comment cette question qui traverse jusqu'à nous l'imaginaire Occidental a pu informer le débat littéraire sur des problèmes tels que la représentation, le Réalisme et la ressemblance, et surtout comment elle a pu régir les relations père-fils. Avec la fameuse nuit du 4 août, par exemple, et l'abolition des privilèges liés à la naissance, la Révolution entendait faire table rase du passé. Rouaud cite à ce propos la réponse pleine d'arrogance d'un général d'Empire à qui une vieille aristocrate objectait que les gens comme lui avaient beau se donner des airs importants, la vérité était qu'ils n'avaient pas d'ancêtres, pas de portraits de famille : « Mais madame, les ancêtres, c'est nous »[1]. L'œuvre de Jean Rouaud, tout entière organisée autour d'une seule et même obsession, la question de la filiation, semble bien étrangère à cette volonté de coupure. Dans le grenier de la maison, « Pincevent familial »[2], du nom du site préhistorique étudié par Leroi-Gourhan dans les années 60, le grand-père des *Champs d'honneur* s'emploie au contraire à classer les photographies par familles de ressemblance, affinités morphologiqucs ct guette dans les visages la persistance des ancêtres dans les descendants. On soulignera que nous ne sommes pas ici dans une préoccupation d'ordre généalogique puisque le classement du grand-père ignore les caractéristiques physiques repérables chez les parents immédiats, le père et la mère. Celui-ci se fonde plutôt sur l'atavisme, la persistance souterraine de caractères qu'on pouvait croire perdus

---

[1] Jean Rouaud, *La Désincarnation*, Gallimard, NRF, 2001, p. 57.

[2] *Les Champs d'honneur*, *op. cit.*, p. 133.

au fil des générations, et qui resurgissent au hasard d'un visage, « bribes de nous-mêmes éparpillées dans ces visages anciens [...]»[1]

Quelque chose des « maçons » de Carnac a pu en effet parvenir jusqu'à nous...

Si dans l'ordre du portrait la Loi de la ressemblance a été rejetée, notamment par les peintres cubistes, le réalisme du bestiaire des grottes du magdalénien suggère que l'imitation était cependant, dès les origines, au cœur de l'activité artistique de l'homme. Les premiers artistes n'ont-ils pas en effet poussé le détail jusqu'à marquer les années sur les cornes des bouquetins, ou représenter les poils dans l'oreille des bisons ? La ressemblance est une histoire ancienne ; elle a l'âge de la grotte Chauvet. Trente mille ans, au bas mot. Dans *Le Paléo circus*, Rouaud aborde la question de la ressemblance non d'un point de vue théorique, mais plutôt sous la forme d'une fable. Là où tant d'autres écrivains abdiquent, préférant garder le silence sur l'origine de l'art, Rouaud va nous faire assister au premier geste créateur et à la naissance de l'art — rien de moins.

On sera mieux à même de mesurer le caractère inouï de la scène si l'on veut bien se souvenir que dans *La Grande Beune* Michon ne nous conduit dans une grotte que pour décevoir nos attentes : la « grotte préhistorique de Chez Quéret » ne recèle pas la moindre trace d'activité artistique. Pareillement, dans *Mon grand appartement* de Christian Oster, le récit s'achève lorsque le personnage principal prend ses fonctions de guide dans un aven, une grotte préhistorique dépourvue de peintures pariétales. « [...] On n'a jamais trouvé ici la plus petite trace de présence humaine. Paradoxalement, ça plaît »[2]. Le récit de Jean Rouaud tranche singulièrement avec celui de ces deux auteurs. A en croire l'auteur du *Paléo circus*, il a suffi d'un trait exécuté par hasard par celui qui allait devenir le premier artiste, pour que naisse l'art : « Un geste en modèle réduit, au ras du sol, au point qu'il a laissé dans la poussière une trace, un sillon courbe. Et quand il y a *reconnu* [je

[1] *Ibid.*, p. 134.
[2] Jean-Philippe Toussaint, *Mon Grand appartement*, p. 233.

souligne] la protubérance crânienne du grand animal, pour la première fois de sa misérable existence il a souri »[1].

Dans la fable que nous propose Rouaud l'invention concomitante du dessin et de la loi de la ressemblance est le fait d'une « bouche inutile », incapable de suivre les autres hommes à la course et qui passe ses journées au campement, parmi les femmes. Le « caïd » va bientôt voir d'un mauvais œil ce « moins que rien »[2], rival potentiel d'autant plus dangereux que bientôt les membres de la tribu, accoutumés à se pencher au-dessus de l'épaule du « petit bossu » pour voir les lions et le mammouths apparaître et disparaître à volonté, ne réserveront plus guère au chef l'accueil princier dont il jouissait jusque-là à son retour de la chasse. Car d'emblée, dès le lendemain de l'invention, le « dompteur de formes » va user de la possibilité d'effacer et reproduire les dessins ainsi exécutés à même le sol, attirant l'attention sur son œuvre, au détriment du prestige du chef. Et voici du même coup l'œuvre d'art à l'heure, déjà ! de sa reproductibilité.

> Tant qu'il s'agissait de mettre au pas les velléitaires, les monsieur muscles, l'affaire se réglait à l'amiable, c'est-à-dire une clé au bras, un début de strangulation, et l'autre, l'auto-déclaré remplaçant, déclarait forfait. Au lieu que dans ce cas qui le préoccupe, il ne peut reprocher à son inattendu rival de contester son pouvoir. Simplement, avec ses mammouths en veux-tu en voilà, il a retourné l'assistance. Conséquence, il avait l'air de quoi, le grand cador, avec sa coiffure d'andouiller, et son collier en dents de lion, à souffler dans une corne d'aurochs pour annoncer son retour. Le plus simple serait de faire disparaître le contestataire en puissance[3].

Ou de s'en faire un allié. Pressentant qu'il a trouvé là un concurrent sérieux luttant contre lui avec des armes nouvelles, le chef décide de tirer parti de lui. Il l'envoie donc œuvrer sous terre, dans une grotte, à l'écart, sans oublier, bien entendu, de lui passer commande d'un portrait : deux façons d'essayer de placer l'artiste en position de soumission.

---

[1] *Le Paléo Circus*, op. cit., p. 41.
[2] *Ibid.*, p. 43.
[3] *Ibid.*, p. 53-55.

Si la découverte de la ressemblance (entre le trait et l'animal, ressemblance au sens de *mimesis*) s'était accompagnée d'un sourire, comme nous venons de le voir, une autre découverte qui lui succède va, elle, provoquer un véritable éclat de rire. La contribution de Rouaud la plus inattendue au volumineux dossier de la préhistoire, tient peut-être dans une petite addition, faite sur un ton inattendu, léger, jubilatoire même, comme en témoigne l'immense éclat de rire qui clôt *Le Paléo circus*. Le premier peintre « officiel » et son apprenti, à qui le chef avait demandé de le portraiturer « en grand apparat »[1], s'avisent en effet de rajouter un trait à un dessin qu'ils jugent incomplet, un graffiti sur la roche, affublant le chef d'une érection, et complétant du même coup la fameuse scène du puits, chère à Georges Bataille. Avant de souscrire à la loi de la *mimesis*, dans l'ordre du portrait humain, l'homme aurait ainsi commencé non par la ressemblance, mais plutôt par la caricature, et un geste d'emblée contestataire et subversif.

Nous sommes loin, à commencer par le ton, de l'idée communément admise selon laquelle l'art des cavernes serait lié aux pratiques rituelles, dont Walter Benjamin se fait l'écho lorsque, réfléchissant dans son célèbre essai sur « L'Œuvre d'art à l'époque de sa reproduction mécanisée », il se réfère à l'art pariétal : « La production artistique commence par des images au service de la magie [...]. L'élan que l'homme de l'âge de la pierre dessine sur les murs de sa grotte est un instrument de magie, qu'il n'expose que par hasard à la vue d'autrui. [...] Aux âges préhistoriques, l'œuvre d'art, par le poids absolu de sa valeur rituelle, fut en premier lieu un instrument de magie dont on n'admit que bien plus tard le caractère artistique [...] »[2]. Dans la fable que nous propose Rouaud, il est bien peu question de magie. En guise de portrait officiel, nous avons droit à une caricature. Le terme « caricature », que j'emploie ici à dessein, est dérivé du participe passé de *carirare*, « charger ». La scène du puits correspondrait bien, comme on l'a longtemps cru, à une attaque (c'était la thèse de l'abbé Breuil). A ceci près, et la différence est de taille, que ce n'est pas ici le bison

---

[1] *Ibid.*, p. 79.

[2] Walter Benjamin, « L'Œuvre d'art à l'époque de sa reproduction mécanisée » (1936) dans *Écrits français*, Gallimard, NRF, coll. « Bibliothèque des Idées », 1997, p. 147.

qui charge, mais l'artiste. En proposant ainsi une lecture inédite, radicale de la scène du puits, Rouaud met son « grain de sable théorique » là où d'illustres penseurs avaient manifesté la plus grande circonspection, Georges Bataille lui-même repoussant en appendice de son livre sur Lascaux son propre commentaire, qu'il rajoute aux différentes explications avancées par les spécialistes — accident de chasse selon l'abbé Breuil, scène de transe extatique d'un chaman au moment du sacrifice rituel pour Kirchner —, pour finalement reconnaître l'aspect fondamentalement « étrange » de la scène et s'avouer « insatisfait » par toutes ces explications, c'est le dernier mot de *Lascaux ou la naissance de l'art.*[1]

On aura sans doute remarqué à quel point le ton de Rouaud diffère de celui auquel on nous avait accoutumés. Alors que la « chapelle Sixtine de la préhistoire » inspire d'ordinaire la gravité, la retenue et a tendance à laisser nos insignes visiteurs muets d'admiration, voire interdits, Rouaud fait entendre le rire et l'humour des hommes des cavernes. Il faut relire à ce sujet les savoureux échanges entre le peintre et son « éclairagiste », surnommé « paléo-Marius »[2] depuis le jour où, au village, pour épater la galerie, ce dernier avait raconté l'anecdote du saumon qui bouchait la rivière... Ensemble, lors de leurs randonnées souterraines, les deux compères se moquent du chaman, qu'ils ont baptisé « Monsieur-je-sais-tout ». Pour un peu on se croirait au café du commerce. La chose mérite d'être soulignée. Après tout, il aura fallu attendre Rouaud pour oser affirmer que notre ancêtre « Lucy » avait un « pois chiche » dans la tête, et qu'en dépit de la prodigieuse transformation de Lucy à Cro-Magnon, « on est encore très loin des lauréats du concours Lépine »[3]. Cette sorte de « réalisme », caractéristique du style de Rouaud, fait ressortir par contraste le caractère mythique de toutes nos théories de la préhistoire. L'abbé Breuil, Bataille, Malraux, Quignard, Trassard, Michon et même Chevillard avaient tout bonnement oublié que l'homme des cavernes était aussi capable de rire.[4] Qualité essen-

---

[1] Georges Bataille, *Lascaux ou la naissance de l'art*, *op. cit.*, p. 140.

[2] Jean Rouaud, *Le Paléo circus*, p. 73.

[3] *Ibid.*, pp. 7 et 15.

[4] En toute justice, il faut concéder que Georges Bataille, plus lucide que d'autres sur cette question, reconnaît à l'homme préhistorique la faculté de rire : « Nous

tielle à l'homme, on conviendra, et sans laquelle c'est la notion même d'humanité qu'il faudrait repenser.

Si le père chez Rouaud s'apparente à la préhistoire, la mère, elle, est du côté de l'Histoire. Les deux personnages incarnent en effet deux conceptions du temps radicalement opposées. « La vision à long terme » caractérise le père, qui rêve d'agrandir le magasin vers le bas, « annexer les caves »[1] pour en faire un sous-sol ; le père qui ne recule pas devant les grands travaux, allant plutôt jusqu'à concocter pour le jardin un « plan versaillais » du plus bel effet avec « chaos rocheux »[2], et songer à se constituer une héraldique en agrémentant la façade d'une enseigne qui placerait la boutique « de plain pied dans la modernité ». Elle, la mère, est « philosophiquement à l'opposé de la conception paternelle »[3]. Dans son « système », chaque jour se répète à l'identique ; la vie du magasin dont elle est la gardienne est rythmée par des événements cycliques revenant à des dates fixes : Noël, la Toussaint, la fête des mères, l'été pour les mariages, etc.

Inquiétante, la mère possède un pouvoir illimité, il lui suffit de désirer. Ainsi par exemple, dans le seul but d'interrompre le film parce qu'elle refusait de voir son héros Edmond Dantès croupir plus longtemps en prison, un jour qu'elle était allée voir *Le Comte de Monte-Cristo* au cinéma, le 16 septembre 1943, « elle déversa une pluie de [bombes] sur Nantes »[4], interrompant du même coup la séance et obligeant tous les spectateurs à courir vers les abris, autres salles obscures. « Elle », la mère. Et l'Histoire, indifféremment, puisque Rouaud les confond dans un même pronom. Si

---

n'avons plus le droit de prêter à l'*Homo sapiens* des réactions semblables à celles des hommes grossiers que nous côtoyons, aux yeux desquels la force brute est la seule vérité concevable. Nous avions d'ailleurs oublié que ces êtres simples riaient, que, sans doute, ils furent les premiers, se trouvant dans la position qui nous effraie, qui surent vraiment rire » (*Lascaux ou la naissance de l'art*, *op. cit.*, p. 23). Cela étant, Bataille se détourne aussitôt de la question du rire pour privilégier une autre catégorie, celle du *jeu*.

[1] Jean Rouaud, *Pour vos cadeaux*, Éd. de Minuit, 1998, p. 151.

[2] *Ibid.*, p. 152.

[3] *Ibid.*, p. 154.

[4] *Ibid.*, p. 108 et 144. Dans *Cadou Loire intérieure,* Rouaud évoque « le millier de morts et les deux mille blessés de ce 16 septembre 1943 où les bombardiers alliés, se trompant de cible, déversent sur Nantes un déluge de fer et de feu [...] » (Éditions Joca Seria, 1999, p. 32).

bien qu'en faisant parler la mère défunte sous forme de prosopopée dans son livre intitulé *Sur la scène comme au ciel*, c'est avec l'Histoire que Rouaud dialogue, comme jadis Péguy avec Clio. Une Histoire endeuillée, et qui ne croit plus guère. Sceptique, à tout le moins, à l'image du siècle. Le cœur n'y est plus, pas plus qu'il n'y était autrefois pour la tante Mathilde, condamnée à passer Noël seule avec son enfant dans l'attente d'un improbable retour d'Émile, envoyé se battre au front dans les tranchées où il mourra en 1917, un an après son frère Joseph ; un Noël de privations et de lassitude où l'on continue cependant de faire les gestes habituels, ce sont les seuls qu'on connaisse : la petite crèche « malgré tout sur la commode avec son papier d'emballage qui imite la montagne et fait de ce coin de Palestine une espèce de site magdalénien »[1].

Il n'y aura pas ici de mise au tombeau. Car si Émile est absent à ses propres funérailles, obligeant sa femme à se recueillir pendant des années devant une tombe vide, c'est tout simplement que son corps n'a pas pu être rendu à la veuve. Il faudra attendre jusqu'en 1929 pour que le frère du disparu finisse par retrouver les restes, au terme d'une folle expédition, un compagnon d'armes se souvenant l'avoir enterré au pied d'un arbre. Scène hallucinante, en plein hiver de 1929 où les deux hommes, en « paléontologues prudents »[2], déversent de l'eau bouillante sur le sol gelé et entreprennent d'exhumer le squelette de la boue, avant de s'apercevoir que le compte n'y est pas : il y a deux cages thoraciques, trop de tibias, et deux crânes ! Incapables de déterminer qui est qui, nos « paléontologues » ramèneront avec eux les restes de deux individus, dissimulés au regard des autorités dans de dérisoires caisses destinées au transport de biscuits, « petits ossuaires tapissés de réclames de madeleines »[3]. Ces madeleines-là sont immangeables, trempées dans la glaise d'une *cloaca maxima*.

Que les deux fossoyeurs occupés à récupérer les restes soient ici décrits comme des paléontologues suffit à suggérer à quel point il est impossible de démêler l'Histoire de la préhistoire. Et de fait l'œuvre de Jean Rouaud, c'est son objet principal, nous fait assis-

---

[1] *Les Champs d'honneur*, p. 158.
[2] *Ibid.*, p. 169.
[3] *Ibid.*, p. 171.

ter à leurs noces. En fallait-il un autre exemple, il suffirait de relire la description de la plaine d'Ypres dans *Les Champs d'honneur* en ce jour funeste de la première guerre qui vit pour la première fois l'utilisation des gaz de combat, le Fléau s'abattant une nouvelle fois sur l'Europe. Une étrange couleur verdâtre s'est élevée au-dessus de la plaine d'Ypres comme pour annoncer le déferlement du Mal, et ce brouillard chloré évoque dans l'esprit de Rouaud l'« aube de méthane des premiers matins du monde »[1].

On comprendra mieux, à l'évocation du carnage occasionné par la guerre, l'espèce de nostalgie qui habite notre auteur lorsqu'il médite au sujet de l'évolution de l'art. Si œuvrer reste possible même après Auschwitz, il est clair cependant que l'œuvre d'art sera nécessairement porteuse, d'une manière ou d'une autre, des traumatismes de l'Histoire, et que l'innocence et la fraîcheur des temps anciens sont cette fois-ci à tout jamais perdues. On peut ainsi distinguer entre un avant et un après, séparés par les deux guerres mondiales et l'effroi qui leur est associé. Après, le geste élémentaire du peintre est certes toujours possible, mais il porte tout le poids de la sénescence d'un siècle qui a vieilli d'un coup. « Ce renoncement à ce qui jusqu'alors, c'est-à-dire depuis trente mille ans, était allé de soi, ce fut pour ceux-là, nourris de l'esprit de Lascaux, oui, un arrachement »[2].

Noces de l'Histoire et de la préhistoire, disais-je. A l'image de la photographie des parents, l'Histoire et la préhistoire marchent bras dessus bras dessous. Le père est rattrapé par l'Histoire lorsqu'il est désigné pour le Travail Obligatoire en Allemagne, duquel il réussira à échapper pour finalement mourir de façon prématurée en 1963, l'année de la fermeture de Lascaux. Et la mère, pendant toutes ces années (entendez l'Histoire) ? La mère vieillit. Vieille, si vieille, la mère qu'elle se confond dans *Sur la scène comme au ciel* avec Jeanne Calment, la doyenne de l'humanité, on n'ose plus compter. Endeuillée, Annick, la veuve de Joseph, partagera son temps entre la couture, occupée à « ravaude[r] » « les deux bords du temps »[3], et le commerce de sa boutique, dérisoire caverne d'Ali Baba dont elle est la gardienne. Jusqu'au jour où la munici-

---

[1] *Ibid.*, p. 148.

[2] Jean Rouaud, « Préhistoire 2 », *op. cit.*

[3] *Pour vos cadeaux*, p. 32.

palité décidant d'entreprendre des travaux dans le but de « donner un coup de jeune » au pays — c'est l'expression —, trois pelles mécaniques se mettent à creuser autour du magasin, découvrant un peu plus à chaque pelletée le sous-sol de la commune. Et elle, au milieu du chantier, surgissant de la terre fraîchement retournée, ressemble à une Vénus paléolithique. Une Vénus différente de ses cousines de Lespugue ou de Willendorf ; « petite silhouette ombreuse »[1] plutôt, mince, fluette, prête à casser, dans sa gangue de temps solidifié. Devenue elle aussi la femme-fossile.

Car pour Jean Rouaud aussi, quelque chose s'est déréglé dans le mécanisme du monde, et le temps ne s'écoule plus tout à fait comme avant. Le phénomène n'est toutefois pas seulement imputable à ces noces désormais impossibles entre une préhistoire qui nous a à jamais quittés et une Histoire portant son propre deuil. On peut en effet y voir une autre raison. Celle-ci apparaît lorsque, à la faveur d'une brève méditation sur l'An 2000, Jean Rouaud nous gratifie d'une confidence de type autobiographique. Confidence qui pourrait aisément passer inaperçue, si du moins notre auteur, homme des éphémérides, ne nous avait accoutumés à prêter attention aux comptes et aux décomptes calendaires. Chez Rouaud, l'An 2000 est d'abord un problème arithmétique. « Il y a longtemps que mes calculs sont faits, que je sais *depuis que je sais compter* [je souligne] qu'à cette date j'aurai quarante-huit ans »[2]. L'âge, en somme, d'être entre-temps devenu père soi-même. Ce qui, vu des bancs de l'école, peut sembler en effet difficile à envisager, sorte de point dans le temps si éloigné qu'il n'en paraît pas même concevable.

De là à considérer que la fin de l'Histoire est (aussi) une affaire de générations, il n'y a qu'un pas qu'on se gardera de franchir trop hâtivement, même si Jean Rouaud, à travers cette confidence, nous invite ainsi à considérer (rétrospectivement) l'âge de nos auteurs. Il n'est donc peut-être pas trop tard pour rappeler qu'en matière de vieillesse, n'est pas compétent qui veut. Si l'on en croit en effet Clio, la muse de Péguy, c'est l'homme d'âge mûr qui est le plus qualifié : « l'homme de quarante ans, qui se sent exactement sorti

---

[1] *Ibid.*, p. 9.

[2] Jean Rouaud, *Régional et drôle*, Joca seria, 2002, p. 86.

de sa jeunesse, et qui regarde en soi sa jeunesse perdue, celui-là sait ce que c'est que de vieillir et le vieillissement »[1].

A la vieillesse du monde, que peut-on donc opposer ? Jean Rouaud nous souffle une réponse dans un texte bref intitulé « Bibi en l'An 2000 ». Pour lui comme pour ceux de sa génération, le tournant du millénaire a longtemps semblé tellement éloigné qu'il en paraissait inatteignable. Sorte de « saint-glinglin de notre imaginaire futuriste »[2], l'An 2000 a de son propre aveu longtemps ressemblé au monde de Bibi Fricotin, ce petit garçon à l'âge indéfinissable propulsé en « éclaireur » dans le troisième millénaire, évoluant au milieu de maisons volantes et de piétons aériens : autant dire qu'il restait de l'ordre de la science-fiction. Passé l'An 2000, si aucune Apocalypse ne s'est produite et si le monde de Bibi Fricotin apparaît toujours aussi fictif, un changement a cependant eu lieu, qui intéresse directement Jean Rouaud. Recourant à une métaphore cycliste, celui-ci explique qu'arrivé au « sommet » de l'An 2000, « le cœur secoué par l'effort », même si rien de notable ne s'est passé, il a tout de même eu l'impression de « basculer » et « d'entrer en accéléré dans la descente »[3]. Notre auteur sait que pour tout cycliste qui se respecte, le seul moyen de se prémunir contre le froid lié à la grande vitesse est de glisser un journal ou un quelconque imprimé sous le maillot, en manière de coupe-vent. La solution, il fallait s'en douter, était donc littéraire. Et c'est bien équipé de la sorte que Jean Rouaud se voit aborder le troisième millénaire, « en prévision du grand froid à venir, glissant sous [s]a chemise le journal intime de cette première moitié de vie, comme Chateaubriand son manuscrit d'*Atala*, quand il accompagnait dans la débâcle l'armée des princes ».

---

[1] Charles Péguy, *Clio. Dialogue de l'histoire et de l'âme païenne*, Gallimard, NRF, 1932, p. 248.

[2] *Régional et drôle*, p. 85.

[3] *Ibid.*, p. 87.

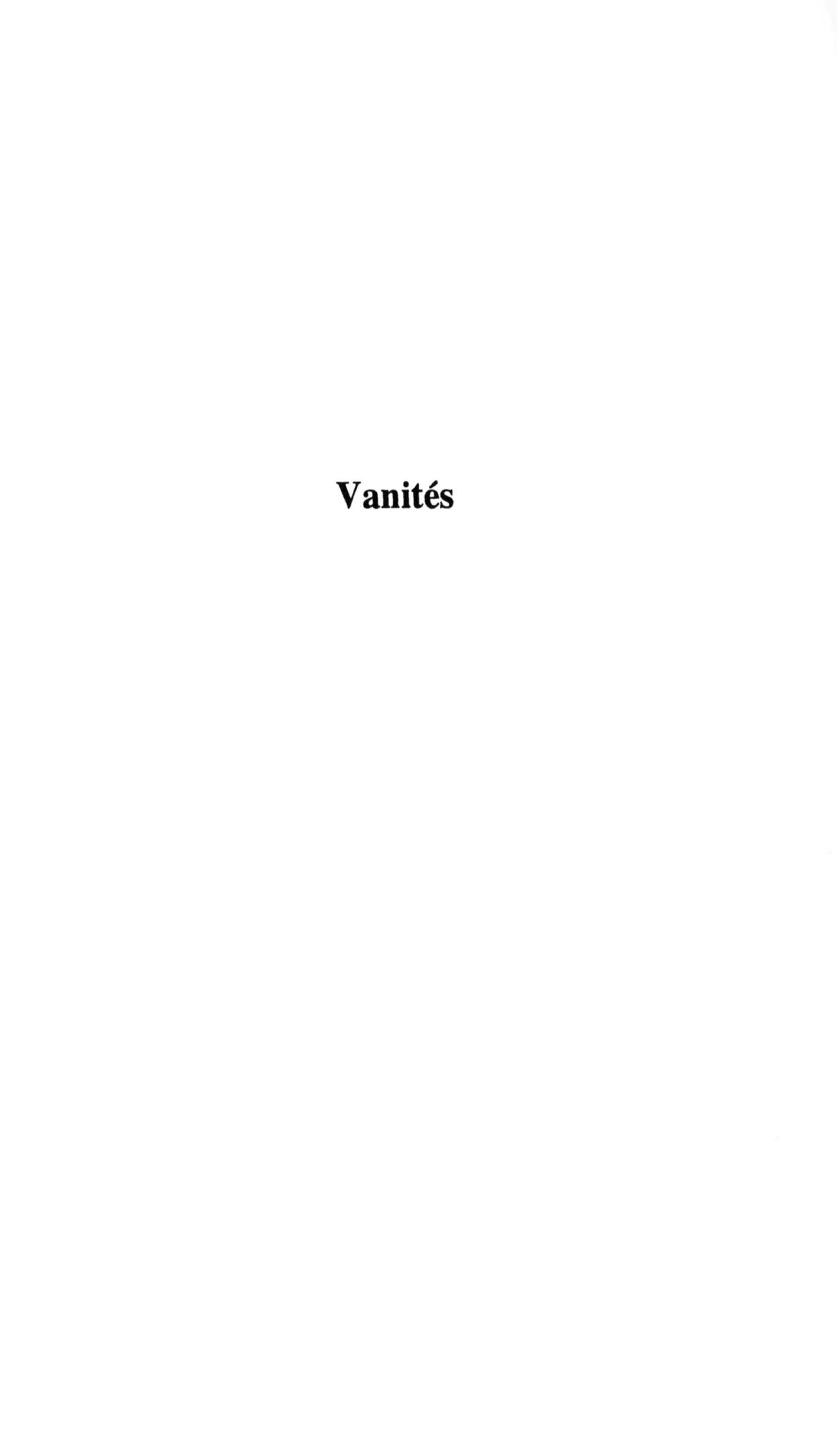

Vanités

On aurait pu penser que le roman apocalyptique et le roman des origines correspondaient à deux sensibilités fortement distinctes, à deux visions différentes de l'homme. Que l'un et l'autre impliquaient deux conceptions, voire deux éthiques de l'écriture opposées. Après tout, un monde sépare les romans néo-naturalistes à prétention sociologique de Michel Houellebecq, qui rappellent par leur style l'esthétique du roman du XIXe siècle, et la prose minimaliste d'un Pierre Michon. De la même manière, la vision que Jean-Édouard Nabe projette de l'homme ne peut guère être plus éloignée de l'humanisme d'Andrée Chedid. Les conditions semblaient donc réunies pour qu'on pût espérer trouver là une ligne de partage entre deux familles d'écrivains. Il n'en est rien cependant.

Car nos écrivains passent leur temps à brouiller les pistes. Avec Maurice Dantec, on l'a vu, le penseur de la fin se double d'un penseur des origines lorsqu'il aborde la pensée de l'anthropologue Anne Dambrincourt-Mallassé, ou qu'il oppose la thèse d'une origine unique de l'homme et la thèse « multirégionaliste ». Richard Millet, dont les romans s'ancrent dans la vie paysanne, et qui cultive une conception on ne peut plus classique et exigeante de l'écriture, ne rejoint-il pas le clan des « mécontemporains » lorsqu'il brosse le tableau de l'état de la littérature française dans *Désenchantement de la littérature* ? Et ce « dernier écrivain » auquel il songe, à qui incombe la mission de sauver la langue, diffère-t-il vraiment du « dernier représentant du néolithique » en qui se reconnaît Pierre Bergounioux ?

Non, décidément, il est bien difficile de prétendre être en mesure de distinguer entre deux familles d'écrivains. D'autant que lorsque Éric Chevillard cesse un moment de nous faire assister à une destruction généralisée aux allures d'Apocalypse, c'est pour nous inviter à pénétrer à sa suite dans une grotte, ou suivre les évolutions de ses orangs-outans dans les arbres. L'ensemble de son œuvre, on a pu s'en rendre compte, se situe au point de jonction du mythe des origines et de celui de la fin, qu'elle expose comme tels. Preuve supplémentaire, si toutefois il en était encore besoin, que nos deux mythes, si admirablement accordés à notre époque, sont proprement inséparables, comme le recto et le verso d'une même feuille de papier. « Rien ne ressemble davantage aux fins dernières que les causes premières d'où elles découlent, souligne Pierre Ouellet : l'Apocalypse est une genèse à rebours, l'eschatologie une cosmogonie à l'envers »[1]. Consubstantielles, l'une et l'autre étaient donc promises à se rencontrer. Et vont le faire une dernière fois ici sous la plume de Jean Rouaud, de manière inattendue, dans un texte consacré à La Villette.

Le choix du lieu n'est sans doute pas innocent. Pierre Ouellet rappelle que le mot grec *eskhatia* désigne non seulement l'extrême, qui intéresse nos eschatologies, mais également « le bord d'un lieu, d'une ville notamment, puisqu'il veut dire "faubourg" — on dirait aujourd'hui "banlieue" —, signifiant ce qui est de l'autre bord de la Cité mais lui appartient encore », les confins, la limite.[2] Choix doublement motivé : c'est là, à la Cité des sciences et de l'industrie, qu'a été déménagé l'ancienne horloge de Beaubourg qui tenait le compte à rebours du millénaire. La Villette fournit donc naturellement à Jean Rouaud l'occasion d'une méditation sur le destin de l'espèce humaine et d'une mise en relation, une fois de plus, des catégories de l'ultime et de l'inaugural.

Au XVIIIe siècle, La Villette était encore un petit village, une « villette » agricole de la petite banlieue de Paris. Situé aux confins de la capitale, là où l'ancienne civilisation rurale a échoué « comme Jeanne d'Arc, aux portes de Paris », au point de rencontre donc du monde rural et du monde urbain, le site de La Villette donne l'occasion à Jean Rouaud d'imaginer ce qu'auraient pu être les « noces fabuleuses de la Ville lumière et du Néolithique »[3].

Aux yeux de Rouaud, l'esprit qui a présidé à la construction de La Villette s'apparente à celui des Lumières. La forme même de la Géode est évocatrice de l'esprit utopique dont se nourrit la science. « La sphère préside au triomphe des Lumières. Elle est la figure dominante des projets futuristes des grands architectes français du XVIIIe siècle [...] »[4]. La Cité des sciences et de l'industrie ambitionne de rassembler les connaissances accumulées au fil des

---

[1] Pierre Ouellet, *Asiles, langues d'accueil*, op. cit., p. 25.

[2] *Ibid.*

[3] Jean Rouaud, « Roman-Cité » in *Promenade à La Villette*, Somogy, 1996, p. 24.

[4] *Ibid.*, p. 43.

siècles et de rendre accessible à tous les publics les savoirs scientifiques, techniques et industriels. Grâce à l'exposition Explora et au Planétarium, le visiteur peut voyager dans le cosmos, aux confins de la galaxie, avant de se rendre à la Géode pour la projection d'un film sur la conquête spatiale. Là, embarqué à bord de la navette spatiale américaine, il s'entendra expliquer que le jour où la Terre sera devenue invivable, pour cause de réchauffement climatique par exemple, la technologie permettra à l'homme de s'exiler sur d'autres planètes, celles-ci pouvant tenir lieu à l'espèce humaine de « canots de sauvetage »[1].

Or, comme chacun le sait, l'espoir illimité jadis placé dans la science a été plus d'une fois déçu et trahi, celle-ci étant régulièrement détournée et mise au service d'entreprises criminelles. Au XXe siècle notamment, comme nous le rappelle Rouaud, après Auschwitz, Dachau et Treblinka, la croyance en la possibilité d'un Progrès infini s'est évanouie, une fois pour toutes. Rouaud se fait l'écho du terrible bilan : « il semble bien que la modernité ait échoué sur toute la ligne »[2]. La localisation même de La Villette est, de ce point de vue encore, emblématique. La Cité des sciences et de l'industrie est construite sur le site d'anciens abattoirs, et le hall qui accueille les visiteurs était autrefois la salle de vente des abattoirs, « c'est-à-dire un centre d'extermination parfaitement organisé, avec gare de triage, wagons déversant sur place les bêtes, sélection et abattage, rails aériens pour le transport des carcasses, planchers inclinés pour l'écoulement du sang »[3]. La même économie, on le sait, a été appliquée aux camps d'extermination, où l'homme, pactisant avec le diable, s'est employé à organiser l'Apocalypse. C'est donc là, sur le site d'anciens abattoirs, qu'ironiquement l'homme de la fin du XXe siècle a trouvé à présenter pour les générations à venir son « bel ouvrage » : « nous avions rassemblé à l'emplacement de ce qui était jadis un centre d'extermination ce qui nous semblait à sauver : la meilleure part de nous-mêmes [...], un livre des merveilles à ciel ouvert » [4].

---

[1] *Ibid.*, p. 45.
[2] *Ibid.*, p. 35.
[3] *Ibid.*, p. 25.
[4] *Ibid.*, p. 47.

Le projet formulé en son temps par Descartes, sur lequel Rouaud ironise à maintes reprises, — « se rendre comme maître et possesseur de la nature »[1] — a donc avorté puisqu'il a abouti à l'infamie la plus grande, l'Histoire consignant les unes après les autres toutes les folies de l'homme, toutes les guerres et tous les génocides. Or cette tentative de mainmise de l'homme sur le monde et les conséquences funestes qui lui sont associées ne remontent ni à l'esprit des Lumières, ni à Descartes. Elle sont, c'est à craindre, bien plus anciennes ; pour ainsi dire, vieilles comme le monde.

C'est du moins ce que suggère Jean Rouaud. A Carnac déjà, l'homme du néolithique avait montré ce dont il était capable. Orientés vers le couchant, les menhirs sont le signe d'une pensée magique, fondée sur le désir et l'anticipation d'un retour : le « prince » mourra dans l'espoir de la résurrection. Il reviendra, tout comme soleil réapparaît ou comme la vie renaît à chaque printemps. Mais ce retour, il faut l'aider, le préparer. D'où les alignements, figurant le «prince » entouré de sa famille. Car celui-ci « réclame tout son monde ». Non content d'avoir fait bâtir cette œuvre colossale en forme de sépulture, en s'appuyant sur une main-d'œuvre corvéable à merci, le « prince » entend bien s'entourer de sa famille pour ce voyage aller-retour dans l'au-delà. Autrement dit, « il y a du génocide planifié à Carnac »[2]. Disposant jusque-là de plusieurs théories (calendrier astronomique, légende de saint Cornély, vaste cimetière, etc.) on croyait, sinon savoir à quoi s'en tenir au sujet des menhirs, du moins avoir le choix entre un nombre limité d'interprétations possibles. Et voici qu'il nous faut réviser notre jugement : l'ombre pour le moins inattendue d'Auschwitz plane désormais sur Carnac !

Mais les premiers signes d'une volonté par l'homme de plier le monde à sa volonté sont bien plus anciens encore. Descartes ou Rousseau seraient responsables de l'holocauste ? Allons donc ! C'est bien plus tôt dans le temps qu'il faut remonter. Au paléolithique, pour être exact, comme nous y invite Jean Rouaud. A l'en croire, aussi vrai que « les hommes du Néolithique n'ont pas at-

---

[1] Cité dans *Préhistoires*, op. cit., p. 91.

[2] Jean Rouaud, *Carnac ou le prince des lignes*, illustrations Nathalie Novi, Seuil, 1999, p. 24.

tendu [Descartes] »[1] pour entreprendre la conquête du monde, le progrès tant incriminé était déjà contenu en germe dans les réalisations des premiers hommes. Ce qu'on appelle le « progrès », c'est-à-dire cette foi en la possibilité de maîtriser le monde grâce à la technique, a débuté dans la nuit des temps. C'est ce que révèle, avec le recul dont nous disposons, une simple comparaison entre les peintures de la Combe d'Arc ou de Chauvet et celles de Lascaux. « Dans cet intervalle de douze ou quinze mille ans, le bestiaire s'adoucit : les grands fauves ardéchois à la gueule ouverte, menaçants, qui disent à la fois l'inquiétude et la bravoure des chasseurs magdaléniens, s'effacent pour laisser la place dans la rotonde périgourdine aux taureaux dansants. Un bal joyeux, parfaitement libre, signe que ceux-là maîtrisaient à présent leur environnement, en avaient fait le tour, et ne craignant plus pour la vie, se préparaient à passer bientôt de la chasse à l'élevage, de la cueillette à l'agriculture »[2].

Il nous faut donc repenser Lascaux. Voir, si c'est possible, dans la célèbre grotte non seulement la capacité qu'a l'homme de créer des images sublimes, mais aussi et dans le même temps ce désir fou de dompter et d'apprivoiser la nature, de la domestiquer, ce même désir qui a conduit au télescope Hubble et à la conquête spatiale. Il faudrait pouvoir se dire, chose inouïe, que les vaches bondissantes de Lascaux et les pas effectués sur la lune par Armstrong participent d'une même volonté de puissance, d'un même désir de rivaliser avec le monde. Dès Lascaux, « tout était déjà joué en somme »[3]. Non seulement l'Histoire mais également la fin de l'Histoire étaient l'une et l'autre déjà potentiellement tracées. Il n'y avait plus, dès lors, qu'à laisser le temps faire son œuvre.

Chez Rouaud, on s'en souvient, l'art apparaît dès l'origine comme « une histoire de reproduction »[4], dans les deux sens du terme. Il s'agit certes de rendre reconnaissable le cheval ou le mammouth représenté d'un trait sur le sol ou sur le roc. Mais le geste du peintre des origines était également fondateur puisqu'il signalait l'apparition d'un phénomène nouveau ou d'une aptitude

---

[1] *Préhistoires*, p. 91.
[2] *Promenade à La Villette*, pp. 23-24.
[3] *Préhistoires*, p. 14.
[4] *Ibid.*, p. 70.

nouvelle : celle d'engendrer des images. D'où l'étrange sentiment que Rouaud prête aux premiers artistes. A l'en croire, ceux-ci avaient, au moment où ils exécutaient leur geste fondateur, le « sentiment d'ensemencer la terre » et de procéder à chaque dessin à « une sorte de fécondation in vitro, ou in caverna »[1]. Un peu comme si le désir de se rendre maîtres du monde et de donner un coup de pouce à la nature ou de l'altérer, tel qu'il se manifeste aujourd'hui à travers les manipulations génétiques, avait commencé là, à la lueur des torches. Ou comme si les bisons de Lascaux, fruits du génie de la reproduction, préfiguraient, déjà ! les premiers clones. Et voici du coup le début du troisième millénaire retrouvant le magdalénien, la fin repliée sur le début, selon un phénomène qui abolit les siècles et les millénaires de manière proprement vertigineuse.

L'idée — au fond très chrétienne — selon laquelle le Mal est contenu dans les réalisations les plus belles, ne saurait manquer de susciter une question au sujet de l'artiste. Si le simple geste d'imiter la nature, de rivaliser avec elle est un gage de la volonté de puissance qui nous a conduits où l'on sait, l'artiste lui-même serait-il donc coupable ? Cette question restera en suspens. Rouaud n'apporte pas de réponse, préférant nous laisser plutôt imaginer ce qu'elle pourrait être.

Quoi qu'il en soit, « l'encyclopédie magdalénienne » qui tient dans ces peintures pariétales et l'esprit scientifique du tournant du millénaire tel qu'on peut l'observer à La Villette seraient donc parents, et les *sapiens sapiens* de Lascaux « ne différaient pas de nous »[2]. Rouaud rejoint ainsi, par un chemin différent, la thèse énoncée par Éric Chevillard dans *Préhistoire* selon laquelle nous sommes taillés dans la même étoffe que nos lointains ancêtres et appartenons à la même espèce — « que l'avenir jugera », rajoute Chevillard — qui s'étend de la découverte du feu à la fission de l'atome.

La tentation est grande, dans ces conditions, d'adopter un point de vue panoramique et d'envisager l'Histoire de l'espèce dans son entier. Quelles traces laissera-t-elle ? Que subsistera-t-il de nous ?

---

[1] *Ibid.*, p. 71.

[2] *Promenade à La Villette*, p. 23.

A La Villette, le visiteur peut admirer une sculpture : une bicyclette géante en partie enterrée, dont n'émerge du sol qu'une partie, en manière de terrain de jeu pour les enfants. Au spectacle de cette bicyclette et de sa roue (la plus belle invention de l'homme ? Mais la roue n'inaugure-t-elle pas aussi le cycle du supplice ?), Rouaud se prend à méditer sur l'héritage que nous laisserons. La roue de bicyclette apparaît ici comme le dérisoire « symbole du monde ancien à destination des archéologues du futur »[1], résumant à lui seul l'aventure humaine. Bien peu de chose, finalement.

Chaque espèce possédant paraît-il une espérance de vie d'environ 300 000 ans, un personnage de Jean-Marie Le Clézio songeait, dans *Terra Amata,* que la race humaine est condamnée elle-même, comme les autres espèces, à disparaître tôt ou tard. « Dans mille ans, dans dix mille ans, y aura-t-il seulement quelqu'un sur la terre qui se rappellera qu'on a existé ? »[2] Et Le Clézio d'imaginer dans une salle de musée un crâne humain — représentant notre espèce—, tel que les peintres flamands en représentaient autrefois dans ces tableaux qu'on nommait « vanités » et qui fournissaient l'occasion d'une méditation sur le destin, le sens de la vie, et la mortalité de l'homme. Un tel crâne représenterait la période dite « humaine » dans son entier, de Chauvet à Hubble : le même cerveau, effectivement, sans une retouche.

Mais c'est encore trop car le musée postule l'existence d'une autre espèce faite à notre image, qui nous aura supplantés et se souviendra d'*homo sapiens sapiens* comme d'une étape dans le long cheminement qui aura conduit jusqu'à elle, quelle qu'elle soit. Alors pourquoi ne pas imaginer avec Jacques Réda, l'auteur des *Fins fonds* (2002), qui se montre volontiers habité lui aussi par le sentiment de la fin, un monde entièrement dépeuplé, sans la moindre créature ?

> Longtemps après l'arrachement des dernières fusées,
> Dans les coins abrités des ruines de nos maisons,
> Pour veiller les milliards de morts les livres resteront
> Tout seuls sur la planète.
> Mais les yeux des milliards de mots qui lisaient dans les nôtres,

---

[1] *Ibid.*, p. 47.

[2] Jean-Marie Le Clézio, *Terra Amata*, Gallimard, coll. « Soleil », 1967, p.

Cherchant à voir encore,
Feront-ils de leur cils un souffle de forêt
Sur la terre à nouveau muette ?
Autant se demander si la mer se souviendra du battement de
[nos jambes ; le vent
D'Ulysse entrant nu dans le cercle des jeunes filles.[1]

On peut aussi, dans le même esprit, se demander si les parois de la grotte Chauvet se souviendront de l'émoi silencieux des premiers artistes, ces « vieux célibataires » décrits par Pierre Michon en train de se livrer, accroupis, à la préparation des couleurs, occupés à briser les bâtonnets d'ocre et touiller le charbon de bois dans une flaque, la coiffe à andouillers posée sur le sol, à côté d'eux, tandis qu'une rivière innommée, l'Ardèche du paléolithique, coule en contrebas ; ou si la grotte de Lascaux gardera la mémoire de l'éclat de rire de l'artiste et de son acolyte, sur lequel s'achève *Le Paléo circus* de Jean Rouaud. On pourra épiloguer sur le sujet autant qu'on voudra : il y a là, en effet, matière à romans.

---

[1] Jacques Réda, « Terre des livres » in *Récitatif* (1970), Gallimard, coll. « Poésie », 2002, p. 85.

Table des matières

Critiques Littéraires

Collection dirigée par Maguy Albet

Dernières parutions

Aline LARADJI, *La légende de Roland. De la genèse française à l'épuisement de la figure du héros en Italie*, 2008.
Mariella AITA, *Simone SCHWARZ-BART dans la poétique du réel merveilleux. Essai sur l'imaginaire antillais*, 2008.
Maurice COUQUIAUD, *Chroniques de l'étonnement. De la science au poème*, 2008.
Dahouda KANATÉ et Sélom K. GBANOU (Sous la direction de), *Mémoires et identités dans les littératures francophones*, 2008.
Sandra GLATIGNY, *Mythe et lyrisme dans l'œuvre de Gérard de Nerval*, 2008.
Jean JONASSAINT, *Typo/Topo/Poéthique sur Frankétienne*, 2008.
Cheikh Mouhamadou DIOP, *Fondements et représentations identitaires chez Ahmadou Kourouma, Tahar Ben Jelloun et Abdourahman Waberi*, 2008.
René HÉNANE, *Les armes miraculeuses d'Aimé CÉSAIRE. Une étude critique*, 2008.
Christine DUPOUY, *L'art du peu*, 2008.
Mariana NET, *Alexandre Dumas, écrivain du XXI*[e] *siècle*, 2008.
Enrico CASTRONOVO, *Jean Cocteau, le seuil et l'intervalle. Hantise de la mort et assimilation du fantastique*, 2008.
Rachid BAZZI, *Au-delà de l'oral et en deçà de l'écrit : les Mille et une nuits*, 2008.
B. VASILE, *Dany Laferrière : l'autodidacte et le processus de création*, 2008.
Karine CHEVALIER, *La Mémoire et l'Absent. Nabile Farès et Juan Rulfo de la Trace au Palimpseste*, 2008.
Mariska KOOPMAN-THURLINGS (dir.), *Sylvie Germain. Regards croisés sur « Immensités »* (avec la participation de Sylvie Germain), 2008.
Carole HARDOUIN-THOUARD, *L'Enfant dans la littérature russe et soviétique de 1914 à 1953. « Père ou fils de l'homme »*, 2008.

L'HARMATTAN, ITALIA
Via Degli Artisti 15 ; 10124 Torino

L'HARMATTAN HONGRIE
Könyvesbolt ; Kossuth L. u. 14-16
1053 Budapest

L'HARMATTAN BURKINA FASO
Rue 15.167 Route du Pô Patte d'oie
12 BP 226
Ouagadougou 12
(00226) 76 59 79 86

ESPACE L'HARMATTAN KINSHASA
Faculté des Sciences Sociales,
Politiques et Administratives
BP243, KIN XI ; Université de Kinshasa

L'HARMATTAN GUINEE
Almamya Rue KA 028
En face du restaurant le cèdre
OKB agency BP 3470 Conakry
(00224) 60 20 85 08
harmattanguinee@yahoo.fr

L'HARMATTAN COTE D'IVOIRE
M. Etien N'dah Ahmon
Résidence Karl / cité des arts
Abidjan-Cocody 03 BP 1588 Abidjan 03
(00225) 05 77 87 31

L'HARMATTAN MAURITANIE
Espace El Kettab du livre francophone
N° 472 avenue Palais des Congrès
BP 316 Nouakchott
(00222) 63 25 980

L'HARMATTAN CAMEROUN
BP 11486
(00237) 458 67 00
(00237) 976 61 66

642561 - Février 2016
Achevé d'imprimer par